KARL SUSO FRANK

GRUNDZÜGE DER GESCHICHTE DES CHRISTLICHEN MÖNCHTUMS

GRUNDZÜGE

BAND 25

KARL SUSO FRANK

GRUNDZÜGE DER GESCHICHTE DES CHRISTLICHEN MÖNCHTUMS

1983

WISSENSCHAFTLICHE BUCHGESELLSCHAFT
DARMSTADT

Die erste Auflage erschien 1975

CIP-Kurztitelaufnahme der Deutschen Bibliothek

Frank, Karl Suso:
Grundzüge der Geschichte des christlichen Mönchtums / Karl Suso Frank. – 4. Aufl. – Darmstadt: Wissenschaftliche Buchgesellschaft, 1983.
(Grundzüge; Bd. 25)
ISBN 3-534-06034-2
NE: GT

12345

Bestellnummer 6034-2

4. Auflage

Satz: Druckerei A. Zander, 6149 Rimbach
Druck und Einband: Wissenschaftliche Buchgesellschaft, Darmstadt
Printed in Germany
Schrift: Linotype Garamond, 9/11

ISSN 0533-344X
ISBN 3-534-06034-2

Meinen Lehrern der Kirchengeschichte
P. Dr. Palmaz Säger zum 7. April 1975
Prof. Dr. Bernhard Kötting zum 29. März 1975
in Dankbarkeit

„Wie es aber in der Geschichte geht: sie nimmt nur das an, was sie im Augenblick brauchen kann, und macht daraus, was sie will.“

(G. Mann, Deutsche Geschichte des 19. und 20. Jahrhunderts, S. 78)

INHALTSVERZEICHNIS

ZUR EINFÜHRUNG

Die folgenden Seiten wollen die Geschichte des christlichen Mönchtums darstellen. Der Charakter der ›Grundzüge‹ zwingt die Darstellung auf engen Raum. Mönchtum wird dabei nicht im engen Sinne des katholischen Kirchenrechts verstanden. Bei einer Bindung des Begriffs an die kanonistische Definition hätte sich die Darstellung auf die eigentlichen monastischen Orden beschränken müssen, wie es etwa D. Knowles, Geschichte des christlichen Mönchtums, Benediktiner, Zisterzienser, Kartäuser (München 1969) vorgelegt hat. Mönchtum steht hier für das christliche Ordenswesen; seine Geschichte umfaßt deshalb die Verwirklichungen des monastischen Gedankens bis heute, von den Mönchen der ägyptischen Wüste bis zu den Mitgliedern der Säkularinstitute mitten in der modernen Welt. Dabei konnte es nicht darum gehen, alle einzelnen Orden und Gemeinschaften vorzustellen. Die ›Grundzüge‹ wollen die geschichtlich gewordenen Erscheinungsformen des Ordenslebens erfassen und greifen dabei die wichtigsten Gemeinschaften auf oder wählen andere Gruppen beispielhaft aus. Es soll die Wandlungsfähigkeit des Mönchideals — Leben für Gott im Streben nach eigener Vollendung, in der Gemeinschaft von Brüdern oder Schwestern, im Dienst für Kirche und Welt — gezeigt werden. Die je verschiedene Kirchenzeit griff immer neu über die Klostermauern hinüber, forderte und kreierte das ihr gemäße Kloster. Die Anregungen großer Persönlichkeiten sind dabei nicht außer acht gelassen. Doch auch die wahrhaft schöpferischen Kräfte in der Ordensgeschichte sind ihrer Zeit verbunden und nur aus ihr zu erklären. Ihre Intentionen, ihr eigenes Wollen müssen sich mit der zähen Masse des Wirklichen verbinden, ihr Werk bleibt in jedem Falle eine zeitbedingte Verwirklichung des alten monastischen Anliegens, der Wandelbarkeit unterworfen, zur je notwendigen Erneuerung verpflichtet, und auch vor der Auflösung nicht gesichert. Wie es ein Neuentstehen, lebendiges Wirken von Orden und Klöstern gibt, so gibt es auch ihr müdes Dahinsiechen und Sterben.

Die Ausführung verzichtet auf ausführliche Literaturangaben. Für die Zeit des frühen Mönchtums verweise ich auf die umfangreiche Bibliographie in dem von mir herausgegebenen Band ›Askese und Mönchtum in der alten Kirche‹, Wege der Forschung 409 (Darmstadt 1975).

Für die weitere Geschichte des Ordenslebens im Raum der katholischen Kirche ist M. Heimbucher, Orden und Kongregation der katholischen Kirche (Paderborn ³1933, Neudruck Aalen 1965) als Nachschlagwerk unentbehrlich. Über die in Deutschland existierenden Orden und Klöster informieren die beiden Bände ›Das Wirken der Orden und Klöster in Deutschland‹, hrg. von J. Hasenberg — A. Wienand (Köln 1957—64). Einzelhinweise auf diese Veröffentlichungen habe ich unterlassen. Umfassende Auskunft über das Ordenswesen bietet das italienische Lexikon ›Dizionario degli istituti di perfezione‹ (Rom, Edizioni Paoline, 1974 ff.), das jetzt (1983) in sechs Bänden vorliegt (bis Stichwort: Pinzoni).

VON DER CHRISTLICHEN ASKESE ZUM CHRISTLICHEN MÖNCHTUM

Die Anfänge des christlichen Mönchtums stecken in der christlichen Askese. Die Schriften des Neuen Testaments als älteste Aussagen über christliches Leben und Lehren drängen sicher nicht auf eine rundum asketische Daseinsweise der Christusgläubigen hin. Sie enthalten jedoch ein gerüttelt Maß an Feststellungen und Forderungen, die asketische Deutemöglichkeit bergen. Dazu gehört die Botschaft von der Vergänglichkeit dieser Welt, die alle irdischen Werte relativiert. In 1 Kor 7, 31 zog Paulus die Konsequenz: Der Christ gebraucht diese Welt, als gebrauche er sie nicht. Das ganze Bündel von Worten ernster Christusnachfolge ist ebenfalls hinzunehmen (Mk 10, 17—31; Mt 6, 19—21; 10, 17—22; Lk 12, 13—21; 16, 19—31 u. a.). Jeder Christ wird in die Nachfolge Jesu eingefordert; keineswegs muß er damit auch zum Asketen werden. Daß Jesus von Nazareth selbst nicht asketisch gelebt hat, ist eine allbekannte Tatsache. Wohl lebte er ehelos, aber diese seine eigene Lebensform hat er seinen Jüngern nicht als verbindliche Norm auferlegt. Er verzichtete auch auf die persönliche Sicherung seines Lebensunterhaltes durch eigene Arbeit oder eigenen Besitz und hat zweifellos die Armut als besonderen Wert verkündet, aber er ließ sich durchaus von reichen Freunden und Gönnerinnen das zum Leben Notwendige geben und hat auch nicht von allen, die in seine Gefolgschaft traten, radikales Armsein gefordert. Aber so wie Wort und Leben Jesu in eine theologische Deutung eingehüllt wurden, so wurde sein Leben und sein Verhalten auch als asketisch vorbildliche und wegweisende Gestalt gedeutet.

Für das Aufkommen einer eigenen christlichen Askese war entscheidend, daß das Evangelium von Anfang an in eine Welt hineingesprochen wurde, der asketisches Leben bekannt war, für die durchaus askesefreundliches Milieu festgehalten werden darf. Auf dieser Folie nahmen die erwähnten Elemente der urchristlichen Botschaft die Gestalt asketischer Forderungen an, die zu einer Askese drängten, die mit Formen nichtchristlicher Askese durchaus in Konkurrenz treten konnten.

Als solche Bewegung des Ansporns kann die Apokalyptik des Spätjudentums namhaft gemacht werden. Ihre drängende Hoffnung auf das unmittelbare Hereinbrechen des „kommenden Äon", der dem vom Bösen beherrschten irdischen Äon entgegengesetzt ist, führte zu einer militanten Haltung, die mit asketischer Leistung verbunden war. Der Dualismus zwischen dem Reich Gottes, dem Reich des Lichtes, und dem Reich des Satans, dem Reich der Finsternis, bestärkte asketische Tendenzen. Jüdische Heilsgemeinden, wie die Essener von Qumran, fanden von ihrem Selbstverständnis her — der „hl. Rest", der in seinem eifrigen Bemühen um Heiligkeit das allein wahre Israel der Endzeit darstellt — zu asketischer Praxis, die auch zu enger Gemeinschaftsbildung führte. Der gelehrte Jude Philo aus Alexandrien schrieb im 1. Jh. von den „Therapeuten", Juden, die in abgeschlossener Gemeinschaft lebten, sich zu asketischer Entsagung verpflichteten und deren eigentliches Lebensziel die Kontemplation war: „Die Tafel bleibt rein vom Fleisch, sie bietet statt dessen Brot als Nahrung, als Zukost Salz, dem bisweilen Hysop als Gewürz beigegeben wird, um den Feinschmeckern unter ihnen zu genügen. Die aufrechte Vernunft nämlich rät ihnen, in Nüchternheit zu leben, wie sie den Priestern rät, in Nüchternheit zu opfern. Wein ist nämlich ein Gift, das Tollheit erzeugt, köstliche Leckerbissen aber reizen das unersättliche Geschöpf zur Begierde." [1] Der kurze Text kann wie die Vorwegnahme einer Schilderung christlicher Mönchsgemeinschaft gedeutet werden. Tatsächlich hat die altkirchliche Geschichtsschreibung Philos Therapeuten zu christlichen Mönchen gemacht. Auf solche Weise kann Philo jedoch nicht für die Geschichte der christlichen Askese und des christlichen Mönchtums vereinnahmt werden. Er gehört in dessen

[1] Philo, de vita contemplativa 73—74.

Vorgeschichte hinein mit seinem Entwurf einer asketischen Theorie und einer Vollkommenheitslehre, die in geschickter Weise atl. Gut mit hellenistischer Philosophie zu verbinden wußte. Damit hat Philo mit seinem umfangreichen Schrifttum Vorleistungen erbracht, die von den großen Meistern einer christlichen Vollkommenheitslehre dankbar aufgenommen und eigenständig weitergeführt wurden.

Trug so das Judentum z. Zt. der Entstehung der christlichen Kirche ein beträchtlich Maß an asketischer Theorie und Praxis in sich, die ganz von selbst in die christlichen Gemeinden einwandern konnte, so muß dasselbe auch von der hellenistischen Kultur- und Geisteswelt gesagt werden. Diese aber war vor allem die Luft, die die christlichen Gemeinden außerhalb Palästinas zu atmen hatten. Die Auseinandersetzung mit diesem Kulturraum — in fruchtbarer Assoziation und je notwendiger Dissoziation — war der urchristlichen Mission unerläßlich und schuf jene Deutung christlichen Lebens und Lehrens, die im ntl. Schrifttum und im gesamten Zeugnis der Alten Kirche niedergelegt ist.

Betont asketische Programme verkündeten dort vor allem philosophische Schulen. Sie hatten den Begriff Askese aus dem ursprünglichen Bedeutungsgehalt der handwerklichen Fertigkeit und der sportlichen Ertüchtigung auf das Feld der menschlichen Vervollkommnung gezogen. Askese faßt dort alles Bemühen zusammen, das den Menschen zu einem vorgegebenen Ideal hinführen will: Verzichtleistungen und besondere körperliche und geistige Übungen. Die „Übung der Tugend“ ist erstes Anliegen solcher Askese. Der Tugendkatalog und das angestrebte Ideal können dabei durchaus verschieden sein. Die asketische Praxis läuft weithin in gleichen Bahnen: Einschränkung der Nahrung, Zurückhaltung in materiellem Besitz, Beherrschung der menschlichen Triebe, besonders des Geschlechtstriebs bis hin zur völligen geschlechtlichen Enthaltsamkeit. Gerade diese Praktiken sind Elemente jeden asketischen Lebens, mögen die Beweggründe zu solcher Daseinsgestaltung noch so unterschiedlich sein.

Im weitgefächerten Raum der hellenistischen Geistigkeit steckten viele Elemente, die zu asketischem Leben führen konnten. Man kann an die Pythagoräer denken, auch an die Orphiker, in deren Schule wohl das bekannte Wort geprägt wurde: Der Leib ist das Grab der Seele. Solche Überzeugung schließt einen Dualismus ein, der zu einem Imperativ drängt, nach dem das ganze Leben unter dem Gebot steht, die Seele aus diesem Grab oder Gefängnis zu befreien. Wenn nun auch Plato dieser Überzeugung folgte, zeigt das einmal, wie selbstverständlich der antiken Welt diese Anthropologie war und zum anderen, welche Wirkungsgeschichte ihr beschieden war, nachdem sie einmal mit dem Namen dieses Großen sich verbunden hatte. Die Seele, hier im Gefängnis des Leibes eingesperrt, gehört nach Plato gar nicht dieser vergänglichen Welt an; ihre eigentliche Heimat ist die unvergängliche Welt der Ideen. Ihr ganzes Streben geht deshalb dahin, dorthin zurückzukehren und dort Gott gleich zu werden, „die Seele möchte möglichst schnell wieder von hier nach dort entfliehen“ [2]. Plato hat zwar keine genauen asketischen Verhaltensweisen gefordert, die zu solcher Entsinnlichung führen sollten, aber seine Gesamtlehre zielt letztlich auf asketische Praxis. Der Weise, zu dem er jeden Menschen machen wollte, sollte in dieser Welt „gerecht, fromm und einsichtig leben“ [3], in gebührender Distanz zur vergänglichen Welt und mit gelassener Gleichgültigkeit ihren Ansprüchen gegenüber [4]. Plato konnte vom Weisen auch die Trennung von der Umwelt fordern — für sich selbst hat er sie in der Art der „inneren Emigration“ wahrgemacht —, wenn dieser eines Tages erkennen sollte, daß „eine große Seele in einem zu kleinen Staat geboren wurde“ [5]. Als Plato Sokrates sagen ließ: „Anythos und Meletos können mich zwar töten, schaden können sie mir nicht“ [6], hat er den Glauben

[2] Theaitet 176 a.

[3] Ebda. 176 b.

[4] Ebda. 173 c—e (das Portrait des Weisen).

[5] Politeia 496 b.

[6] Apologie 30 c; Kriton 43 d.

an etwas Unangreifbares, Unsterbliches im Menschen zum Ausdruck gebracht, das aus dieser Welt hinauszuretten ist, für das sogar das irdische Leben getrost geopfert werden kann. Ein deutlicher Dualismus zwischen der vergänglichen materiellen Welt, der auch der Leib des Menschen zugeordnet ist, und der unvergänglichen Welt der Ideen, der die Seele des Menschen nächstverwandt ist, zieht sich durch Platos Lehre. Das aber gibt für die platonische Philosophie einen weltflüchtigen, pessimistischen Zug, der im Fortgang ihrer Überlieferung für asketische Praxis ein weites Tor öffnete und das „philosophische Leben“ leicht zu einem asketischen Leben werden lassen konnte.

Entscheidende Bausteine für das asketische Leben lieferte auch die Philosophie der Stoa. In all ihren Schulen spielt der Begriff der Askese eine wichtige Rolle. Die stoische Askese ist freilich innerweltlich, individualistisch. Sie ist die unerläßliche Übung, durch die der Mensch zur Freiheit seiner selbst findet. Sie ist der Weg, der ihn dahin bringt, daß er „in Übereinstimmung mit der Natur leben kann“. Er will den Scheingütern und Scheinübeln der Welt gegenüber gleichgültig werden. Der Stoiker will seine Triebe nicht nur beherrschen und unter Kontrolle halten, im Ideal der Apatheia will er von ihnen frei werden. Nur solche Freiheit gewährt ihm die angestrebte Eudaimonie. Anspruchslosigkeit, Natürlichkeit und gelassene Ergebenheit gegenüber der alles bestimmenden Macht des Schicksals sollen nach dem Programm der Stoiker den Weisen auszeichnen. Das führt in der Stoa zu ausgedehnter asketischer Forderung: Nahrungseinschränkung, Bedürfnislosigkeit in Kleidung, Wohnung und Besitz — Gott selbst ist ja nackt und arm [7]; Ertragen von Kälte und Hitze, hartes Lager, freiwilliges Verzichten auf angenehme Dinge, bereites Ertragen des Beschwerlichen, strenge Forderungen an die Ehe und auch Verzicht auf die Ehe überhaupt [8]. Daß der Mensch solches leisten kann, mindestens in ständigem Einüben verweilen kann, wird klar unterstrichen: „Einige haben es fertig-

[7] Seneca, ep. 31, 10.
[8] Epiktet, diss. III 22, 69.

gebracht, daß sie überhaupt nicht lachen; andere haben sich des Weines, andere der geschlechtlichen Liebe, andere des Trinkens ganz enthalten; ein anderer hat sich mit kurzem Schlaf begnügt und sich unermüdlich gemacht." [9]

Die innere Freiheit, die der Stoiker durch solche Askese zu erlangen sucht, kann auch zur Forderung der Freiheit von allen Bindungen der Gesellschaft gegenüber führen. Trotz des begeisterten Wissens um die allumfassende Menschheitsfamilie und aller Bejahung der Verpflichtung ihr gegenüber, war die Stoa doch des Glaubens, daß der Mensch als Einzelner besser sei als jener in der Menschenmasse. Deshalb ist es für den Menschen gut, allein zu sein — auch Zeus lebt ja mit sich selbst allein [10]. Da der Mensch jedoch auf die Gemeinschaft anderer angewiesen ist, wäre das Ideal die „Stadt der Weisen" [11].

Asketisches Leben forderten und lehrten auch die Anhänger der kynischen Philosophie. „Bedürfnislosigkeit" war ihr Ideal; Mühe und Plage wurden als besonders wertvolle Weisen menschlicher Vollkommenheit gelehrt. Eine fast überhebliche Gleichgültigkeit den gesellschaftlichen und konventionellen Lebensformen gegenüber legten die Kyniker an den Tag. Der in seinem Faß hausende Diogenes von Sinope galt als Meister solcher Verachtung aller herkömmlichen Bindungen. Als der Kynismus im 2. Jh. n. Chr. wieder Mode wurde, wurde die wunderliche Lebensführung des Diogenes auch verpflichtendes Vorbild. Die Apostel des Kynismus durchzogen als Wanderprediger die antike Welt und verbreiteten die Botschaft solch wunderlichen „Außenseitertums".

All diese asketisches Leben fordernden und einschließenden Bewegungen verschwanden mit dem Auftritt des Christentums keineswegs vom Lebensforum der antiken Welt. Sie waren auch nicht sorgfältig und säuberlich voneinander getrennt, sondern standen in regem Austausch miteinander. Die späte Stoa, dazu

[9] Seneca, de ira II 12, 4.

[10] Epiktet, diss. III 13, 6.

[11] Ebda. III 22, 67.

der Neuplatonismus und der Neupythagoräismus trugen ihre Lehren und Praktiken in der Spätantike fort, erweckten sie sogar zu neuem, kräftigen Leben [12].

In der Auseinandersetzung des Christentums mit diesen geistigen Mächten steckt ein wichtiger Ansatz für die reiche Entfaltung einer eigenständigen christlichen Askese. Damit ist nicht die antike, heidnische Askese zum Quellgrund der christlichen Askese bestimmt. Aber sie ist als ein entscheidender Faktor in die Entwicklung eingebracht. Philosophisches Leben ist weithin in der Umwelt des Christentums auch asketisches Leben. Beansprucht das Christentum für seine Daseinsform nun ausschließlich den Titel des philosophischen Lebens — und das geschieht vom 2. Jh. an—, so muß es notwendig auch den Ausweis asketischen Lebens vorzeigen können. Die unerläßliche Konkurrenz von Heidentum und Christentum zwingt so die Christen zur Askese. Justinus, der christliche Philosoph und Martyrer (gest. um 160) bewunderte z. B. den stoischen Philosophen Musonius (gest. um 100), der in der Ethik die richtigen Prinzipien aufgestellt und sie sogar um den Preis seines Lebens befolgt habe. Das Konkurrenzdenken kann noch weiter aufgeschlüsselt werden. Jene heidnischen Bewegungen wollten mit ihrer Philosophie und Askese auch Religion sein. Wenn nun aber die falsche Religion schon zu asketischem Leben geführt hatte, konnte die wahre Religion nicht dahinter zurückbleiben. Der Hinweis auf die hohe ethische Leistung der Christen, besonders die vielfach praktizierte Ehelosigkeit, ist denn auch selbstverständliches Gut der altkirchlichen Apologetik, die gerade damit wiederum ihren Titel, wahre Religion zu sein, verteidigen wollte.

Neben dieser notwendigen Auseinandersetzung mit der heidnisch-religiösen Umwelt waren die christlichen Gemeinden von Anfang an selbst „der Raum, in dem sich hart die Dinge stoßen". Die Bewegung der Gnosis verband sich früh mit der christlichen

12 Zum Zusammenhang von außerchristlicher und christlicher Askese vgl. B. Lohse, Askese und Mönchtum in der Antike und in der alten Kirche (München—Wien 1969).

Verkündigung. Dabei konnte die christliche Mission einige ihrer Denkmodelle zur Veranschaulichung und Darstellung ihrer eigenen Lehre benützen. Die gnostische Basis konnte sich aber auch mit Elementen der atl. und ntl. Offenbarung verbinden, um dann ein weltanschaulich religiöses Eigenleben zu führen. Es entstanden eigene christliche Gemeinden gnostischer Art. Die klare Trennung zwischen kirchlichem Christentum und gnostischem Christentum wurde erst im Laufe des 2. Jh. vollzogen.

So schillernd und vielgestaltig sich die christliche Gnosis auch darbietet, ein Bündel gemeinsamer Lehren läßt sich doch ausmachen. Dazu gehört ein mehr oder wennig ausgeprägter metaphysischer Dualismus. Zwei göttliche Prinzipien stehen sich dabei widerstreitend gegenüber. Die materielle Welt und der Leib des Menschen sind Werke eines bösen Gottes und werden deshalb abgewertet. Der Mensch hat jedoch durch seinen Geist — sein Pneuma oder sein Selbst — noch einen Funken göttlichen Lebens in sich. Dieses möchte in der Gemeinschaft mit Gott zu seiner ganzen Fülle finden. Gnosis, befreiende, erlösende Erkenntnis, will den Menschen dahin führen. Für die meisten gnostischen Schulen ist Askese dabei unerläßlich. Die gnostische Askese sieht in der Praxis aus wie jede andere Askese. Ihre Begründung steckt freilich ganz und gar in jenem grundsätzlichen Dualismus zwischen Pneuma und Materie. Sie erhält von daher einen kämpferischen Akzent. Sie ist die Aufkündigung jeglicher Abhängigkeit vom widergöttlichen, materiellen Bereich und seinem Schöpfer. Gnostische Sexualaskese kann dann z. B. folgendermaßen begründet sein: „Weil sie die vom Schöpfergott erschaffene Welt nicht füllen wollen, sind sie entschlossen, sich der Ehe zu enthalten.“ [13] Die erbitterte Auseinandersetzung zwischen kirchlichem und gnostischem Christentum im 2. Jh. führte eindeutig zur dogmatischen Ablehnung des Gnostizismus und stempelte ihn zur Häresie. Aber die Faszination durch gnostische Askese ließ sich damit nicht leicht aus dem Wege

[13] Clemens Alex., Stromata IV 12, 2.

räumen. Auch hier wirken die Denkschemata von Konkurrenz und Überbietung: Wenn schon die Häretiker solche Askese üben, um wieviel mehr dann wir, die Rechtgläubigen. Was so vom Einfluß gnostischer Askese auf die kirchliche Askese festgestellt werden muß, kann auch auf die übrigen häretischen Gemeinschaften ausgedehnt werden. Etwa die eschatologisch-enthusiastische Askese der Montanisten im spätem 2. Jh. und die sehr ausgeprägte Askese der Enkratiten, die die Enthaltsamkeit (Enkrateia) zum bestimmenden Charakterzug ihrer Christlichkeit machten. Hier gingen überall dogmatische Bekämpfung und Ablehnung mit asketischer Beeinflussung Hand in Hand. Besonders folgenreich war, daß eine christliche Erbauungsliteratur vom spätem 2. Jh. an — bes. die sog. apokryphen Apostelakten — sich weithin unter dem Einfluß der häretischen Bewegungen in den Dienst asketischer Propaganda stellte. Darin wurde Jesus von Nazareth selbst zur asketischen Gestalt, ebenso seine Apostel, deren Verkündigung vielfach auf den Appell zum entschieden asketischen Leben zusammenschrumpfte. Gerade dadurch aber wurde der christliche Heros als Asket geschildert. Die Gleichung ergab sich rasch: Vollkommenes Christentum, heroisches Christenleben ist eben asketisch bestimmtes Leben. In einem Milieu, das die Askese als hochwertige Lebensform, als vorzügliche Äußerung religiöser Intensität wertete, kann der Einfluß all dieser asketischen Formen auf die christlichen Gemeinden nicht unterschätzt werden. Freilich ist es nicht dahin gekommen, daß die asketische Lebensform als die ausschließlich christliche Lebensform gegolten hätte. Wo immer eine asketische Gemeinschaft mit diesem Anspruch auftrat, mußte ihr ablehnend entgegengetreten werden. Aber die Askese als Hochziel christlichen Lebens war nicht wegzudiskutieren. Daß christliches Leben in verschiedener Intensität gelebt werden kann, schwingt schon in der ersten christlichen Verkündigung mit. Paulus stellt in diesem Zusammenhang das Verhältnis von Ehe und Ehelosigkeit. Wer heiraten will, mag das tun, wer darauf verzichtet, tut das Bessere (1 Kor 7). Das Evangelium spricht von „Ehelosen um des Himmelreiches willen“ (Mt 19, 12). Der „reiche Jüngling“, der Jesus nachfolgen will, wird zum Güterverzicht, zur Aufgabe aller irdischen Sicherung gerufen (Mt 19, 16 ff. par.). Die Apostel verstehen sich als solche, die um des Herrn willen alles verlassen haben (Mt 19, 27 par.). Gerade in solchen Texten wird deutlich, daß die ernste Nachfolge Jesu ein Mehr an ethischer Leistung fordern kann. Das weitere Anwachsen christlicher Gemeinden wird rasch mit der Unterscheidung eines notwendigen Maßes an Christlichkeit und einer Überbietung dieses Maßes zur Hand sein. „Wenn du über das Gebot des Herrn hinaus etwas Gutes tust, so wirst du dir überreichen Lohn erwerben. Du wirst angesehener sein bei Gott, dem du gehören wolltest", so belehrt eine Schrift des 2. Jh. die Christen [14]. Mit solcher Formulierung war sicher einer Aufteilung christlicher Lebensweise das Tor geöffnet, die man als „Zweistufenethik" bezeichnen muß. Asketisches Leben konnte zur höheren Form christlichen Lebens werden, der im Diesseits größeres Ansehen zuteil wurde und für das Jenseits reicherer Lohn zugesichert werden konnte.

Als bevorzugte Träger des asketischen Lebens innerhalb der Christengemeinden des 2. und 3. Jh. kommen vor allem zwei Gruppen in Frage. Einmal sind es die Wanderapostel, zunächst eine Erscheinung der urchristlichen Mission, dann aber auch fast zwangsläufig Vertreter eines ausgesprochenen Wanderasketentums. Aus einer frühchristlichen Schrift, der Didache, sind sie hinlänglich bekannt. Andere Schriftzeugnisse stehen für ihre weitere Verbreitung. Sie beanspruchten in besonderer Weise die Nachfolge Jesu in der Kirche zu repräsentieren und hielten so für die asketische Deutung der Jüngernachfolge die Türen offen (Mt 10, 9—15 par.). Eine veränderte kirchliche Situation im Gefolge der festen Gemeindeorganisation wird das Wanderapostolat überflüssig machen, die Form der Wanderaskese im Ideal der asketischen Heimatlosigkeit, die man in 1 Ptr 2, 11 und Hbr 11, 38 grundgelegt sah, aber weiterleben lassen.

Die andere Gruppe sammelte sich um das Ideal der Ehelosigkeit. Daß Aussagen des NT als Empfehlung der Ehelosigkeit

[14] Pastor Hermae, Sim. V 3, 3.

gedeutet werden können, läßt sich nicht leugnen. Die der alten Kirche eigene Distanz zum ehelichen Leben, geboren aus „eschatologischer Indifferenz und asketischer Indolenz" [15], förderte derlei Deutung. Die sozialen Verhältnisse der Christengemeinden kamen solchem Verhalten entgegen. Die christliche Botschaft fand besonders unter den Frauen Anklang. Frauenüberschuß in den Gemeinden bedeutet zwangsläufig geringere Heiratschancen. Die nie sonderlich gern gesehene Mischehe verminderte die Ehemöglichkeit weiterhin. So mag manche Christin einfach in die Ehelosigkeit geführt worden sein. Sie dann „um des Himmelreiches willen" zu leben, war der nächstliegende Weg.

Eine weitere Komponente für die Verbreitung der Ehelosigkeit gerade unter den Frauen in der alten Kirche darf nicht außer acht gelassen werden. Was die christliche Gemeinde der Frau an gesellschaftlicher Anerkennung und offiziellen Betätigungsmöglichkeiten bot, war recht bescheiden.

Der verheirateten Frau bot die kirchliche Unterweisung das gut bürgerliche, etwas antiquierte Hausfrauenideal als Lebensziel an. Vom Gemeindeamt blieb die Frau grundsätzlich ausgeschlossen. Trotz ernster Betonung der Gleichheit aller Menschen vor Gott, löste sich die alte Kirche nicht von der weitverbreiteten Meinung der Inferiorität der Frau, ja sie wurde trotz mancher gegenläufiger Tendenzen in der antiken Welt zu einer Verteidigerin dieser Position [16]. Unter diesen Umständen gab es für die Frau nur einen Weg zu einem bescheidenem Maß an Emanzipation und weitergehenden gemeindlichen Anerkennung: Die Ehelosigkeit, das Leben in gottgeweihter Jungfräulichkeit. Das Lob der Jungfräulichkeit sang die alte Kirche in höchsten Tönen. Da erscheinen die Jungfrauen als „die Blüte am Stamm der Kirche, die Zierde und der Schmuck geistlicher Gnade, die erfreuliche Anlage, das reine, unversehrte Werk des Ruhmes und

[15] C. Andresen, Die Kirchen der alten Christenheit (Stuttgart 1971) 482.

[16] K. Thraede, Art. Frau = RAC 8, 197—269.

der Ehre, das der Heiligkeit des Herrn entsprechende Ebenbild Gottes, der auserlesenste Teil der Herde Christi" [17]. In der Jungfräulichkeit sieht man die Absicht Gottes mit dem Menschen und seiner Vollendung am reinsten verwirklicht: „Was wir einst sein werden, das seid ihr Jungfrauen jetzt schon. Ihr besitzt jetzt schon die Herrlichkeit der Auferstehung. Solange ihr keusch und jungfräulich bleibt, seid ihr den Engeln Gottes gleich." [18] Wenn die bekannte Parabel vom ausgestreuten Samen und der dreifachen Frucht (Mt 13, 1—9) zur Deutung der jenseitigen Vergeltung herangezogen wird, dann wird den Martyrern der 100fältige Lohn, den Jungfrauen der 60fältige und den übrigen Christen der 30fältige zugesprochen.

Die mächtige Propaganda für das asketisch-jungfräuliche Leben erhielt im Laufe des 3. Jh. einen neuen Stellenwert. Die Kirchen dieses Jahrhunderts zeigten in vielen Teilen des Reiches die deutliche Tendenz, sich zur Kirche der Vielen, der Massen zu entwickeln. Dieser Wandel drückte sich auch in einem neuen ekklesiologischen Selbstverständnis aus: Die „Kirche der Heiligen" wurde zur „heiligen Kirche". Wohl blieb die Heiligkeit dabei nach wie vor persönlicher Anspruch an jeden Christen. Aber die nunmehr verobjektivierte Heiligkeit war auch vorhanden ohne die überall und in jedem Christen verwirklichte persönliche Heiligkeit. Sie war mit der Kirche und ihrem Wesen von vorneherein gegeben. Der wirkliche Zustand der Gemeinden sprach ohnehin dagegen. Er wies die Kirche als das ständige Gemisch von Sündern und Heiligen aus. Immerhin konnte wenigstens in der mit Heiligkeit schlechthin identifizierten Jungfräulichkeit ein empirischer Nachweis persönlicher Heiligkeit, ein sichtbarer Beweis für die „heilige Kirche" geliefert werden. Das asketisch-jungfräuliche Leben hat damit einen entscheidenden ekklesiologischen Platz gefunden; unter diesem Gedankengang wächst ihm eine „ekklesiologische Notwendigkeit" zu. Da die Entwicklung der Kirche auf diesem Gefälle

[17] Cyprian, de habitu virginum 3.

[18] Ebda. 22.

weiterlief, mußte die Bedeutung des asketischen Elementes innerhalb der Kirche auch weiter anwachsen.

Parallel zu dieser festen Verankerung des asketisch-jungfräulichen Lebens, die sich in den einzelnen Gemeinden vollzog, lieferten die Nordafrikaner Tertullian (gest. um 220) und Cyprian (gest. 258) und der Alexandriner Origenes (gest. um 258) eine theoretische Begründung des asketischen Lebens. Besonders Origenes, der selbst asketisch lebte, erwies sich als Meister einer geistlichen Theologie, die am Neuplatonismus und an der Gnosis orientiert, ein einheitliches System von Askese und Mystik entwarf. Mit seinem Schrifttum wurde er zum Vorläufer des Mönchtums und zu einem Lehrmeister des monastischen Lebens in der griechischen wie in der lateinischen Kirche. Freilich blieb Origenes als Lehrer in der Gemeinde von Alexandrien und von Caesarea. Der vollkommene Christ, der Pneumatiker, ist nach ihm vor allem zum Dienst an der Gemeinde und an den Menschen verpflichtet. Origenes läßt ihn noch nicht in die Wüste ziehen. Aber der Begriff der Anachorese ist ihm nicht fremd geblieben; das Verlangen, sich vom lauten Treiben der Welt und der Kirche in die Einsamkeit zurückzuziehen, taucht bei Origenes durchaus als ernste Möglichkeit auf. Sie wird allerdings spiritualisiert: Ihr Ziel, das „Weilen im Heiligtum Gottes", kann der Vollkommene überall, in seinem eigenen Haus, auf dem Forum, selbst im Theater, wahrmachen.

Die in den christlichen Gemeinden gelebte Askese konnte sich in ihren äußeren Formen von der asketischen Praxis der heidnischen Welt kaum abheben. Die Praxis war ja längst vor dem Auftritt des Christentums festgelegt. Aber hier muß das von dem hellenistischen Juden Philo formulierte Gesetz der Epanorthose ins Spiel gebracht werden: „Die alte Münze wird umgeprägt und zu neuem Gebrauch bereitgestellt." [19]

Das Fasten des heidnischen Asketen kann sich äußerlich von dem des christlichen ja nicht unterscheiden — Fasten ist eben immer Nahrungseinschränkung in quantitativem und qualitati-

[19] Quod deterius potiori insidiari soleat 152.

vem Sinn. Aber die Motive des Fastens und aller weiteren asketischen Praxis können sehr verschieden sein. Tatsächlich hat die altchristliche Askese von Anfang an ihr eigenes Motivfeld. Im Fächerfeld der asketischen Motive innerhalb des Christentums stand immer die Nachfolge Jesu an erster Stelle. Freilich mußten dafür Gestalt und Wort Jesu durch die asketische Brille gesehen werden.

Andere Motive für das asketische Leben traten mit kräftiger Dynamik hinzu. Das war einmal die immer asketische Haltung fördernde Überzeugung vom nahen Ende der Welt. Die Zeit ist verkürzt und in der so kurz bemessenen Zeit sollten die Christen ohne Bedrängnis sein (1 Kor 7, 28—29). Solche Bedrängnis kommt dem zu, der sich mit dieser vergänglichen Welt einläßt. Daß der Glaube an das unmittelbar bevorstehende Ende der Welt in der alten Kirche abhanden gekommen ist — deshalb, weil diese Welt nicht zu Ende ging, sondern einfach weiterexistierte —, hat dem asketischen Motiv in seiner Wirkkraft nicht geschadet. Die eschatologische Erwartung wurde spiritualisiert und individualisiert: Das Lebensende für jeden Menschen kommt ganz bestimmt und in seinem Gefolge das Gericht mit Lohn oder Verdammnis. Gerichtserwartung und Lohnverheißung werden darüber zu neuen asketischen Motiven, besonders nachdem jenseitiger Lohn und diesseitige asketische Leistung in ein Abhängigkeitsverhältnis gebracht worden waren. Von besonderer Anziehungskraft war auch die Vorstellung, durch Askese könne das jenseitige Leben schon vorweggenommen werden. Unter verschiedenen Bildworten — „wiedergewonnenes Paradies“, „engelgleiches Leben“ — fand dieses Motiv in der altkirchlichen Askese zu besonderer Zugkraft.

Ein weiterer Motivkreis ordnet sich um den Gedanken der Nachfolge, eine Auffächerung des zentralen Gedankens der Nachfolge Jesu. Die Propheten ließen sich zu asketischen Gestalten umformen — Hebr 11, 33—39 bietet einen ntl. Ansatzpunkt dafür — und konnten so Anreiz zu asketischem Leben in ihrer Nachfolge werden. Ein gleiches geschah mit dem Apostelleben, wodurch im Ideal der vita apostolica der asketischen

Lebensform neue Anregung geboten wurde. Ebenso fand der Martyrer im Asketen seinen Nachfolger. Der Begriff des Martyriums mußte dafür spiritualisiert werden, was die Askese als lebenslanges Martyrium ausweisen konnte. Damit aber wurde das asketische Leben zum eigenen Martyrion, zum Zeugnis wahrhaftigen Christenlebens und damit zu einem nicht weniger sicheren Heilsweg als die Hingabe des Lebens für den Glauben im gewaltsam erlittenen Tod. Besonders vom 4. Jh. an wird das Asketenleben als „herrliches Martyrium“ der Friedenszeit gefeiert.

Die so motivierte und propagierte christliche Askese wurde zunächst innerhalb der christlichen Gemeinden, ja gewöhnlich auch im normalen bürgerlichen Lebensrahmen gelebt. Gerade von letzter Tatsache her spricht man von Familienasketismus (d. h. Asket und Asketin leben in und mit ihren Familien) als der verbreiteten Form der vormonastischen Askese.

Aus dieser vormonastischen, innergemeindlichen Askese erwuchs im Laufe des 3. Jh. die eigentliche monastische, außergemeindliche Askese. Als Wesensmerkmal des Mönchtums gilt die sichtbare Trennung des Asketen von der übrigen Christengemeinde, der deutliche Auszug aus dem normalen Lebensraum. Die Folge davon ist die Schaffung einer eigenen religiösen Sonderwelt, in der nun christliche Gemeinschaften entstehen, deren Besonderheit die grundsätzlich asketische Lebensgestaltung ist. Dieser Übergang von der vormonastischen Askese zur eigentlichen Mönchsaskese ergibt sich nicht einfachhin aus den Motiven der christlichen Askese, die vorher aufgezählt wurden. Neue Motive, neue geschichtliche Situationen mußten hinzutreten.

Verschiedene gängige und auch verbreitete Deutungen des Vorgangs sind auszuschließen. Dazu gehört einmal die beliebte These, der Auszug der Asketen sei als Protest gegen die verweltlichte Kirche anzusehen. Diese These setzt den Aufbruch in die Wüstenaskese ins 4. Jh. und nimmt als Kontrastfigur zum Mönchtum die mit dem römischen Staat verbundene christliche Reichskirche. Dagegen steht einfach die Tatsache, daß die Asketen schon im 3. Jh. in die Wüste zogen, also Gemeinden verließen, die noch nicht zum Typ einer triumphierenden reichskatholischen Kirche gehörten. Ebensowenig kann die These aufrechterhalten werden, die ersten Wüstenmönche seien ein Überbleibsel der Christenverfolgung unter Kaiser Dezius (249—251). Die Auskunft, die schon in der alten Kirche vertreten wurde, geht auf eine mißverstandene Mitteilung des Kirchenhistorikers Eusebius zurück [20]. Eusebius hat jedoch keinen der vor der staatlichen Verfolgung in die Wüste geflohenen Christen zum Mönch gemacht!

Der Anlaß zum Auszug in die Wüste wird daher anders erklärt werden müssen. Johannes Kassian (gest. um 435) hat das überraschende Wort formuliert: „Der Mönch müsse vor allem den Bischof und die Frau fliehen." [21] Das Wort hat wohl eine lange monastische Erfahrung hinter sich und enthält auch viel rhetorische Übertreibung — Kassian gesteht selbst, daß er mit dieser Forderung nicht ganz zurecht gekommen sei. Doch dieses Wort kann als Ausgangspunkt einer Deutung für das Aufkommen der Wüstenaskese im Laufe des 3. Jh. herangezogen werden. Wenn der Mönch vor dem Bischof fliehen soll, so ist damit das Verhältnis des Asketen zur Gemeinde angesprochen. Die christlichen Gemeinden des 3. Jh. sind organisierte Gemeinschaften, an der Spitze ihrer hierarchischen Ordnung steht der Bischof; alle Ämter, Funktionen und Dienstleistungen sind genau geregelt. Der Asket ist in dieser Ordnung nicht untergebracht. Er kann sich in anderer Funktion in diese Ordnung einspannen lassen, was notwendigerweise den teilweisen Verzicht auf seine grundsätzlich asketische Lebenshaltung mit sich bringt. So bleibt ihm nur der Weg der „Verweigerung", um der Askese willen distanziert er sich von der vorgegebenen Gemeindeordnung. Diese Verweigerung ist nicht als Protest zu werten, sie ist von individueller Heilssorge motiviert, wobei die Askese als der sichere Heilsweg angesehen ist. Sie soll zur ungestörten Kontemplation und mystischer Gottesschau führen; dazu gehören aber

[20] Historia ecclesiastica IV 42.

[21] Joh. Kassian, de institutis coenobiorum XI 18.

die Absage an die Welt, auch an die „Welt" der Gemeinde, Verzicht auf eine bürgerliche oder gemeindliche Tätigkeit und das übrige Repertoire asketischer Praxis. Hier drängt einfach die aus den vorher aufgezeigten Wurzeln aufgebrochene und in Auseinandersetzung mit konkurrierender asketischer Anschauung weiter entfaltete christliche Askese zu ihrer Verwirklichung. Der Vorgang kann auch damit verdeutlicht werden, daß die größer gewordenen Gemeinden einen Auszug einzelner Mitglieder nun leichter verkraften können. Die Verselbständigung der Askese im Mönchtum setzt zahlenmäßig und organisatorisch erwachsene Gemeinden voraus — eine Tatsache, die die gesamte Kirchen- und Mönchsgeschichte ausweist.

Die zweite Forderung Kassians — Flucht vor der Frau — ist sicher ganz wörtlich gemeint. In diesem Sinn drängt sie innerhalb der Gemeinden auf die klare Trennung der Geschlechter. Im Bereich der vormonastischen Askese war diese Forderung nicht so leicht durchzuführen. Das sog. Syneisaktentum, das gemeinsame Leben von männlichen und weiblichen Asketen, war eine weitverbreitete Sitte. Sie war der Kirche immer suspekt und wurde energisch bekämpft. Ein sicherer Ausweg war der Zusammenschluß gleichgeschlechtlicher Asketen. Diese Lösung bot sich vor allem für die weiblichen Asketinnen an, die in solcher Weise leicht in die gesellschaftliche und gemeindliche Ordnung einzufügen waren. Der Familienasketismus barg andere Gefahren. Wohl mochte er die frei gewählte Ehelosigkeit sichern, aber die unerläßliche Einbindung der christlichen Jungfräulichkeit in grundsätzliche asketische Haltung war dabei gefährdet. Man hatte immerhin Anteil am Familienbesitz, man hatte Zugang zum gesellschaftlichen Leben und sah so die Ehelosigkeit in zahlreichen Gefahren. Das kirchliche Schrifttum des 3. und 4. Jh. malt derlei Gefahren drastisch und realistisch aus. Auch hier drängte die Entwicklung auf eine Lösung aus der bisher gewohnten Umgebung auf die Schaffung eines eigenen Lebensraumes für die Asketen.

Flucht vor der Frau muß dabei allerdings auch in weiterem Sinne verstanden werden. Die der alten Kirche selbstverständliche

Bindung an das Alte Testament legte ihr auch die dort grundgelegte negative Bewertung der Frau in den Schoß. Durch Gen 3 und die fast einstimmige Deutung dieses Schrifttextes im Judentum und in der alten Kirche war die Frau Sinnbild der Versuchung, zur inkarnierten Gefahr für das Heil geworden. So gesehen kann im Kassian-Wort Frau einfach auch für die gefährliche Welt stehen, die der Asket um seines Heiles willen zu fliehen hat. Zur „Welt" wurden aber auch die christlichen Gemeinden seit dem 3. Jh. mit ihrem deutlichen Zug zur Massenkirche, mit ihrem notwendigen Verzicht auf ethische Höchstleistungen und ihrem zwangsläufigen Einlenken auf die oben erwähnte Zweistufenethik. In neuer Weise kann hier auf die alte These vom Protest gegen eine verweltlichte Kirche zurückgegriffen werden. Allerdings verstehen die Asketen, die die Gemeinden verlassen, ihren Auszug nicht als Protest. Sie wollen keine Gegenkirche schaffen, sondern allein und ungestört nach Forderungen des asketisch gedeuteten Evangeliums neben den übrigen Gemeinden leben. Damit entsteht innerhalb der christlichen Kirche das Gegensatzpaar von asketischen und nichtasketischen Christen, das unter der geläufigeren Antithese von „Welt und Kloster" die gesamte Kirchengeschichte spannungsreich begleiten wird.

Mit dieser aus der Gemeindesituation entwickelten Motivierung ist das Aufkommen der Wüstenaskese im 3. Jh. wohl kaum ganz erklärt. Ein auch in die christlichen Gemeinden eingedrungener Pessimismus konnte die dem Christentum eigene Weltdistanz verstärken und zum Verlassen dieser Welt und ihrer Ordnungen bewegen. Der modische Kynismus konnte gleicherweise Christen anstecken und zur asketischen Weltentsagung drängen. Wirtschaftliche (Steuerlast) und gesellschaftlich-politische (Militärdienst und andere staatliche Dienstleistungen) Motive werden im Einzelfall wiederum nicht auszuschließen sein. Ein vielschichtiges und im Einzelfall auch verschieden gewichtiges Motivbündel hat so die Asketen im Laufe des 3. Jh. aus den Gemeinden hinausgeführt. Außerhalb der bewohnten Siedlungen im östlichen Mittelmeerraum blieb aber nur die Wüste als Aufenthaltsort, als Raum, in dem der Asket nun „auf sich selbst achtet", wie Athanasius in seinem Antoniusleben schreibt [22]. Rückblickend auf die Entwicklung konnte Eusebius von Caesarea als feste Gegebenheit in der Kirche feststellen, daß es hier zwei Lebensnormen gäbe: Die eine führt über die Natur hinaus, hat nichts zu tun mit der gewohnten und normalen Lebensweise. Sie gestattet die Ehe nicht. Sie verwandelt die Lebensgewohnheiten der Menschen von Grund auf und bewirkt, daß sie von himmlischer Liebe angespornt, nur noch Gott dienen ... Daneben gibt es ein anderes Leben, das die Rechte und Pflichten des staatlichen und sozialen Lebens des Menschengeschlechtes nicht verwirft. Heiraten, Kinder zeugen, seinem Beruf nachgehen, sich den Gesetzen des Staates unterwerfen und in jeder Hinsicht die Aufgaben des normalen Bürgers erfüllen, sind Äußerungen des Lebens, die sich mit dem christlichen Glauben völlig vereinbaren lassen, wenn sie an den festen Vorsatz gebunden sind, die Frömmigkeit und die Hingabe an den Herrn zu bewahren [23].

[22] Vita Antonii 3.

[23] Demonstratio evangelica I 8; zum Thema „Ursprung des Mönchtums" vgl. K. S. Frank (Hrg.), Askese und Mönchtum in der alten Kirche (Darmstadt 1975) = Wege der Forschung 409.

FRÜHFORMEN DES ÖSTLICHEN MÖNCHTUMS

Die außergemeindliche Askese wird zur Wüstenaskese, in der der Asket zunächst für sich allein lebt. Die Anfänge lassen sich am einfachsten für Ägypten nachweisen, das dadurch als bevorzugtes und erstrangiges Mönchsland gilt. Unabhängig davon vollzog sich der Prozeß jedoch auch in anderen Kirchengebieten des Ostens, bis er dann im Laufe des 4. Jh. den Gesamtraum der alten Kirche erobert.

Folgen wir zunächst der Entwicklung im monastischen Musterland Ägypten. Als große Gestalt hebt sich dort der Ägypter Antonius von der zahlreichen namenlosen Schar der Wüstenasketen ab. Das verdankt er seinem Biographen Athanasius von Alexandrien, der kurz nach dem Tode des Antonius (356) dessen Leben beschrieben hat. [1] Freilich blickt die Antoniusvita auf gut hundert Jahre ägyptische Mönchserfahrung zurück und der Bischof von Alexandrien war bei seiner literarischen Arbeit keineswegs selbstloser Berichterstatter: Er kreierte mit seiner programmatischen Mönchsvita vielmehr einen Mönchstyp seines theologischen und kirchenpolitischen Konzepts.

Nach Athanasius zog Antonius um 275 aus seinem ägyptischen Heimatdorf in die angrenzende Wüste. Das war nach Athanasius keineswegs die plötzliche Erfindung des jungen Antonius. Vielmehr konnte der junge Mann sich am Rande der Wüste einem Asketen anschließen, der schon von Jugend an dort ein Einsiedlerleben geführt hat [2]. Diese Auskunft führt zum ersten Typ der Wüstenaskese: Es ist die Lebensform des Eremiten.

[1] Griechischer Text: Migne PG 26; eine deutsche Übersetzung: Bibliothek der Kirchenväter, Athanasius 2.

[2] Vita Antonii 3.

Der Auszug aus der Gemeinde, die Anachorese (d. h. das Sich-Zurückziehen), war ein individueller Vorgang. Der Asket, der seinen Wohnsitz in der Wüste nahm, blieb auch dort ein Einzelner und lebte für sich. Freilich darf das Eremitendasein nicht als völlige Isolierung aufgefaßt werden. Dagegen steht und spricht einfach die menschliche Natur, die ohne einen Mindestkontakt zum anderen Menschen nicht auskommt. Auch für Antonius galt der Grundsatz: Leben und Tod des Mönches entscheiden sich an seiner Haltung zum Mitmenschen [3]. Und die eremitische Erfahrung belehrte bald den Neuling in der Wüste: „Wenn du zuvor nicht mit den Menschen (in der Welt) zurechtgekommen bist, dann kannst du nachher auch nicht mit der Einsamkeit zurechtkommen." [4] Deshalb ergab sich ganz von selbst als Urform der Wüstenaskese die lose Eremitenkolonie. Der Eremit lebte in seiner Zelle, einer selbstgebauten Hütte, einem verfallenen Kastell, vielleicht auch in einer aufgelassenen Grabhöhle. Hier füllte die Askese sein Tagewerk, das von ständigem Gebet begleitet war. Die Sorge um das ewige Heil war dabei das erste Gebot, das alle übrige Lebenshaltung und Leistung bestimmte. Körperliche Arbeit war als Notwendigkeit angesehen, aber nur als Mittel zum Zweck: Erwerb des eigenen bescheidenen Lebensunterhaltes und Ermöglichung zum Almosengeben. Geistiger Mittelpunkt einer solchen Eremitenkolonie war ein erfahrener Mönch, der aufgrund seiner Begabung und seines persönlichen Ansehens zur geistig-geistlichen Autorität wurde. Die Bindung an ihn war frei gewählt, sie konnte jederzeit gelöst werden. Aber als unerläßlich galt solche Unterordnung unter einen Altvater. Das Mittel der Führung wie der Ordnung war nicht eine genau genormte und festgeschriebene Regel. Es war vielmehr das „Wort" des geistbegabten Vaters, das vom einzelnen Mönch hilfe- und ratsuchend erbeten wurde und diesem dann als Wegweisung diente. Diese Worte — später in den sog. Apophthegmata gesammelt — offenbaren den reichen Schatz geistlicher

[3] Apophthegmata Patrum, Antonius 9.

[4] Ebda., Longinus 1.

Erfahrung der Wüstenaskese [5]. Sie sind die wichtigste Quelle für die Milieuerfassung des frühen Mönchtums in Ägypten. In ihrer Ursprünglichkeit und ungeschminkten Wahrhaftigkeit zeigen sie die Höhen und Tiefen im Leben der Wüstenasketen.

Weitere Gemeinschaftsbeziehungen brachte die Teilnahme am Gottesdienst, der einmal in der Woche gefeiert wurde. War es möglich, so versammelten sich die Eremiten dazu alleine. Fehlte in ihrer Gemeinschaft ein eigener Priester, dann zogen sie in benachbarte Christengemeinden. Auch die natürlichen Lebensbedürfnisse drängten zum lockeren Zusammenschluß: Die Erzeugnisse der eigenen Arbeit — geflochtene Matten, Seile, Körbe und dergleichen — mußten verkauft werden. Das geschah in Gemeinschaftsregie: Die Mönchsprodukte wurden gesammelt und dann von einzelnen Mönchen in die Stadt zum Verkauf gebracht. Auch bei sparsamster Lebensführung waren Lebensmittel und Kleidungsstücke einzuhandeln. Das blieb meist nicht dem einzelnen Eremiten überlassen. So trug eigentlich schon der Urtyp des Mönchlebens die Keime in sich, die auf die weitere Entwicklung des gemeinsamen Mönchslebens hinweisen. Die geographischen Schwerpunkte des ägyptischen Eremitentums lagen südwestlich des Nildeltas (Sketis, Nitria und Kellia) und in der oberägyptischen Thebais. Gute Milieuschilderungen bieten über die Apophthegmata hinaus die im späten 4. Jh. redigierten Mönchsgeschichten der Historia Lausiaca (von Bischof Palladius) [6] und die anonyme Historia Monachorum in Aegypto [7].

Mitten in die erste Blütezeit des ägyptischen Eremitentums fällt der Aufbruch zum neuen Typ monastischen Lebens; es ist das streng geordnete gemeinsame Leben der Mönche (Koinobi-

[5] Griechischer Text: Migne PG 65; eine deutsche Übersetzung: B. Miller, Weisung der Väter (Freiburg 1965).

[6] Textausgabe von C. Butler, Cambridge 1898/1904, eine deutsche Übersetzung: BKV, Palladius.

[7] Textausgabe von A. J. Festugière, Brüssel 1961; eine deutsche Übersetzung: K. S. Frank, Mönche im frühchristlichen Ägypten (Düsseldorf 1967).

tentum). Wie für das gesamte Eremitentum Antonius der Große gleichsam stellvertretend genannt werden kann, so ist mit dem Namen des Ägypters Pachomius (gest. 346) die Schöpfung des gemeinsamen Klosterlebens verbunden. Doch so wie die Grenzen zwischen der innergemeindlichen und außergemeindlichen Askese fließend waren und sich nicht auf eine Einzelpersönlichkeit festlegen lassen, so war es auch beim Übergang vom eremitischen zum koinobitischen Mönchtum. Pachomius kann als Sammelpunkt dieser Entwicklung aufgefaßt werden, der den Übergang in seinem eigenen Werk zur festen Form hinführte. Nach seiner Bekehrung zum Christentum war er selbst Anachoret geworden und in die Schule eines erfahrenen Altvaters gegangen. Mit geschicktem Organisationstalent begabt und von besonderem Sendungsbewußtsein erfüllt, ging er dann daran, jene Kräfte des Eremitentums, die auf stärkeren Zusammenschluß und größere Gemeinsamkeit drängten, zu sammeln. Eigentliche Triebkraft war dabei ein ganz religiös bedingtes soziales Motiv: Das Einsiedlerleben erforderte die reife Persönlichkeit und stellte an den Menschen hohe Anforderungen. Keineswegs waren alle Eremiten zu solcher Leistung fähig; was vielfach übrig blieb, war ein kümmerliches Menschendasein. Hier galt es, helfend einzuspringen; als „Dienst am Menschen" verstand Pachomius sein Reformwerk. Er wollte für die Asketen einen bergenden Raum schaffen, in dem sie zwar weiterhin abgeschlossen von der Welt, aber doch nicht mehr auf sich selbst gestellt, ihr Heil wirken könnten. Es war eine Rückbesinnung auf die Anfänge der Kirche, die einst zur brüderlichen Gemeinschaft geführt hatte. Die Idealschilderung der Urgemeinde nach Apg 4, 32—35 wird zur Norm der neuen Mönchsfamilie. In Tabennisi in der Thebais gründete Pachomius sein erstes Kloster, dem bald weitere, zahlreich bevölkerte Klöster folgten. Das gemeinsame Leben der Mönche war nun nicht mühsam abgezwungenes Zugeständnis, sondern konstitutives Element des asketischen Lebens. Zum Kloster gehört nach Pachomius der genau begrenzte, nach außen abgeschlossene Wohnraum der Mönche, die einheitliche Lebensweise in Nahrung, Kleidung, Arbeit, der gemeinsame Gottesdienst und schließlich die alles ordnende und für alle Mönche verbindliche Lebensordnung mit der Autorität des Klosteroberen. Pachomius hat selbst entsprechend der Entwicklung seiner Klöster eine Regel redigiert, die das Leben der Mönche in seinen einzelnen Klöstern genau ordnen sollte [8]. Danach sollten auch die Mönche in den Klöstern wie die Eremiten der weiten Wüste einfach christlich, dem Evangelium gemäß, leben. Die Regeln des Pachomius und noch mehr seine unmittelbare Belehrung der Mönche stehen deshalb in außerordentlich enger Bindung an die Hl. Schrift. Es geht dabei immer nur um die Anwendung der Bibel als der verbindlichen Erstnorm auf den konkreten Fall des Lebens im Kloster.

Die pachomianische Mönchsgemeinde verstand sich als eine Christengemeinde, die „in heiliger Gemeinschaft" leben wollte. Freilich erfuhr die eremitische Askese entscheidende Gewichtsverlagerung. Diese ergab sich aus der unerläßlichen Bindung des Mönchs an die klösterliche Gemeinschaft. Die Forderung der Gleichheit aller Mönche schloß individuellen asketischen Übereifer und bizarre asketische Höchstleistungen aus. Eine Gemeinschaftsordnung muß sich notwendigerweise mit einem bestimmten „Maß an Durchschnittlichkeit" begnügen, weil sie eben von allen erfüllt werden soll. Das bringt ihr jedoch auch den positiven Zug der Rücksichtnahme auf die individuelle Leistungsfähigkeit ein. Das Humanum wird durchaus respektiert. Auf zwei Gebieten der asketischen Praxis läßt sich die Neuerung leicht veranschaulichen. Die Gehorsamsbindung gehört zwar von Anfang an zum asketischen Leben. Im Koinobitentum wird sie zu einem wesentlichen Element, dem sich der einzelne Mönch nicht mehr entziehen kann. Die fordernde und gebietende Autorität sind die Regel und über ihr der Obere. Davon gibt es für keinen Mönch, auch nicht für den vollkommensten, jemals eine Dispens. Gleicherweise ist die Armut, mindestens in der Form der persönlichen Bedürfnislosigkeit, schon immer Bestand asketischen

[8] Erhalten in der lateinischen Übersetzung von Hieronymus; Textausgabe von A. Boon, Pachomiana latina (Löwen 1932).

Lebens gewesen. Auch der Wüsteneremit lebte arm, aber er lebte in selbständiger Verfügung über Maß und Reichweite seines Armseins. Der Koinobit verzichtet auf diesen geringen Spielraum. Er kann in wirklicher Armut leben, ohne jeden persönlichen Besitz, weil das Kloster als Gemeinschaft über Besitz verfügt und so dem einzelnen Mönch das Lebensnotwendige zukommen lassen kann. Bei den Pachomianern galt der Besitz der Klöster als „Eigentum Christi“ — eine schöne Formel, die in der weiteren Mönchsgeschichte eine wichtige Rolle spielen wird, weil sie einerseits den Klosterbesitz einem anderen Eigentümer zuweist, andererseits dieses Gut auch vor ungerechtem Zugriff schützen kann. In Wirklichkeit ist das Kloster durchaus Eigentümer. Die persönliche Armut des Mönchs wird damit zur „gesicherten Armut“. Arm ist der Koinobit nur, weil ihm die freie Verfügung über jeglichen Besitz, ja auch der unabhängige Gebrauch selbst alltäglicher Dinge, entzogen ist, weil er sich mit seiner eigenen Arbeit für den gemeinsamen Besitz einsetzt. Das ganze Kloster versteht sich als arm, weil sein Besitz Christus übereignet ist und mit diesem Gut den Armen der Kirche gedient werden muß. Was Pachomius, von der täglichen Erfahrung mit seinen Mönchsgemeinschaften belehrt, über Gehorsam und Armut festgelegt hat, ist bald Gemeingut aller Klosterregeln geworden.

In den Neuerungen des Pachomius steckten auch die Keime des Zerfalls seines Instituts. Seine Klöster zogen Novizen in hellen Scharen an und ließen diese zu reichbevölkerten Mönchssiedlungen werden. Das erfordert begabte Führernaturen; von den Nachfolgern des Pachomius reichte keiner an dessen Führungsfähigkeit heran, was zum langsamen Auseinanderbrechen des Klosterverbandes führte. Die Klöster gehen an ihrem eigenen Wachstum zugrunde. Mit dem starken personellen Zulauf war ein wirtschaftliches Wachstum unvermeidlich. Wohl wird ein Kloster nie als Produktionsgemeinschaft begründet. Aber die Arbeitsverpflichtung führt zur Güterbeschaffung. Der große pachomianische Klosterverband wurde so zwangsläufig auch zum wirtschaftlichen Großunternehmen, was die Klöster zu Macht und Reichtum führte, nach H. Bacht immer die „unheimlichsten Totengräber" des christlichen Mönchtums. Vom ausgehenden 4. Jh. an hört man nicht mehr viel vom ursprünglichen Werk des Pachomius. Schon dieser erste Entwurf eines gemeinsamen Klosterlebens und eines größeren Klosterverbandes zeigt ein sich in der weiteren Ordensgeschichte regelmäßig wiederholendes Gesetz: Der im Mönchtum von einer großen Gründergestalt ausgehende Impuls ist nach drei bis vier Generationen innerlich aufgebraucht. Er bedarf des Zustroms neuer Kräfte. Die Mönchsgeschichte teilt damit Los und Last der Kirchengeschichte: Monasterium semper reformandum.

Mit der Dekadenz der Pachomiusklöster verschwand das Mönchtum jedoch nicht vom Boden Ägyptens. Das Koinobitentum erlebte im 5. Jh. sogar noch eine anhaltende Erneuerung. Sie war das Werk des Kopten Schenute von Atripe (gest. 451 [?]), der im Weißen Kloster in der Thebais ein neues monastisches Zentrum schuf. In der monastischen Observanz war er von Pachomius abhängig, deren maßvolle Askese er durch harten Rigorismus verschärfte. Der schon von Athanasius in seinem Antoniusleben propagierte Einsatz der Mönche für die alexandrinische Theologie und Kirchenpolitik zeigte sich auch bei Schenute, der den Patriarchen von Alexandrien auf das Konzil von Ephesus 431 begleitete.

Dabei darf nicht übersehen werden, daß neben dem rasch angewachsenen Koinobitentum in Ägypten das Eremitentum keineswegs ausgestorben war. Die Eremitenkolonien lebten weiter. Das Verhältnis der beiden monastischen Lebensformen war freundlich, da und dort auch feindlich. Ein praktischer und theoretischer Wettstreit entfaltet sich, auf welcher Seite die vollkommenere Lebensform stände. Das Eremitentum behauptete sich dabei als Vollendung des asketischen Lebens, freilich mit der gewichtigen Einschränkung, daß es eben nur Vollkommenen zugänglich sei und das Koinobium die erste Schule des asketischen Lebens sein müsse und für viele Mönche die allein mögliche Lebensform sein könne. Evagrius Ponticus (gest. um 399), der große Theoretiker des asketisch-monastischen Lebens, zog sich erst im späten 4. Jh. in die nitrische Wüste zurück. In seinen

Schriften paßte er die asketische Lehre des Origenes der Wüstenerfahrung an und entwickelte eine Mönchslehre, die Morgen- und Abendland nachhaltig beeinflussen sollte.

Das Mönchtum war zu einem festen Bestand der ägyptischen Kirche geworden. Darüberhinaus war es in der ganzen Kirche bewundertes Vorbild der christlichen Heiligkeit und Vollkommenheit geworden. Die „Wallfahrt" zu den ägyptischen Einsiedeleien und Klöstern war modisch. Der Altvater Arsenius (ehemaliger Hofbeamter in Byzanz, der in Ägypten Einsiedler geworden war), fürchtete, es möchten schließlich ganze Schiffsladungen vornehmer Damen übers Meer kommen, um die ägyptischen Mönche zu bewundern [9]. Die Mönche hatten zwar die Welt verlassen, aber diese Welt folgte ihnen in die Wüste. Andererseits wirkten die Mönche selbst auch wieder in die Welt hinein und ließen sich in die theologischen und kirchenpolitischen Streitigkeiten des 5. Jh. hineinziehen. Nationale Spannungen unter den Mönchen zwischen einheimischen Kopten und zugewanderten Griechen, zwischen ungebildeten und gebildeten Mönchen störten den Frieden des ägyptischen Mönchsparadieses. Der um 400 aufgebrochene Streit um Origenes wirbelte auch die Mönchssiedlungen und Klöster durcheinander. Das schroffe Vorgehen des Patriarchen Theophil von Alexandrien vertrieb viele Mönche aus Ägypten..

Dazu kamen Angriffe von außen. Barbarische Stämme drangen in den Jahren 407—408 in die Einsiedeleien der Sketis und verwüsteten sie. Solche Einfälle wiederholten sich und machten die alte Mönchslandschaft unbewohnbar. Einer ihrer großen Heroen, Arsenius, sprach nach dem ersten Angriff: „Die Welt hat Rom verloren und die Mönche die Sketis." [10] In kühner Weise verbindet der Väterspruch Rom und das ägyptische Mönchtum miteinander. Sicher war die Eroberung Roms durch die Westgoten im Jahre 410 eine Katastrophe für die spätantike Welt; aber sie war keineswegs der endgültige Untergang Roms. Ebenso

[9] Apophthegmata Patrum, Arsenius 28.
[10] Ebda. 21.

bedeutete auch der Verlust der Sketis nicht das Ende des Mönchtums in der alten Kirche. Die asketisch-monastische Lebensform war längst zum Allgemeingut der ganzen Kirche geworden. Das Verschwinden der einen und anderen Landschaft aus der monastischen Geographie war für die Beteiligten wohl hart und schmerzhaft; die weitere Entwicklung des Mönchslebens konnte es nicht aufhalten.

Der Niedergang des ägyptischen Mönchtums erbrachte eine große Zahl von Mönchsflüchtlingen. Sie trugen ihre Lebensform in andere Länder. Doch wäre es völlig falsch, alles übrige Mönchtum der alten Kirche als Ableger des ägyptischen Mönchtums zu verstehen. In den anderen Kirchengebieten des Ostens hatten sich neben dem ägyptischen Mönchtum eigenständige Formen klösterlichen Lebens entwickelt.

Für das benachbarte Palästina ist zunächst allerdings unmittelbar anregender Einfluß von Ägypten festzuhalten. Um 380 kam Silvanus, der zwar aus Palästina stammte, sich längere Zeit aber in der Sketis aufgehalten hatte, mit etlichen Schülern zum Sinai, den er nach wenigen Jahren verließ, um in Gerasa in Palästina eine klösterliche Siedlung zu gründen. Auch Hilarion von Gaza stand nach seinem Biographen Hieronymus mit dem ägyptischen Mönchtum in Verbindung. Hieronymus macht aus Hilarion sogar einen Antoniusschüler; so konnte dieser Mönchsvater in seiner Eremitensiedlung bei Gaza von ägyptischer Tradition leben. Eine andere, zweite Besiedlung Palästinas kam von Norden her und besiedelte die Wüstengegend um Jerusalem. Ihr Führer war der Mönch Chariton, der aus Kleinasien gekommen sein soll. Damit stoßen wir auf ein von Ägypten unabhängiges Mönchtum in Palästina. Mehrere Klöster gehen auf Charitons Initiative zurück. Eine besondere Bezeichnung östlicher Klöster hat ebenfalls in seinem Umkreis ihren Ursprung: Es ist die Laura, zunächst der Name eines von Chariton gegründeten Klosters in Pharan (nordöstlich von Jerusalem). Dieser Begriff war dem ägyptischen Mönchtum fremd. Er bezeichnet einen bestimmten Typ von Kloster: es liegt in einem engen Tal, an dessen Hängen die Zellen und Höhlen der Mönche liegen, während sich in der zentralen Talstraße die Gebäude und Räume für die Gemeinschaftsversammlungen befinden.

Jerusalem selber wurde schließlich zu einem eigen geprägten Mönchszentrum. Seit dem 4. Jh. war die „Hl. Stadt" zum bevorzugten Ziel christlicher Wallfahrt geworden. Auch Mönche und Nonnen schlossen sich der Pilgerschar an. Die Gründung eigener Klöster in der Stadt lag nahe. Da eine eigene monastische Observanz in der Stadt nicht vorhanden war, blieb nur die Einführung der je heimischen Observanz übrig. Dabei dominierte wiederum ägyptischer Einfluß, allerdings stark beeinflußt von abendländischer Tradition. Denn die wichtigsten Klöster in Jerusalem gehen auf die Initiativen aus dem westlichen Römerreich zurück. Melania die Ältere gründete mit Rufinus von Aquileja um 380 auf dem Ölberg ein Mönchs- und ein Nonnenkloster. Nach dem Tode ihres Gatten, des römischen Stadtpräfekten, hatte sie sich den vornehmen Asketenkreisen Roms angeschlossen, war dann zu den ägyptischen Mönchen gezogen, um schließlich in Jerusalem ihr Leben zu beenden. Ihre Enkelin, Melania die Jüngere, war einen ähnlichen Weg gegangen und gründete im 5. Jh. ebenfalls zwei Klöster in Jerusalem. Zuvor war schon Hieronymus mit der römischen Witwe Paula in Bethlehem eingetroffen. Auch hier entstanden Klöster für Nonnen und Mönche. Die lateinische Herkunft und weitergeführte Tradition war eine Besonderheit dieser Klöster mitten im östlichen Mönchtum. Die Führung durch Theologen wie Hieronymus und Rufinus brachte eine weitere Eigenart: Die Verbindung von Askese und theologischem Studium. Die vornehme Herkunft der reichen Mitbegründerinnen verlieh den Klöstern auch einen gewissen aristokratischen Zug. Die Klostergemeinschaften zeigten internationalen Charakter und eine starke Mobilität. Für manche Mönche und Nonnen waren sie nur vorübergehender Aufenthaltsort. Für Pilger eine bevorzugte Stätte längeren Aufenthaltes, eine Art „Klosterleben auf Zeit". All das erleichterte ein geordnetes Leben sicher nicht. Dazu wurden gerade auch diese Klöster in die theologischen Streitigkeiten der Zeit hineingezogen, zumal Hieronymus und Rufin am Streit um Origenes und Pelagius unmittelbar Partei waren. Mit dem Tode der Gründer verloren sie auch ihre eigenständige Bedeutung und ihren internationalen Rang, um schließlich zu griechisch-byzantinischen Klostergemeinschaften zu werden.

Im benachbarten syrischen Raum entstand das Mönchtum aus der vormonastischen Askese unabhängig von der ägyptischen Entwicklung. Das schließt freilich vom 4. Jh. an gegenseitige Beeinflussung nicht aus. Aber gerade auf diesem Kirchenfeld war die christliche Botschaft von Anfang an stark mit asketischem Anspruch durchsetzt. Dort wurde gar die geschlechtliche Enthaltsamkeit als unerläßliche Taufbedingung aufgestellt — eine Forderung, die sich freilich nicht halten konnte. Aber sie spricht für den rigorosen Charakter der syrischen Kirche und drängte auch das Mönchtum zu verschärfter asketischer Praxis. Die Gründe dafür liegen im Ursprung der syrischen Kirche selbst, in der lang andauernden Verfolgung syrischer Gemeinden durch die Perser und in der starken Konkurrenz zur entschieden asketischen Haltung der Manichäer. So sehr die dogmatische Lehre der Manichäer abgelehnt und bekämpft wurde, ihre Hyperaskese konnte nur mit gleicher Forderung aus dem Felde geschlagen werden.

Die Verselbständigung der Askese zum Mönchtum geschah im syrischen Raum im Laufe des 4. Jh. Auch hier dominiert zunächst die Eremitensiedlung. Das Koinobitentum tritt erst an zweiter Stelle auf und erreicht hier nicht die Bedeutung des ägyptischen. Die schroffe Askese führte in den Eremitorien zu bizarren Formen: Mönche beluden sich mit schweren Eisenketten, andere schlossen sich lebenslang ein, wieder andere verzichteten auf jeden Wetterschutz und lebten als „Freiluftasketen". In diesem Raum entwickelte sich auch die Sonderform des Säulenstehens, in der die Askese ihren nicht mehr überbietbaren Gipfel fand: Symeon der Ältere (etwa 390—459) stand über dreißig Jahre lang auf seiner neun Meter hohen Säule. Der Platz wurde schon zu seinen Lebzeiten vielbesuchter Wallfahrtsort und nach seinem Tode hielt eine gewaltige Kirchenanlage (Kal'at—Sim'an) die Erinnerung an diesen asketischen Heros fest. Die Wunderlichkeit des syrischen Asketentums, das schon in seiner Zeit nicht ungeteilten Beifall fand — der Ägypter Apollo meinte z. B., die Syrer trügen ihre schweren Eisenketten und ihre langen Haare nur, um von den Menschen gesehen und geehrt zu werden [11] —, wurde von Theodoret von Cyrus in seiner Historia Religiosa lebendig festgehalten [12].

Das syrische Mönchtum scheint die der Askese eigene Weltflucht in vollendeter Form gelebt zu haben: Doch auch hier zeigt sich, daß solches schlechterdings nicht möglich ist und die Bindung von Welt und Kloster einfach nicht zu lösen ist. In der Tat war die schroffe Askese der Syrer mit einem starken Zug zu apostolisch-pastoraler Tätigkeit verbunden. Der Stylite Symeon hat von seiner Säule herab einen Araberstamm bekehrt. Andere Mönche ließen sich in den Kirchendienst berufen und übernahmen missionarische Aufgaben. Der unauflösliche Zusammenhang zwischen Kirche und Mönchtum zeigte sich besonders im Schrifttum des Johannes Chrysostomus (gest. 407). Er hatte selbst längere Zeit unter den Eremiten in der Nähe Antiochiens gelebt und war dem asketisch-monastischen Ideal zeitlebens verbunden geblieben. Das Mönchtum war ihm reine, ungetrübte Christlichkeit, das unbedingte Vorbild jeglichen Christenlebens mitten in der Welt. „Geht hinaus und schaut euch die Mönche an", belehrte der Prediger in Antiochien immer wieder seine Zuhörer und entwickelte in seinen vielen Lobreden über das Mönchtum eine „klösterliche Poesie", die zwar von antiker Rhetorik zehrte, aber immer wieder von den Verherrlichern des Mönchslebens aufgegriffen werden sollte: „Die Mönche arbeiten wie Adam, als er am Anfang, noch vor dem Sündenfall, in Herrlichkeit gekleidet war und in jenem überglückseligen Land, das er bewohnte, mit Gott innig verkehrte. Oder worin sollten unsere Mönche schlimmer daran sein als Adam, da er das Paradies bebaute? Er kannte keine weltliche Sorge; sie kennen sie ebenfalls nicht. Er

[11] Historia Monachorum 8.

[12] Griechischer Text: Migne PG 82; eine deutsche Übersetzung: BKV, Theodoret 1.

verkehrte reinen Gewissens mit Gott; sie gehen sogar noch vertraulicher mit Gott um, weil sie vom Hl. Geist mit größeren Gnaden ausgestattet werden." [13]

Im kleinasiatischen Raum fand die Askese im 4. Jh. in Bischof Eustathius von Sebaste einen wirkungsvollen und gewandten Verteidiger. Die asketische Praxis entsprach grundsätzlich der übrigen christlichen Askese. Allerdings trat Eustathius mit radikalen Forderungen auf, die kompromißlos von allen Christen ein asketisches Leben verlangten. Das war aber nie möglich und stieß besonders im kirchlich-gesellschaftlichen Milieu des 4. Jh. auf Widerstand. Zur Schlüsselfigur in der Einbindung dieser asketischen Kräfte in die kirchliche Ordnung wurde Basilius der Große (gest. 379). Von aristokratischer Herkunft — unter dem Einfluß des Eustathius sogar herangewachsen — hatte er sich nach seinem Studium in Athen auf ein einsames Familiengut in Pontus zurückgezogen, um dort als Mönch zu leben. Eine asketische Bildungsreise zu den Mönchen Syriens, Palästinas und Ägyptens bereicherte die eigene Erfahrung, aus der ein entscheidendes monastisches Programm erwachsen konnte, das er vor allem als Metropolit der Kirche von Caesarea verwirklichen wollte. Gleich Pachomius gehört Basilius zu den schöpferischen Gestalten des frühen Mönchtums. Das östliche Koinobitentum außerhalb Ägyptens verdankt ihm seine wichtigsten Impulse. Basilius wurde durch seine monastische Aktivität — niedergelegt in drei nacheinander redigierten Mönchsregeln [14] — zum großen Systematiker des gemeinsamen Klosterlebens. Für das Eremitentum fand Basilius wenig Begeisterung. Seine Sympathie und sein Einsatz gehörten dem

[13] Predigten über Matthäus 68, 7.

[14] Es sind die sog. Ethicae oder Morales, Anweisungen für ein intensives Christenleben, das kleine Asketikon und das große Asketikon mit den 'längeren' und 'kürzeren' Regeln. — Griechischer Text, Migne PG 31; eine deutsche Übersetzung (Auswahlübersetzung): H. U. von Balthasar, Die großen Ordensregeln (Einsiedeln—Zürich—Köln [2]1961).

Koinobitentum: Gott habe den Menschen nicht als einsames und wildes Wesen geschaffen, sondern als sanftes und geselliges.

Gottes Absicht mit dem Menschen läßt sich nur in der Gemeinschaft verwirklichen. Norm und Maß dieses Gemeinschaftslebens ist auch für Basilius nichts anderes als die Bibel, die seine Regeln in zahllosen Einzelfragen nun auf den Sonderfall des asketisch-geistlichen Lebens im Kloster anwenden. Der Mönch und Kirchenmann verstand es, die Klöster in sein kirchliches Schaffen einzufügen. Er gab auch den in der Stadt angesiedelten Klöstern sozial-karitative und erzieherische Aufgaben. Mehr noch verkündete er gleich Chrysostomus die Klöster als die wahren Zentren echter Christlichkeit. Die gehorsamen und wohlgeordneten Mönchsgemeinschaften sollten für die übrige Christenheit Vorbild sein. Basilius hat mit seiner Anregung der östlichen Kirche schließlich den Klostertyp geschenkt, der dort bis heute das Mönchsleben prägt. Wie das abendländische Mönchtum in Benedikt von Nursia seinen Stammvater sieht, so das morgenländische in Basilius d. Großen. In beiden Fällen will mit solcher Auskunft keine ungebrochene Kontinuität des von den beiden Persönlichkeiten geschaffenen Werkes durch die Geschichte bis heute behauptet werden. Für beide Männer will damit nur die Art der nie aufgegebenen Norm- und Idealgestalt ausgesagt werden, an der sich jede nachfolgende Mönchsgeneration immer neu orientierte.

Im gleichen Zeitraum, näherhin unter der Regierung des Kaisers Theodosius 379—395, eroberte sich das Mönchtum auch die Reichshauptstadt Konstantinopel. Die Schaffung der Klausurmauer durch Pachomius ermöglichte auch mitten in der Stadt die Klostergründung. Ein Stück „künstlicher Wüste“ wurde so in die bewohnte Welt gesetzt. Freilich war die vom Mönchtum angestrebte Trennung von Welt und Kloster dadurch fast aufgehoben. Das Stadtkloster stand in mittelbarem Kontakt mit dem kirchlichen und politischen Leben. Den Bischöfen von Konstantinopel waren die zahlreichen Klöster in der Stadt nicht immer Quellen reiner Freude und echter Erbaulichkeit. Was von den Mönchen Ägyptens und Jerusalems gesagt wurde, gilt von denen der Hauptstadt in gesteigertem Maße: Sie wurden unheilvoll in den Streit der Theologen des 5. Jh. hineingezogen und wurden selbst zu Parteigängern im unheilvollen Kampf zwischen Rechtgläubigkeit und Ketzerei.

Das östliche Mönchtum war in seinen Anfängen eine religiöse Bewegung von der Basis her. Die Eremitensiedlungen und die Mönchsgemeinschaften standen als Christengemeinden eigener Art neben den übrigen kirchlichen Gemeinden. Erst die bedeutenden Bischöfe des späten 4. Jh. — fast alle waren nun selbst „Mönche im Nebenberuf" — begannen, das ungeklärte, offene Verhältnis von Kirche und Kloster zu klären.

Es war schließlich die Tat des Konzils von Chalcedon im Jahre 451, das sich dieses Problems offiziell annahm. Hier wurde das Kloster dem jeweiligen Diözesanbestand eingegliedert und dem Bischof die Klostergründung und Aufsicht über die Klöster zugesprochen [15].

[15] L. Ueding, Die Kanones von Chalkedon in ihrer Bedeutung für Mönchtum und Klerus = A. Grillmeier—H. Bacht, Das Konzil von Chalkedon 2 (Würzburg 1954) 569—676.

DIE ANFÄNGE DES MÖNCHTUMS IM ABENDLAND

Im alten Streit, ob das abendländische Mönchtum ein eigenes Gewächs der Kirche des westlichen Römerreiches oder nur ein Ableger des östlichen Mönchtums sei, kann die Lösung nur in einem Sowohl-als-auch liegen. Eigenständigkeit liegt auch hier vor, da das westliche Mönchtum sich ebenfalls aus der innergemeindlichen Askese, besonders in der Art des Familienasketismus entwickelte. Freilich ging in dieser Entwicklung das östliche Mönchtum voraus, das westliche Asketentum folgt mit der Verspätungsphase, die der westlichen Kirchenhälfte im Gesamtbereich des kirchlichen Lebens und Lehrens eigen ist. Die „Ablegerthese" enthält dann insofern ein Stück Wahrheit, als das Vorbild des Ostens bei der sehr schnellen Gestaltwerdung des lateinischen Mönchtums entscheidende Helferdienste leistete. Die Faszination, die das östliche Mönchtum besonders durch die literarische Propaganda auf das westliche Asketentum ausübte, darf nicht zu gering veranschlagt werden. Das bedeutet aber nicht, daß das westliche Mönchtum bloße Kopie des östlichen sei. Diese Vorstellung verwischt auch gewichtige Realitäten.

So wenig man im strengen Sinne von einem einheitlichen östlichen Mönchtum reden kann — es gibt nur die verschiedenen Verwirklichungen des asketisch-monastischen Ideals im Bereich der Ostkirche — so wenig gibt es ein einheitliches westliches Mönchtum. Auch hier gilt es gleich zu unterscheiden zwischen recht unterschiedlichen Mönchslandschaften mit je eigener Verwirklichung des monastischen Wollens.

Der Übergang von der vormonastischen zur eigentlich monastischen Askese ist im Bereich der lateinischen Kirche in der 2. Hälfte des 4. Jh. anzusetzen. Der Übergang vollzog sich in den einzelnen Kirchengebieten verhältnismäßig rasch. Die treibenden und tragenden Kräfte waren dabei durchaus unterschiedlicher Art. Ein wichtiger Faktor war das stark am östlichen Vorbild orientierte Wanderasketentum, das in seiner teilweise bizarren Form nicht überall Anerkennung fand. Hieronymus bietet für Rom eine bissig satirische Skizze dieser unkultivierten Mönche, die allenthalben das asketische Leben in Mißkredit bringen konnten [1]. Die „Domestizierung" dieses Asketentums war eine wichtige Aufgabe, die in der westlichen Kirche nach und nach geleistet wurde. Reibungsloser schritt der weit verbreitete Familienasketismus, vor allem von Asketinnen verwirklicht, zur organisierten Mönchsaskese. Für die alte Reichshauptstadt läßt sich der Vorgang verhältnismäßig leicht nachzeichnen. Hier hatte die asketische Botschaft unter der Hocharistokratie raschen Anklang gefunden. Der entscheidende Lehrmeister dieser asketischen Damenzirkel wurde Hieronymus während seines römischen Aufenthaltes (382—84). Zentrum des Zirkels war das Haus der reichen Witwe Marcella auf dem Aventin. Hieronymus gab den Damen neben der asketisch-geistlichen Unterweisung auch biblischen Unterricht und wies damit den Weg der für das abenländische Mönchtum selbstverständlich werdenden Verbindung von Askese und Studium. Nach dem plötzlichen Weggang des Hieronymus aus Rom verlegte Marcella ihren Wohnsitz aufs Land, um dort mit gleichgesinnten Frauen in asketischer Hausgemeinschaft zu leben. Der werbende Brief des Hieronymus ist bezeichnend: „Selbstgebackenes Brot, Gemüse aus dem eigenen Garten, frische Milch, all die Köstlichkeiten des Landes bieten uns bescheidene, aber bekömmliche Nahrung. Wenn wir so leben, wird uns der Schlaf nicht vom Gebet, die Übersättigung nicht von der Lesung abhalten. Im Sommer wird uns der Schatten eines Baumes Schutz bieten. Im Herbst wird die milde Luft und das Laub, das den Boden bedeckt, uns zur Ruhe einladen. Im Frühling sind die Wiesen mit Blumen übersät. Zum Zwitschern der Vögel singen sich die Psalmen noch einmal so schön. Wenn der Winter kommt, wenn Frost und Schnee einsetzen, dann brauche ich doch kein Holz: Ich werde wachen, bis ich

[1] Ep. 22, 14; 27—29; 34.

warm werde oder werde schlafen. Sicher aber, das weiß ich, werde ich nicht frieren." [2] Das altrömische Idyll der vita rustica-na führt hier die Feder und schafft wieder ein Stück „klösterlicher Poesie". Die antike Vorlage ist unter der Hand christianisiert, der Lebensstil der Landvilla ist zu dem des Klosters geworden, denn Hieronymus schließt seine Ausführungen mit dem Psalmwort: „Nobis adhaerere Deo bonum est, ponere in Domino spem nostram" (Ps 73 (72) 28). Das „Gott-Anhangen" geschieht nicht in der Stadt mit ihrem Tumult, ihren Arenen, ihrem Zirkus, dem Theater und den ständigen Besuchern, sondern in der Einsamkeit, auch wenn diese Einsamkeit jetzt einfach auf dem flachen Lande vor den Toren der Stadt liegt. Der Landaufenthalt wird nun zur Einsamkeit, zur „Wüste" des östlichen Mönchtums.

Marcella stand mit ihrem Auszug aus der Stadt nicht allein. Andere römische Asketen folgten ihr. Wieder andere wagten den kühnen Schritt, die Abgeschlossenheit und Einsamkeit in der Stadt selbst zu suchen: Der Familienpalast wurde zum Kloster umgewandelt. Damit wurde auch im Westen die Möglichkeit der „künstlichen Wüste" mitten in der Stadt entdeckt, und dem Weg des „Stadtklosters" war der Weg in die Geschichte eröffnet. Hieronymus mag übertrieben haben, wenn er gegen Ende des 4. Jh. den Kreis der Mönche und Nonnen „ins Unermeßliche gewachsen sein läßt" [3], doch auch Augustinus will auf seiner Rückreise nach Afrika im Jahr 387 in Rom solche Klöster gesehen haben [4]. Schon im folgenden Jahrhundert wurde diese Art des Stadtklosters von römischen Bischöfen aufgegriffen und zu einem neuen, für das abendländische Mönchtum besonders fruchtbaren Typ weiterentwickelt; das Basilikakloster entstand, indem sich eine monastische Gemeinschaft in den Dienst eines bestimmten Gotteshauses stellte.

Der Terraingewinn und Achtungserfolg des Mönchtums in

[2] Ep. 43, 3.

[3] Ep. 66.

[4] De moribus eccl. cath. I 70.

Rom setzte sich in der gleichen Zeit im übrigen Italien fort. In Vercelli lebte Bischof Eusebius (gest. um 370) mit seinen Klerikern in asketischer Hausgemeinschaft und verband so priesterlichen Dienst mit mönchischer Lebensart, womit zum ersten Mal in der Kirchengeschichte das Klerikerkloster geschaffen war.

Unter dem Einfluß des Bischofs Ambrosius (gest. 397) wurde Mailand und seine Umgebung zu einem wichtigen monastischen Zentrum mit mehreren Klöstern. Die Aktivität des Ambrosius für das asketische Leben, der stolz vermerkte, daß Jungfrauen sogar aus Mauretanien kamen, um aus seiner Hand den Schleier des jungfräulichen Lebens zu nehmen [5], erstreckte sich jedoch nicht auf die wirklich asketisch-monastische Präsenz in und um Mailand. Sein reiches geistliches Schrifttum gab dem asketischen Leben Richtung und Weisung und reiht ihn, den Nicht-Mönch, unter die Lehrer des abendländischen Mönchtums ein. Ambrosius ist es auch, der neben anderen zeitgenössischen Schriftstellern die Existenz von Eremitensiedlungen auf den Inseln längs der italienischen Küste bezeugt. In erfinderischer Weise wurde dabei Ersatz für die mangelnde Wüste geschaffen; der Rückzug auf eine einsame Insel erschloß der im Mönchtum immer angestrebten Anachorese neue Möglichkeiten. Die Neigung zur Romantik in der werbenden Schilderung des Eremitenlebens wird auch bei Ambrosius greifbar. „So ist das Meer ein stilles Heim der Enthaltsamkeit, eine Schule der Entsagung, ein Asyl des Lebensernstes, ein sicherer Hafen und eine Ruhestätte im Diesseits, ein Verzicht auf diese Welt und dazu ein Ansporn der Frömmigkeit für die gläubigen und frommen Männer, denn mit dem Rauschen der Wogen, die sanft ans Ufer schlagen, wetteifert der Gesang der Psalmenbeter und die Inseln stimmen freudig mit dem friedlichen Reigen der heiligen Fluten zusammen und hallen wider von Lobgesängen der Heiligen.“ [6]

Die monastische Besiedlung des übrigen Italien läßt sich vom späten 4. Jh. an verfolgen. Für das italische Kloster Pinetum

[5] De virginibus I 57—60.

[6] Hexaëmeron III 5, 23.

bei Terracina soll Rufinus von Aquileja im frühen 5. Jh. eine Basiliusregel ins Lateinische übersetzt haben, womit das asketische Geistesgut des großen Kappadokiers auch dem westlichen Mönchtum zuhanden war. Auf ihren Gütern in Campanien und Sizilien gründete die jüngere Melania verschiedene Klöster; am Grab des Martyrers Felix in Nola ließ sich 395 der ehemalige Statthalter von Campanien Paulinus mit seiner Frau Theresia nieder. Der spätere Bischof gründete dort ebenfalls zwei Klöster, den Typ des Landklosters mit dem Bischofshaus verbindend.

Gegenüber dem östlichen Mönchtum zeigt das frühe Mönchtum Italiens einige Besonderheiten, die beim westlichen Mönchtum weiterhin festzustellen sein werden. Förderer des monastischen Lebens ist hier vorab die Aristokratie, sei's die stadtrömische- oder übrige Reichsaristokratie. Das gibt dem Mönchsleben einen aristokratischen Zug, auch wenn die einzelnen Klöster sich dann mit Leuten aus „niedrigem Stand" füllten. Diesen Mönchen und Nonnen erschloß sich mit dem Klostereintritt der Zugang zu einem besseren sozialen Milieu — sicher kein geringer Anreiz für den Weg ins Kloster, aber auch eine Quelle neuer innerklösterlicher Schwierigkeiten. Nicht von ungefähr bringen die Mönchsschriften immer wieder die Warnung vor Stolz und Überheblichkeit, weil etwa der zum Mönch gewordene Sklave jetzt in seiner Mönchskutte die verachtet, die ihn früher nicht einmal gegrüßt haben. Ein anderes Merkmal ist die Initiative großer Bischöfe auf dem Feld des Mönchtums. Damit bahnt sich von vorneherein eine festere Bindung zwischen Kloster und Kirche an, die ebenfalls dem abendländischen Mönchtum zu eigen wird. Darin liegt der entscheidende Grund für die stärkere Mobilität des mönchischen Ideals im Westen: Es paßt sich jeweils der gesamtkirchlichen Situation an; es verliert damit seinen überzeitlichen Charakter und wird immer ein Stück der je wirklichen Kirche sein. Schließlich darf nicht übersehen werden, daß im Abendland eine wichtige Phase der morgenländischen Entwicklung sich nicht recht entfalten konnte. Das Eremitorium spielte hier nie die große Rolle wie in den verschiedenen östlichen Mönchslandschaften. Die Theoretiker des lateinischen Mönchtums verbergen auch ihre Reserve dem Einsiedlerleben gegenüber nie; es bleibt hier die dem vollkommenen Mönch zugestandene Lebensform und soll es dann in enger Verbindung mit einem Koinobium sein.

Über dem nordafrikanischen Mönchtum steht die Gestalt des Bischofs Augustinus von Hippo Regius (gest. 430). Zweifellos ist er eine zentrale Figur dieser eigenen Mönchslandschaft und in seiner Wirkungsgeschichte für das gesamte abendländische Mönchtum von weitreichendem Einfluß. Das darf aber nicht dazu führen, daß für das römische Nordafrika nur ein augustinisches Mönchtum angenommen wird. Ein voraugustinisches Mönchtum — Wanderasketentum und kleine monastische Gruppen nach orientalischem Vorbild — ist für Nordafrika sicher erwiesen. Auch neben Augustins monastischem Wirken blieb dieses außeraugustinische Mönchtum in Nordafrika lebendig. Ein Teil der korrigierenden und reglementierenden Arbeit Augustins für das Mönchsleben ist sogar nur aus der Auseinandersetzung mit solchen Formen monastischen Lebens zu erklären. Das augustinische Mönchtum ist zu einem großen Teil die Frucht der eigenen geistlichen Entwicklung und Erfahrung des Kirchenvaters. Am Wege seiner Bekehrung stand die Begegnung mit der bereits zur Literatur gewordenen Gestalt des Antonius [7]. Als eigene Begabung hatte Augustin ein waches Gespür für den Wert der Freundschaft mitgebracht. Der Wunsch nach einem zurückgezogenen Leben im Freundeskreis entsprach seiner Natur, und die Durchführung des Planes in Cassiciacum im Winter 386/7 darf wie eine spielerische Einübung in das Mönchsleben angesehen werden. Nach der Rückkehr in die nordafrikanische Heimat wurde aus der gemeinsamen „vita philosophica“ die „vita monastica“ im zum Kloster umgewandelten elterlichen Haus in Thagaste. Die Aufnahme in den Klerus von Hippo brachte eine grundlegende Änderung des Lebensplanes: Augustin wurde 390 Priester und 396 Bischof dieser Stadt; an der monastischen Lebensform hielt

[7] Confessiones VIII 6.

Augustin weiterhin fest und drängte auch auf die vita communis seiner Kleriker. Damit wurde noch einmal der kühne Schritt getan, priesterliches und monastisches Leben miteinander zu verbinden. Für einen Theologen wie Augustin war es selbstverständlich, dem Mönchsleben neue theologische und ekklesiologische Impulse zu geben. Das alte monastische Leitbild aus Apg 4, 32—35 griff auch er auf. Das „cor unum et anima una" sollte in seinen monastischen Gemeinschaften zu wirklichem Leben kommen, gleichsam stellvertretend für die gesamte Kirche, deren tatsächlicher Zustand solchem Anspruch nicht genügen konnte. Klostergründungen, persönlicher Einsatz für Mönche und Nonnen und eigenes Schrifttum zum asketisch-monastischen Leben sollten diesen Plan verwirklichen helfen. Die Niederschrift einer eigenen Mönchsregel paßt durchaus in dieses Konzept. Allerdings ist die Forschung bis heute zu keinem unangefochtenen Konsens gekommen, was nun eigentlich unter der „Regel Augustins" zu verstehen sei. Mehrere Texte erheben Anspruch auf solchen Titel. Da ist einmal ein knapper Text, gewöhnlich als 1. Regel oder Ordo monasterii bezeichnet, dann ein längerer Text, die sog. 2. Regel oder das Praeceptum und endlich jener Abschnitt der augustinischen Epistel 211, der den Text dieses Praeceptums für eine Nonnenkommunität umgeschrieben enthält. Wie immer die Kontroverse ausgehen wird, in diesen Texten steht unmittelbar augustinische Weisung zum Mönchsleben — gleich, ob nun ein Text von ihm selbst redigiert wurde, am ehesten ist es die 2. Regel — oder nur als Echo der mündlichen monastischen Unterweisung anzusehen ist [8]. Die Frage der „Augustinerregel" ist auch unter einem anderen Gesichtspunkt ernst zu nehmen. Daß das lateinische Mönchtum gerade um diese Zeit mit einer „Mönchsregel" verbunden wird, zeigt, daß dieses Mönchtum, so sehr es auch aus dem reichen Schatze orientalischer Überlieferung und eigener asketischer Erhaltung leben

[8] Ausführlich dazu L. Verheijen, La Règle de S. Augustin (Paris 1967); eine deutsche Übersetzung von W. Hümpfner = H. U. von Balthasar, Die großen Ordensregeln, S. 137—171.

konnte, eben doch der festen Ordnung und Reglementierung bedurfte. Das Mönchtum des weiteren 5. und 6. Jh. hat diese Notwendigkeit erkannt und sich auf dem Felde der Regelproduktion besonders fruchtbar erwiesen.

Die Nachrichten über die Anfänge des Mönchtums auf der spanischen Halbinsel fließen verhältnismäßig spärlich. Doch auch die wenigen Zeugnisse lassen asketische Lebensform in der spanischen Kirche des 4. Jh. ermitteln, die nach und nach zu wirklichem Mönchsleben wurde. Dazu war Spaniens Kirche in damaliger Zeit der Raum einer extrem asketischen Bewegung. Sie ist mit dem Namen des Theologen und Bischofs Priscillian verbunden. Er hatte weite Teile der spanischen und südgallischen Kirche für ein rein asketisches Christentum zu begeistern gewußt. Freilich stieß er nicht nur auf Sympathie, sondern auch auf radikale Ablehnung, die schließlich zu seinem gewaltsamen Lebensende führte (385 Hinrichtung in Trier). Priscillian und seine Bewegung waren sicher ein Sondergebilde der spanischen Kirche. Sie sind aber nicht gänzlich aus der Geschichte des frühen Mönchtums herauszunehmen. Der Erfolg Priscillians spricht eben für die Bereitschaft zum asketischen Leben, was immer die notwendige Voraussetzung des Mönchtums ist. Orthodoxes kirchliches Mönchtum konnte sich in Spanien nach Überwindung der priscillianistischen Krise entwickeln. Es stand im Austausch mit dem übrigen lateinischen Mönchtum und zeigte starke Abhängigkeit vom augustinischen Programm.

Als außerordentlich fruchtbare und lebendige Mönchslandschaft tritt im 4. Jh. auch Gallien in Erscheinung. Augustins Confessiones [9] bezeugen die Ausstrahlungskraft der Gestalt des Antonius bis nach Trier. Allerdings darf aus dieser Notiz kein monastisches Trier und auch keine ausschließliche Abhängigkeit des frühen gallischen Mönchtums vom ägyptischen Vorbild herausgelesen werden. Die Anstöße zum Mönchsleben kamen aus verschiedenen Richtungen. Da ist zunächst an eine Beeinflussung von Spanien und von Priscillians Asketentum in Aqui-

[9] VIII 6.

tanien zu denken. Aristokratische Kreise ließen sich hier von der asketisch-monastischen Botschaft anstecken. Der Einfluß dieses Kreises reichte im westlichen Gallien über Poitiers bis nach Tours. In der Gestalt des Bischofs Martinus von Tours (gest. 397), vor allem durch die Vita Martini des Sulpicius Severus, erhielt diese monastische Richtung ihr Norm- und Leitbild [10]. Martin sammelte seine asketischen Gefährten im Kloster Marmoutier bei Tours. Sie lebten dort zwar auf einheitlichem Raum, aber doch mehr nach Art der Eremiten. Die Tätigkeit Martins als Bischof führte ihn zur kirchlich-missionarischen Aktivität. Dabei zeigte sich der Bischof gewöhnlich in der Gemeinschaft etlicher Mönche. Bei aller asketischen Weltentsagung zeigt das martinische Mönchtum einen weltzugewandten, aktiver Tätigkeit aufgeschlossenen Zug.

Neben und unabhängig vom martinischen Mönchtum bildete sich im südöstlichen Gallien ein eigenes monastisches Zentrum. Es war das Rhonetal, Marseille und die vor der Küste liegenden Mittelmeerinseln, vor allem Lérins. Dieses Inselkloster wurde zwischen 405 und 410 von Honoratus gegründet. Auf einer Studienreise hatte er das orientalische Mönchtum kennengelernt, womit auch die grundsätzliche Orientierung dieser südgallischen Mönchslandschaft festgelegt war. Das bedeutete jedoch nicht, daß das Inselkloster und die übrigen Klöster des südlichen Rhoneraumes einfache Nachbildungen östlicher Klöster gewesen wären. Die führenden Kräfte im Rhonemönchtum waren durchaus in der Lage, Eigenes in die übernommene Tradition einzubringen. Sie sind einer bestimmten sozialen Schicht zuzurechnen, denn sie stammten meist aus der gallorömischen Aristokratie, die sich seit den Germaneneinbrüchen im frühen 5. Jh. in den Süden zurückgezogen und im südöstlichen Gallien einen letzten Sammelpunkt gefunden hatte. Viele won ihnen fanden in der

[10] Textausgabe der Vita mit ausführlichem Kommentar von J. Fontaine: Sources chrétiennes 133—135 (Paris 1967 bis 69); eine deutsche Übersetzung: K. S. Frank, Frühes Mönchtum im Abendland 2 (Zürich 1975).

kirchlichen Verwaltung ein neues Betätigungsfeld. Die durch die politische Situation gegebene Stimmungslage förderte den Weg zum asketischen Leben. F. Prinz hat deshalb für die Klöster des Rhoneraumes den Begriff des „Flüchtlingsklosters“ eingeführt [11]. Das brachte es mit sich, daß in diesen klösterlichen Gemeinschaften Askese, Wissenschaft und Kultur miteinander verbunden werden konnten. Der Weg aus dem Kloster auf einen südgallischen Bischofsstuhl war fast vorgezeichnet. Die Mönchbischöfe ihrerseits blieben wiederum Förderer des Mönchtums und Gründer neuer Klöster in ihren Bischofsstädten. So wurde Honoratus selbst 428 Bischof der südgallischen Metropole Arles; sein Vetter Hilarius, ebenfalls zuerst Mönch in Lérins, wurde dort sein Nachfolger; Maximus und Faustus waren nacheinander Äbte des Inselklosters und ebenso Bischöfe von Riez. Eucherius war über die Insel auf den Bischofsstuhl von Lyon gekommen. Mit Caesarius (gest. 542) stellte das Lerinenser Kloster noch einmal einen Bischof für Arles. Auch dieser wurde zum Klostergründer und schrieb zum ersten Mal in der Geschichte des Mönchtums eine eigene Regel für ein Nonnenkloster, nachdem bis dahin die Nonnen sich in Lebensform und monastischer Haltung einfach an die für Mönche gegebenen Weisungen und Ordnungen zu halten hatten.

In Marseille ließ sich im frühen 5. Jh. Johannes Kassian (gest. um 430/35) nieder. Er stammte aus der Dobrudscha, war in Bethlehem Mönch geworden und hatte sich lange Zeit bei den ägyptischen Eremiten aufgehalten. Als Priester kam er schließlich nach Marseille und wurde hier zum großen Theoretiker des Rhonemönchtums. Seine Schriften, ›De institutis coenobiorum et de octo principalium vitiorum remediis‹ und die ›24 Conlationes Patrum‹ wollten dem kräftig heranwachsenden südgallischen Mönchtum die Erfahrung und Weisheit des östlichen Mönchtums erschließen. In den vier ersten Büchern ›De institutis coenobiorum‹ legte Kassian ein umfangreiches Programm ver-

[11] Frühes Mönchtum im Frankenreich (München—Wien 1965) 47 bis 87.

bindlichen monastischen Brauchtums vor [12]. Obwohl die Aussagen nicht als eigentliche Regel angeboten wurden, sondern als normative Beschreibung östlicher Mönchspraxis, erhielten diese Vorlagen hohen Wert für das weitere abendländische Mönchtum. Da seine asketisch-geistliche Lehre unmittelbar von dem Origenisten Evagrius Ponticus inspiriert und abhängig war, erhielt das abendländische Mönchtum für seinen weiteren Weg auch die origenische Theorie.

Martinisches Mönchtum und Rhonemönchtum waren zwei selbständige monastische Formen, die auch zwei eigene Mönchslandschaften im spätantiken Gallien geschaffen hatten. Aus ganz anderer Richtung kam ein dritter Mönchstyp nach Gallien, der eine weitere Mönchslandschaft entstehen ließ. Seine Träger waren die irischen Mönche, die in der gallischen Mönchsgeschichte eine neue Phase einleiteten. Auf die irischen Inseln war das Mönchsleben mit der Christianisierung gekommen. Freilich waren die Pioniergestalten des irischen Mönchtums, Patrick (gest. um 460 oder 490) und vielleicht auch Ninian (gest. um 430 [?]) selbst beim gallischen Mönchtum in die Lehre gegangen. Die monastische Botschaft hatte auf der Insel ein überraschendes Echo gefunden. Die großen Klöster bildeten die Zentren des kirchlichen Lebens, dessen führende Gestalten die Äbte der Klöster waren; die strenge Askese der Mönche ließ Irland zur „Insel der Heiligen“ werden; die eifrige Gelehrsamkeit in den Schulen der Klöster machte sie gleichzeitig zur „Insel der Gelehrten“. Eine Besonderheit irischer Mönchsaskese war das Verlassen der Heimat. Sie führte das alte Ideal der asketischen Heimatlosigkeit weiter. Die „peregrinatio propter Christum“ drängte die Mönche aus ihrer engeren Heimat in ferne Klöster und schließlich überhaupt von der Insel fort. Eine solche Mönchsgruppe verließ im späten 6. Jh. unter Kolumban die Insel und landete in Gallien.

[12] Textausgabe und Kommentar von J. C. Guy: Sources chrétiennes 109 (Paris 1965); eine deutsche Übersetzung der ersten vier Bücher: K. S. Frank, Frühes Mönchtum im Abendland 1 (Zürich 1975).

Um 590 gründete dieser in der Einsamkeit der Vogesen das Kloster Luxeuil, das mit den benachbarten Klöstern Annegray und Fontaine ein neues monastisches Zentrum in Gallien bildete. Zwar blieben diese Klöster zunächst Fremdkörper; trotz aller gewollten Heimatlosigkeit hatten die Iro-Schotten sehr viel „Heimat“ mitgebracht und hielten an ihrer heimischen Lebensform auch in der Fremde fest, ja trugen ihre eigene monastische und kirchliche Praxis auch über die Klostermauern hinaus. Das führte zu Spannungen mit dem gallischen Episkopat und dem merowingischen Hof und endete schließlich mit der Ausweisung Kolumbans. Über das alemannische Bodenseegebiet (längerer Aufenthalt in Bregenz und Niederlassung des Kolumbanschülers Gallus am Ort des späteren St. Gallen) gelangte Kolumban mit einigen Mönchen in das oberitalienische Bobbio, wo er im Jahre 612 gestorben ist. So kurz auch Kolumbans eigenes Wirken in Gallien bemessen war, sein Einfluß blieb hier erhalten. Einmal hat er dem Inselmönchtum den Weg aufs europäische Festland gewiesen. Er war es auch gewesen, der seine Klöster mit dem Adel verbunden und an dieser Verbindung trotz aller Enttäuschung festgehalten hatte. Seinen Klöstern hat er strenge Regeln gegeben, die die eigene Observanz begünstigten. Freilich verzichteten Kolumbans Regeln auf eine Festlegung der klösterlichen Organisation und eine genaue Reglementierung des Klosteralltags [13]. Sie setzt eigentlich eine lebendige monastische Tradition voraus oder ruft nach ergänzenden schriftlichen Bestimmungen. Die weite Verbreitung der Kolumbanregeln bedingte so von selbst eine neue Phase der abendländischen Mönchsgeschichte, die Zeit der sog. Mischregel.

Die monastische Geographie des Abendlandes bietet gegen Ende des 6. Jh. ein recht vielfältiges und lebendiges Bild. Hand in Hand mit der schnellen, wenigstens offiziellen Christianisierung des westlichen Römerreiches hatte sich hier das Mönchtum als eigene christliche Lebensform eingepflanzt. Ähnlich wie im

[13] Textausgabe: G. S. M. Walker, Sancti Columbani Opera (Dublin 1957).

Osten setzte das Aufkommen des Mönchtums auch hier die umfassende Ausbreitung des Christentums voraus.

Die weiteren Gründe für den überraschenden Vorgang der schnellen Annahme und Verbreitung des monastischen Lebens im Westen lassen sich kurz zusammenfassen:

1. Die Bejahung des asketisch-monastischen Ideals in weiten Kreisen der spätantiken Aristokratie. Sie fanden im zurückgezogenen Leben einen neuen Lebensinhalt; die äußere Lebensform ließ sich leicht mit alten traditionellen Praktiken verbinden. Der immer geschätzte „secessus in villam" wird unter christlichen Vorzeichen zum „recessus in monasterium", die traditionelle „vita rusticana" wird zur „vita monastica". Das Mönchtum erhielt dadurch einflußreiche Förderer und Gönner, was seinem Ansehen wieder zugute kam. Klostergründer blieben auch weit über die einschlägigen Verlautbarungen des Konzils von Chalcedon hinaus reiche Laien. Das einzelne Kloster und seine Bewohner erhielten Anteil am gehobenen, gepflegten Lebensstil. Wie auf dem antiken Landsitz konnten zum ländlichen Kloster und seinen Mönchen auch Menschen zählen, die im Dienste des Klosters standen, ohne selbst Mönche zu sein. Die Arbeit, zu der die Mönche verpflichtet sind, erfuhr damit eine folgenreiche Aufteilung. Schwere Feldarbeit und Bauarbeit wurde z. B. den Sklaven des Klosters zugewiesen [14]. Selbst die Regel Benedikts sieht die Feldarbeit nicht als die gewöhnliche Mönchsarbeit vor: Wenn die Mönche ausnahmsweise selbst einmal die Feldfrüchte einbringen müssen, sollen sie nicht betrübt sein [15]!

2. Die enge Verbindung von Bischof und Kloster, die eine monastische Aktivität der einzelnen Bischöfe in ihren Sprengeln und den kirchlichen Einsatz der Mönche förderte. Diese Gegebenheit bereicherte das abendländische Mönchtum gegenüber dem morgenländischen und verlieh ihm von Anfang an jene Möglichkeiten, die im Laufe der abendländischen Kirchengeschichte verwirklicht wurden.

[14] So ausdrücklich in der Mönchsregel Isidors von Sevilla, Kap. 5, 7.

[15] Regula Benedicti 48, 7.

3. Das Selbstverständnis des frühen Mönchtums. Oben wurde schon auf die ekklesiologische Bedeutung der Askese und besonders der Virginität in den Anfängen der Kirche hingewiesen. Das muß nun für die Zeit des 4. und 5. Jh. wiederholt werden. Den Hintergrund der neuen Situation bildete die allzu rasch über die Bühne gezogene offizielle Christianisierung des Römischen Reiches. Man war nun als Römer eben auch Christ, aber vielleicht doch nicht im eigentlichen Sinne. Am Bedeutungswandel des Wortes „Bekehrung“ läßt sich der Vorgang erklären. Conversus ist vom 4. Jh. an nicht einfach der zum Christentum Bekehrte, sondern derjenige, der sich zum asketischen und monastischen Leben entschlossen hat. Wenn ursprünglich die Bekehrung die unerläßliche Bedingung des Christseins war, so schränkt sich nun die Zahl der wirklich Bekehrten auf einen kleineren Kreis ein, eben auf den der Mönche und Nonnen. Das aber führt dazu, daß wirkliches Christsein eigentlich nur im Kloster gelebt wird. Die kühnen Selbstaussagen der Christen aus vorkonstantinischer Zeit werden vom 4. Jh. an mehr und mehr nur noch vom Mönchtum beansprucht. Militia Christi etwa: Jetzt leben die „milites Christi“ nur noch in den Klöstern. Wenn im 2. Jh. die altkirchliche Apologetik darauf bestanden hat, daß das Gebet der Christen die Welt erhalte, dann wird jetzt nur dem Gebet und der Vollkommenheit der Mönche diese welterhaltende Kraft zugesprochen. Wenn die alte Kirche ursprünglich den Juden und Heiden vorwirft, fleischlich zu leben und von sich selbst das geistliche Leben aussagte, dann verschiebt sich jetzt die Antithese fleischlich-geistlich auf das Leben außerhalb und innerhalb des Klosters — bei Johannes Kassian wird die These verschärft: Jenseits der Klostermauern lebt man weiter „nach dem Gesetz“, nur innerhalb der Klostermauern „nach dem Evangelium“.

Uneingeschränkt darf man nach alldem von einem Siegeszug des Mönchtums in der Zeit des 4.—6. Jh. sprechen. Der Enthusiasmus der Mönche selbst und die Ansprechbarkeit für das monastische Ideal sprechen dafür. Trotzdem darf nicht übersehen werden, daß ernste Stimmen und starke Kräfte auch gegen die Ansprüche des Mönchtums auftraten. Sie kamen aus den Kreisen des alten Heidentums, aber auch christliche Kaiser schritten gegen häufige und gewalttätige Übergriffe von Mönchen ein. Schließlich forderte das anspruchsvolle Selbstverständnis auch zu innerkirchlicher Kritik heraus, die zum Teil die Berechtigung der Askese grundsätzlich in Frage stellte. Großen Erfolg konnte die antimonastische Reaktion für sich freilich nicht verbuchen. Aber sie führte doch zu einer besonneren Wertung der Askese und einer festeren Einordnung in das kirchliche Leben.

Dazu trug sicher auch die seit dem 5. Jh. angestrebte straffere Organisation des Mönchtums bei. Der weitreichende Individualismus einzelner Mönche und wirklicher Wildwuchs auf dem Felde des asketisch-monastischen Lebens mußten zurückgedämmt und beschnitten werden. Die „abendländische Klosterregel" — in ihrer ersten Phase eine große Zahl schriftlich fixierter Klosterordnungen — antwortete klar und entschieden auf diese Notwendigkeiten. Vom 5. Jh. an wurde eine Fülle solcher Klostergesetze geschaffen. Die meisten davon blieben Episode. Nur eine Regel, jene, die Benedikt von Nursia (gest. 547 [?]) für seine Mönchsgemeinschaft in Monte Cassino geschrieben hat, stieg zu wahrhaft abendländischer Bedeutung auf [16]. Allerdings geschah dies nicht in der Zeit ihrer Entstehung, sondern ist vielmehr Ergebnis einer späteren Entwicklung. Zunächst ist die Regel Benedikts einfach als eine italische Klosterregel neben vielen andern anzusehen. In ihrer nächsten zeitlichen und geographischen Nachbarschaft ist eine umfangreiche anonyme Klosterregel anzusiedeln, die sog. Regula Magistri [17]. Seit mehr als dreißig Jahren steht dieses Regelwerk und sein Verhältnis zur Regel Benedikts im Mittelpunkt ausgedehnter und intensiver For-

[16] Textausgabe von R. Hanslik: CSEL 75 (Wien 1960); von den zahlreichen deutschen Übersetzungen seien genannt: F. Faessler = H. U. von Balthasar, Die großen Ordensregeln, S. 175—259; B. Steidle, Die Regel St. Benedikts (Beuron 1952); Die Benediktstusregel (Beuron 1963).

[17] Textausgabe von A. de Vogüé: Sources chrétiennes 105—107 (Paris 1964—65).

schungsarbeit. Die noch nicht ganz ausgetragene Kontroverse neigt heute mehrheitlich zur Annahme, daß Benedikt in seiner Regel von der Magisterregel abhängig ist. Diese Abhängigkeit ist jedoch derart, daß sie das großartige Ingenium des Abtes von Monte Cassino neu herauszustellen vermag. Er hat in seiner Regel, die übrigens nur eine bescheidene Elementarunterweisung im klösterlichen Leben sein will [18], ein durchaus lebbares Gesetzbuch geschrieben, das einfach und praktisch, in seinen asketischen Forderungen gemäßigt und anpassungsfähig ist. Es sieht in der Gemeinschaft eines Klosters eine in sich geschlossene, sich selbst tragende und genügende Familie. In dem von allen Mönchen auf Lebenszeit gewählten Abt gibt die Regel dem Kloster den geistlichen Lehrer und den für alles und jeden verantwortlichen Vater.

[18] Regula Benedicti 73, 1.

DIE VORHERRSCHAFT DER REGEL BENEDIKTS

Orosius, ein Freund und Schüler Augustins, bestimmte die Mönche als jene Christen, die sich auf das eine Werk des Glaubens beschränken und dafür auf die vielbeschäftigte Tätigkeit in der Welt verzichten [1]. Die Definition ist sehr weit gefaßt. Sie zieht zwar einen Trennungsstrich zwischen Welt und Kloster, aber das „Werk des Glaubens" muß von jedem Christen wahrgenommen werden, und die Mönche können sich auch nie ganz der Tätigkeit in der Welt enthalten. Das zeigte sich schon zur Zeit Orosius', und die Folgezeit bewies und beweist es immer aufs neue. Die „Beschränkung auf das Werk des Glaubens" sagt dazu recht wenig über den Inhalt des Mönchslebens aus. Es ist nicht mehr, als was die Regel Benedikts über die unerläßliche Bedingung für das Leben im Kloster fordert, daß der Mönch „wahrhaft Gott suche" [2]. Diese inhaltliche Bestimmung kann in sehr verschiedener Weise in die Praxis umgesetzt werden. Sie hat für den bisher dargestellten Teil der Geschichte des Mönchtums den Vorteil, daß damit alles, was an Mönchsleben praktiziert wurde, zusammengefaßt ist. Sie bringt dies wohl auf einen einzigen Nenner, läßt aber die konkreten Unterschiede und die vielfältigen Eigenheiten von Kloster zu Kloster bestehen, vom Stadtkloster zum Landkloster, von dem mit pastoral-missionarischen Einsatz verbundenen Klosterleben bei Martinus, Kolumban und zu dem in größter Abgeschiedenheit lebenden Mönch der Juraklöster (St. Claude), von der bescheidenen Mönchsfamilie der Benediktusregel zu der Schreibstube im Kloster Cassiodors. Das eine „Werk des Glaubens" einigte all diese Mönche. Uniformistische Tendenzen zeigten sich dabei in ver-

[1] Adversus paganos VII 33.
[2] Regula Benedicti 58, 7.

schiedener Stärke. Das Werk Johann Kassians darf dazu gezählt werden. Die zahlreichen Klosterregeln des 6. Jh. wollten wenigstens die Uniformität und Regelmäßigkeit für ein Kloster festlegen. Eine interessante Überlieferung beleuchtet das Bemühen um einheitliche Norm und Ordnung im frühen Mönchtum. Eine kurze Klosterregel — die sog. Regula Patrum —, die in verschiedenen Versionen erhalten ist, gibt sich als Ergebnis einer Art „Mönchskonzil“ [3]. Was man in der Gesamtkirche erlebte, die einheitlich bindendes Recht und verpflichtende Ordnung schaffenden Konzilien, wurde hier fiktiv für die monastische Landschaft geschaffen. Doch die tatsächliche Entwicklung auf ein einheitliches abendländisches Mönchtum kam zunächst nicht durch Synodal- und Konzilsbeschlüsse zustande, sie war auch nicht das Ergebnis gesteuerter Planung. Es war vielmehr ein lebendiger Prozeß, der sich über Jahrhunderte hinzog. Innerhalb dieses Prozesses spielen die Überlieferung der Regel Benedikts und die sog. „Mischregelepoche“ die wichtigste Rolle. Die im 6. Jh. geschriebene Regel Benedikts läßt ihre Überlieferungsgeschichte erst klar vom 7. Jh. an verfolgen. Die Mönche Benedikts haben gegen Ende des Jh. ihr Kloster Monte Cassino verlassen müssen und waren nach Rom gekommen. Hier lebten sie nach ihrer Regel, bildeten damit also eine Gemeinschaft innerhalb des stadtrömischen Mönchtums. Eine ausschließliche Geltung der Regel Benedikts in Rom ist erst vom 10. Jh. an anzusetzen. Selbst der Mönchspapst Gregor d. Große, der voll innerer Anteilnahme und Begeisterung ein Wunderleben Benedikts geschrieben hat, machte von der Benediktregel in seiner monastischen Aktivität keinen Gebrauch. Diese Regel war aber vorhanden und wurde auch in anderen Klöstern bekannt. Lange Jahre hindurch bezeugen Mönchsleben und Klostergeschichte, daß man in bestimmten Klöstern nach mehreren Regeln gelebt hatte; man wählte dabei aus verschiedenen Regeln Texte aus oder setzte verschiedene Regeltexte nebeneinander und schuf so eine neue, für das

[3] Textausgabe von J. Neufville: Revue Bénédictine 77 (1967) 71 bis 91, 92—95.

betreffende Kloster verbindliche Regel. Mit besonderer Dichte läßt sich diese „Mischregelobservanz“ im gallischen Mönchtum beobachten, wo häufig eine Synthese von Kolumban—Benedikt zur Richtschnur für das Klosterleben wurde. Auch diese Epoche diente der weiteren Ausbreitung der Regel Benedikts, bis sie sich nach und nach als die stärkere erwies. Überraschenderweise begegnet man der alleingültigen Regel Benedikts zuerst in England. Benet Biscop und Wilfried, die das Mönchtum in Italien und Gallien gekannt haben, sollen gegen Ende des 7. Jh. die Regula Benedicti mit nach England gebracht haben. Auf jeden Fall folgte man in Wilfrieds Kloster Ripon der Regel von Monte Cassino, die dann rasch die Klöster auf der britischen Insel eroberte. Sie bewies dabei gleich ihre nicht versiegende Anpassungsfähigkeit und ließ Großabteien entstehen, die zu kirchlichen und kulturellen Zentren im Lande wurden. Aus diesen Klöstern kamen in den folgenden Jahrhunderten Missionare aufs europäische Festland, die bereits in der Tradition der Benediktinerregel groß geworden waren und nun dieses monastische Gesetzbuch auch zur Norm festländischen Klosterlebens bestimmten: Willibrord (gest. 739) und Bonifatius (gest. 754), der für seine Gründung Fulda zum ersten Mal die Regel Benedikts für ein Kloster auf deutschem Boden verbindlich machte [4].

Freilich hatte inzwischen auch in festländischen Klöstern, vor allem im westlichen Frankreich, die Benediktregel weiter an Geltung gewonnen. Seit dem späten 7. Jh. drängten Synoden auf Annahme und Alleinbefolgung der Regel Benedikts. Sie galt dabei als die römische Klosterregel; Benedikt war unter der Hand zum „römischen Abt“ geworden. Gerade diese Etikettierung verlieh der Regel von Monte Cassino Durchsetzungsvermögen: Die fränkischen Mönche wurden zu Benediktinern, weil sie römisch sein wollten. Die einheimische Bewegung zugunsten der Regel Benedikts verband sich in der karolingischen Zeit mit den angelsächsischen Bemühungen, so daß schließlich unter Karl

[4] Ep. 86.

d. Großen die Regel Benedikts alleingültige Mönchsregel im Karolingerreich wurde [5].

Die Vollendung des Einheitswerkes in der Schaffung der una consuetudo monastica gelang Benedikt von Aniane im Auftrag und mit Unterstützung Ludwigs des Frommen in den Jahren 816—819. Allerdings zeigt Benedikt von Aniane, der aus Aquitanien stammte und zuletzt Abt des Klosters Inda (Kornelimünster) bei Aachen war, wie sich dieses einheitliche Benediktinertum verstand. Das Einheitsprogramm beruhte nicht auf einer puritanischen Bindung an die Regel Benedikts. In seinem Codex Regularum und der Concordia Regularum vereinigte der Reformabt die gesamte geistliche Tradition des frühen Mönchtums [6]. Er bettete die Regel Benedikts in diesen Strom ein und wies damit dem karolingischen Mönchtum den Weg der getreuen Befolgung der Regel; es war jene Weise, die Benedikt im Schlußkapitel seiner Regel selbst intendiert hatte. Freilich wird damit auch einsichtig, daß die Begriffe „Benediktiner", „Benediktinerkloster" nun einfach an die Stelle der älteren und weiteren Begriffe von Mönch und Kloster getreten sind.

Parallel zur Vereinheitlichung des abendländischen Mönchtums auf der Basis der Regel Benedikts lief der Prozeß einer Klerikalisierung des Mönchtums. Der Vorgang erwuchs aus weitverzweigtem Wurzelboden. Am Anfang des Mönchtums stand eine deutliche Reserviertheit gegenüber dem Priestertum. Sie war keineswegs antikirchlich motiviert, sondern asketisch bedingt. Die Bejahung der asketischen Lebensform und der Verzicht auf klerikale Vorrechte öffneten freilich auch Priestern die Klosterpforte. Eine grundsätzliche Unvereinbarkeit von Mönchtum und Priestertum stand nirgends auf dem Programm. Außerdem konnte der Mönch auf den priesterlichen Dienst auch nicht ganz verzichten. In der Bußfrage ging das frühe Mönchtum im

[5] Das geschah vor allem durch die Inspektionsordnung von 784; das Frankfurter Nationalkonzil von 794 und das Kaiserprogramm von 802.

[6] Textausgabe: Migne PL 103; eine Neuausgabe ist in Vorbereitung für das von K. Hallinger betreute Corpus consuetudinum monasticarum.

Osten wie im Westen zwar eigene Wege und hielt an der Vergebungsgewalt des vollkommenen Mönchs fest. Aber im Vollzug der Eucharistie bedurfte es der priesterlichen Vollmacht. Der Priester im Kloster erfüllte diese Notwendigkeit am einfachsten. Das aber führte zur Weihe einiger Mönche aus der Gemeinschaft. Das Priestertum wurde dabei schlicht als unerläßliche Funktion einer christlichen Gemeinschaft erachtet. Diese rein pragmatische Verbindung von Mönchtum und Priestertum konnte natürlich nicht zur Klerikalisierung des Mönchtums führen. Dafür traten weitere Faktoren auf den Plan. Die Frühgeschichte des Mönchtums erbrachte schon den Typ des Klerikerklosters, der Gemeinschaft, in der sich Priester zur klösterlichen Lebensform zusammenfanden. Askese und Heiligung des Priesterlebens standen dabei im Vordergrund. Das Ergebnis aber war wiederum die Vereinbarkeit beider Lebensformen. In der Tat zeigte das frühe Mittelalter eine starke Bewegung, den Klerus zur monastischen Lebensform zu führen. Das vorgegebene Ideal lautete „canonice vivere", nach den Vorschriften leben. Der „ordo canonicus" war aber im Grunde eine monastische Lebensform: Mit Enthaltsamkeit, Armut und gemeinsamem Leben ist seine Haltung umschrieben. Um die Mitte des 8. Jh. schrieb Bischof Chrodegang von Metz (gest. 766) eine Ordnung für das Leben der Kleriker seiner Bischofsstadt nieder. Dabei übernahm er große Teile der Regel Benedikts und formulierte so aus dieser für Laienmönche geschriebenen Klosterregel eine Regel für monastisch lebende Kleriker. Sicher wußte man um den Unterschied zwischen eigentlichem Mönchsleben und klerikalem Leben. Aber in der Wirklichkeit der einzelnen Gemeinschaften waren die beiden Formen weithin einander angeglichen und sogar austauschbar. Die „institutio canonicorum" des Aachener Reichstags von 816 versuchte den ordo canonicus vom ordo monasticus klar zu scheiden. Aber die sog. Aachener Kanonikerregel beruhte ebenfalls wie Chrodegangs Regel auf der benediktinischen Mönchsregel und näherte so die beiden Lebensformen doch wieder einander an. Wesentliches Unterscheidungsmerkmal war die Verpflichtung auf persönliche Besitzlosigkeit und Bindung an die monastische Observanz der Regel Benedikts. Danach konnten Kanoniker, eigentlich in Gemeinschaft lebende Kleriker, zu Mönchen werden, wo sie auf persönlichen Besitz verzichteten und sich an die Benediktinerregel hielten. Andererseits konnten Mönchsgemeinschaften zur Kanonikergruppe werden, wo sie die persönliche Armut aufgaben und statt der monastischen Regel sich an die Kanonikerordnung hielten [7].

Die Verwischung beider Ordnungen und der leichte Übergang von einer zur anderen war durch eine weitere Entwicklung und Eigenart der abendländischen Klöster mitbedingt, die ihrerseits auch die Klerikalisierung der Klöster forderten. Die Entwicklung knüpft an die in früher Zeit schon entstandenen Basilikaklöster an, in denen der liturgische Dienst zur Hauptaufgabe der Mönche wurde, in weiterem Sinn der Dienst an einem Heiligtum. Das Heiligtum kann dabei eine Gemeindekirche oder eine Gedächtnisstätte sein. Lokale Heiligtümer spielten gerade in der frühen fränkischen Kirche eine wichtige Rolle. Das Grab eines bedeutenden Bischofs oder die Verehrungsstätte bekannter Reliquien, die aus Rom transferiert worden waren, wurden zu entscheidenden Zentren kirchlichen Lebens. Diese Stätten aber bedurften der ständigen Betreuung, für die sich eine Mönchsgemeinschaft vorzüglich eignete. St. Martin in Tours, St. Denis in Paris, St. Germain in Auxerre, St. Eucharius in Trier, St. Severin und St. Gereon in Köln waren solche Stätten, um nur die wichtigsten im fränkischen Gebiet zu nennen, denen auch andere im außerfränkischen Raum hinzuzufügen wären. An diesen Orten lebten Kleriker und Mönche, die devoti, custodes und servientes genannt wurden. Unabhängig von ihrer jeweiligen monastischen Observanz wurden sie als „Mönche des hl. Martin zu Tours", des „hl. Eucharius zu Trier" bezeichnet, was deutlich die Zuordnung zum betreffenden Heiligtum verrät, die tatsächlich ihren eigentlichen Lebensinhalt bestimmte. An solchen Orten geschah

[7] Vgl. J. Siegwart, Die Chorherrenstifte und Chorfrauengemeinschaften in der deutschsprachigen Schweiz vom 6. Jh. bis 1160 (Freiburg/Schweiz 1962).

es wiederum vorzüglich, daß die Kleriker in die monastische Lebensform einbezogen und die Mönche zum klerikalen Dienst gefordert wurden. So trieb besonders die Form des Basilikaklosters die Klerikalisierung des Mönchtums voran [8].

Ein anderer in fränkischer Zeit entstehender Klostertyp trug nicht weniger dazu bei. Es ist das Großkloster auf dem freien Land, eine charakteristische Neuerung auf monastischem Gebiet im Frühmittelalter. In spätantiker Zeit hat die am orientalischen Vorbild orientierte „fuga mundi" zum stadtfernen Landkloster geführt. Dieses Motiv blieb zwar immer lebendig und bestimmte die abgelegene Einsamkeit weiterhin zum idealen Platz einer klösterlichen Siedlung, wie es etwa die Gründungen Pirmins (gest. 753) auf der Reichenau und in Hornbach deutlich zeigen [9]. Bei der monastischen Besiedlungswelle des Frankenreichs im 8. Jh. traten allerdings andere Motive dazu. Hier waren es gezielter Missionseinsatz, dazu kirchlich-politische Organisationspläne, die die Klosterstadt auf dem freien Land erstehen ließen und zu neuen Zentren kirchlichen Lebens bestimmten. Ein solches Zentrum mußte eine kirchlich voll funktionsfähige civitas sein; bezeichnend dafür die Inschrift am Westwerk der Klosterkirche von Corvey: „Civitatem istam tu circumda Domine et angeli tui custodiant muros eius."

Zu einer solchen Stadt gehörte die große Zahl von Mönchen, vor allem Mönche in allen klerikalen Rängen, die voll ausgebaute klösterliche Siedlung, wobei die Ausführungen Benedikts über die Klosteranlage [10] eine moderne Interpretation erfuhren — im Idealplan des Klosters St. Gallen aus dem Jahr 810 am besten ablesbar —, die ausreichende wirtschaftliche Grundlage für die Klostergemeinschaft und ein weitgespannter Aufgabenkreis für die Mönche, der dem bleibenden und unerläßlichen

[8] Vgl. A. Häussling, Mönchskonvent und Eucharistiefeier (Münster 1973).

[9] A. Angenendt, Monachi Peregrini. Studien zu Pirmin und den monastischen Vorstellungen des frühen Mittelalters (München 1972).

[10] Regula Benedicti 66, 7.

geistlich-asketischen Lebensziel neue Füllung gab. Solche Klöster entstanden vor allem in Nordgallien und im östlichen Frankenreich. Hier waren es in erster Linie die Gründungen des Bonifatius: Fulda (744 gegründet), Fritzlar und Ohrdruf, dazu die Frauenklöster in Tauberbischofsheim (Lioba), Kitzingen und Ochsenfurt. Über die Gründung Fuldas schrieb Bonifatius im Jahre 751 an Papst Zacharias: „Es ist da ein Waldgebiet in der Einsamkeit einer ungeheueren Weltabgeschiedenheit, das inmitten der Völker unseres Missionsgebietes liegt, dort haben wir ein Kloster gebaut und Mönche angesiedelt, die nach der Regel des hl. Vaters Benedikt leben. . . . Dieses genannte Gebiet habe ich von frommen und gottesfürchtigen Männern, vor allem von dem ehemaligen Frankenfürsten Karlmann durch redliche Bemühung erworben und zu Ehren des hl. Erlösers geweiht . . . . Den dort wohnenden Völkern . . . möchte ich nützlich sein, solange ich lebe und geistig dazu imstande bin . . ." [11] Bonifatius hielt sich dabei an die alte asketische Tradition der Klostergründung „in eremo", aber er gab dem Kloster eine pastorale Dynamik — zum Nutzen der umwohnenden Völker — und errichtete sein Kloster im Schutze der fränkischen Herrschaft. Die Gründungsintention muß komplex gesehen werden: Stätte des monastischen Lebens, Basis missionarischer Tätigkeit und Zentrum kirchlich-kultureller Aktivität. Die frühmittelalterliche Klosterstadt konnte das „Werk Gottes" nicht einfach im zurückgezogenen asketischen Leben erfüllen. Diese klösterlichen Siedlungen wuchsen in eine ausgedehnte kulturelle Tätigkeit hinein, die die Abtei zu Zentren nicht nur des kirchlichen, sondern ganz allgemein des fränkischen Landesausbaues machte. Karl der Große verfügte in seiner Admonitio generalis vom Jahre 789 die Errichtung von Schulen in allen Klöstern. Das führte zu wissenschaftlicher Arbeit in den monastischen Gemeinschaften, bestellte die Mönche zu Lehrern und Hütern des überkommenen geistigen Traditionsgutes und legte die Mönchsarbeit in die Schreibstube und Bibliothek. Mit dieser Aufgabenstellung gewann das karolingische Mönchtum

[11] Ep. 86.

einen gewichtigen Anteil am Vorgang der „karolingischen Renaissance". In der ›Epistola de litteris colendis‹ wurde die Forderung des Königs an die Mönche programmatisch formuliert.

Geschickt spannte Karl der Große die Klöster in den Landesausbau seines weiten Reiches ein, indem er Klöster auf unbebautem fiskalischem Land gründete und ihnen kolonisatorische Aufgaben zuwies. Die ursprüngliche 'eremus' wandelte sich dann unter den Händen der Mönche zum „blühenden Garten". Man kann diese Klöster in allen Teilen des Karolingerreiches nachweisen; als „Königsklöster" wurden sie zu Stützpunkten der Reichsorganisation, in denen Karl der Große häufig Männer seines Vertrauens als Äbte einsetzte, wodurch die reichspolitische Rolle der Klöster noch unterstrichen wurde. Im Ostteil des Reiches war die reichsorganisatorische Aufgabe der Klöster mit der Missionsarbeit verknüpft. Die großen Klöster vom Norden bis nach Süden des östlichen Frankenreiches wurden von Karl dem Großen in wohl durchdachtem Plan zur Missionierung der erarbeiteten Gebiete gegründet. Freilich war der Missionsauftrag von vorneherein zeitlich begrenzt. Der ersten Verkündigung folgte die Errichtung der ordentlichen Hierarchie, die von den Klöstern losgelöst und dem eigentlichen Seelsorgeklerus übertragen wurde. Das nahm den dafür geschaffenen Mönchsgemeinschaften ein wichtiges Betätigungsfeld und zog das karolingische Mönchtum in eine schwere Krise hinein, von der besonders die großen Königsklöster betroffen wurden. Der Vorgang zwang die Klöster zu einer Umorientierung ihrer Spiritualität. Dabei mußten sie auf die Hilfe des Kaisers verzichten, denn Karl der Große „hatte dem eigentlichen monastischen Anliegen, der Absonderung von der Welt zugunsten einer kompromißlosen Bezogenheit auf Gott hin, innerlich sehr fremd gegenübergestanden. Er hatte das Mönchtum als Glied der Reichskirche betrachtet. Von der gesamten Reichskirche hatte er nicht Absonderung von der Welt, sondern Aktion in der Welt und für die Welt verlangt." [12]

[12] J. Semmler, Karl der Große und das fränkische Mönchtum = Karl der Große 2 (Düsseldorf 1967) 255—290.

Das Mönchtum der karolingischen Zeit war zweifellos zu einem politischen Faktor, zum Träger der abendländischen Einheit geworden. Aus der unterschiedlichen, meist auf das einzelne Kloster beschränkten monastischen Lebensform, war das einheitliche Benediktinertum geworden, das von der einzelnen Benediktinerabtei repräsentiert wurde. Freilich war es ein neues benediktinisches Mönchtum, das die alte Regel Benedikts für die neue Zeit mit ihren eigenen Ansprüchen adaptiert hatte. Nur durch die moderne Interpretation hatte die Benediktinerregel zur geschichtsmächtigen und die Geschichte mitgestaltenden monastischen Lebensordnung werden können. Die Tätigkeit der Mönche — Mission, Kolonisation, Schule, Schreibstube und Kunstwerkstatt — erstreckte sich in die Welt hinein, andererseits hatte auch die Welt ihre Rechte im Kloster erworben. Nicht nur der Kaiser verfügte über die Klöster, auch der Adel besaß als Gründer und Wohltäter der Klöster in den Mönchsgemeinschaften seine Rechte: Gebetshilfe, wirtschaftliche Gegenleistungen, Gastrecht im Kloster, Mitsprache bei der Abtswahl. Der Abt selbst war zum politischen Herrn geworden. Das „eine Werk Gottes", nach dem oben angeführten Wort des Orosius, die Konstitutive des Mönchtums schlechthin, hatte eine sehr weltliche Interpretation gefunden. Aber nur dadurch war das Mönchtum im frühen Mittelalter zu dem geworden, als was wir es aus der abendländischen Geschichte kennen. Die enge Verbindung der Klöster mit den Karolingern führte zum Niedergang des Mönchtums mit dem Ende der karolingischen Herrschaft. Symbolisch kann dafür die Zerstörung Monte Cassinos (2. Zerstörung) durch die Sarazenen im Jahre 883/84 stehen.

Die Erneuerung des benediktinischen Mönchtums nahm im frühen 10. Jh. vom burgundischen Cluny aus ihren Anfang. Der Name des berühmten Reformklosters muß jedoch gleich mit Namen anderer Klöster verbunden werden; nur so kann die rasche Reform des abendländischen Mönchtums richtig verstanden werden: St. Benignus in Dijon, Brogne, Gorze, Einsiedeln, Regensburg, Subiaco, Farfa, Westminster und Canterbury. Die Reform war dabei nicht allein Sache der neugegründeten oder erneuerten

Klöster. Mönchsgemeinschaft, Bischof und Adel verbanden sich dabei zu gemeinsamem Werk.

Cluny wurde um 910 durch Herzog Wilhelm von Aquitanien gegründet. Als Abt berief er Berno von Autun, der bereits zwei erneuerte Klöster leitete und in der Tradition Benedikts von Aniane groß geworden war. Berno blieb Abt seiner bisherigen Klöster. Damit waren die Weichen für die weitere Geschichte Clunys gelegt: Der Klosterverband sollte daraus entstehen. Herzog Wilhelm hatte bei der Gründung den Mönchen seines Klosters die uneingeschränkte Freiheit in der Abtwahl zugesichert, auch sonst auf die Rechte des Eigenklosterherren verzichtet und die Rechtsansprüche des Klosters dem Papst übertragen; der päpstliche Schutz sollte sich besonders vom Wiedererstarken des Papsttums an auswirken. Daraus entwickelte sich die vollständige Exemtion des Klosters von Adelsherrschaft und bischöflicher Aufsicht. Über seine kleinen Anfänge wuchs Cluny unter fünf großen Äbten hinaus, die zusammen 210 Jahre regierten: Odo (927—942), Majolus (943—994), Odilo (994—1049), Hugo (1049—1109) und Petrus der Ehrwürdige (1122—1156). In dieser Zeit entstand der „sacer ordo cluniacensis“ und beherrschte das abendländische Mönchtum. Dank der doppelten Freiheit waren die Klöster der Cluniazenser eine Welt für sich und konnten so eine grundlegende Forderung der Regel Benedikts erfüllen. Aber auch die Cluniazenser interpretierten die Regel in ihrer Weise. An Stelle des politisch-öffentlichen Einsatzes, der wissenschaftlichen Arbeit und der traditionellen Handarbeit füllte das Leben des Cluniazensermönchs die Liturgie, die weit über das in der Regel geforderte Maß hinaus den Tag im Kloster beherrschte. Mit Bewunderung schrieb Petrus Damiani, der italienische Mönchsreformer, davon: „Wenn ich mich an den strengen und ausgefüllten Tageslauf in euerem Kloster erinnere, muß ich anerkennen, daß ihr vom Hl. Geiste geleitet werdet. Denn ihr habt eine solch ununterbrochene Folge von Gottesdiensten und verbringt so viele Zeit beim Chorgebet, daß selbst an Hochsommertagen, wo das Tageslicht am längsten ist, kaum eine halbe Stunde bleibt, in der die Brüder im Kreuzgang sich unterhalten können." [13] Die lange Dauer der Chorgebete habe an manchen Tagen wie ein Bleimantel auf den Mönchen gelastet. Mit seiner Einseitigkeit störte Cluny das kluge Gleichgewicht von Gebet, Lesung und Handarbeit, das die Regel Benedikts verlangt; es schuf aber die für die Folgezeit charakteristische Verbindung von Benediktinertum und Liturgie. In der unter Abt Hugo erbauten gewaltigen Abteikirche St. Peter erhielt der liturgische Dienst der Mönche seinen ins Großartige gesteigerten Rahmen. Die hier gefeierte Liturgie demonstrierte den Besitz des Heiles und zeigte den eigentlichen Sinn des Klosterlebens, so wie man ihn in Cluny verstand, nämlich Gottesdienst, Gebet und Fürbitte für die ganze Welt. Eine weitere Eigenart, die von der Regel Benedikts sicher nicht vorgegeben war, war die Schaffung eines umfassenden Klosterverbandes. Schon der erste Abt hatte drei Klöster gleichzeitig geleitet. Unter seinen Nachfolgern schlossen sich weitere Klöster Cluny an. Sie übernahmen die in Cluny gelebte Interpretation der Regel Benedikts, die nach und nach schriftlich festgehalten wurde (Consuetudines), was eine geistige Unterordnung und geistliche Verbrüderung bedeutete. Aber der Verband schuf sich auch eine rechtliche Basis, in dem die einzelnen Klöster in die Abhängigkeit von Cluny gebracht wurden. Zwischen den einzelnen Klöstern, die sich Cluny anschlossen oder von ihm gegründet wurden, wurde die Abhängigkeit vertraglich (durch die traditio) festgelegt. Das Maß der Abhängigkeit und damit die Vollmachten des Abtes von Cluny im abhängigen Kloster konnte verschieden sein. Für alle Klöster aber blieb der Abt von Cluny oberste Autorität. Damit war zum ersten Mal in der Geschichte des Mönchtums ein wirklicher Orden mit zentraler Spitze und verbindlich festgelegtem Brauchtum geschaffen. Die Konstrukteure dieses Verbandssystems, die großen Äbte von Cluny, hatten dabei die feudale Ordnung auf das klösterliche Leben angepaßt und eine umfassende Gemeinschaft geschaffen, in der die Schwächeren bei den Stärkeren Hilfe fanden und sich dafür auch der mächtigeren Leitung unterstellten. Die Freiheit von außer-

[13] Ep. VI 5.

klösterlichen Mächten, die der Mutterabtei zugestanden worden war, kam auch den unterstellten Klöstern zugute, die ihrerseits im Interesse der geistlichen Freiheit die innerklösterliche Abhängigkeit bejahten.

Die Observanz von Cluny beherrschte die Klöster Burgunds, breitete sich weiter in Frankreich aus und erstreckte ihren Einfluß auch auf die benachtbarten Reiche. Der Expansionsdrang war in der Zeit von etwa 950—1050 fast unaufhaltsam, wobei die Reform einfach vom ersten Erfolg profitierte. Cluny vertrat das religiöse „Establishment" (D. Knowles), dem man sich begeistert oder auch nur als Mitläufer anschließen konnte. Sicher beherrschte Cluny das Feld der monastischen Reform im 10. und 11. Jh. Es darf jedoch nicht allein gesehen werden. Neben Cluny standen andere Reformzentren auf. Dazu wurde die Vorherrschaft der Burgunderabtei nicht überall nur mit Freuden begrüßt; andere Klöster wußten sich ebenfalls als treue Söhne Benedikts und wehrten sich gegen die vom Erfolg genährte Überheblichkeit Clunys. „Sie — die Cluniazenser — halten sich allein für gerecht und regeltreu, sie rühmen sich als die Himmlischen und Pneumatiker." [14]

In unmittelbarer Nachbarschaft, in direkter Beziehung zu Cluny war St. Benigne in Dijon unter Abt Wilhelm (gest. 1031) zu einem Reformzentrum geworden. Wilhelm stammte aus Italien; seine Observanz fand den Weg zurück in seine Heimat (Reform von Fruttuaria) und breitete sich besonders in der Normandie (Kloster Fécamp) aus. Ebenfalls im Norden Frankreichs entwickelte sich das Kloster Brogne unter seinem Gründer Gerhard (gest. 959) für kurze Zeit zu einem einflußreichen Reformzentrum. Andere große französische Klöster — z. B. St. Victor in Marseille, Fleury, St. Vanne in Verdun — sind in gleichem Sinne als Reformklöster zu nennen. In England erfolgte die Neubegründung des monastischen Lebens nach kontinentalem

[14] St. Hilpisch, Das benediktinisch-monastische Ideal im Wandel der Zeiten: Studien u. Mitteilungen aus dem Benediktiner- und Zisterzienserorden 68 (1957) 78.

Vorbild durch die Mönchsbischöfe Dunstan (gest. 998), Ethelwold (gest. 984) und Oswald (gest. 992). Ihre Aktivitäten führten zu einer wirklichen Herrschaft der „schwarzen Mönche“ auf der Insel. In der gleichen Zeit konnten in Italien einige alte Klöster neubegründet und reformiert werden, etwa das oberitalienische Farfa und Monte Cassino. Das süditalienische Cava wurde zum Zentrum eines Ordensverbandes ähnlich wie Cluny (Ordo Cavensis).

Ein weiteres wichtiges Zentrum der monastischen Reform, das in der Forschung lange ganz im Schatten Clunys stand, war das 933 wieder gegründete Kloster Gorze bei Metz. Das Verlangen nach eremitenhafter Askese hatte zur Restauration des alten Klosters durch Bischof Adalbero von Metz geführt. Vom Episkopat und lothringischen Adel unterstützt breitete sich die Reform vor allem in Lothringen aus, über St. Maximin in Trier und St. Emmeram in Regensburg gewann sie weiten Einfluß im deutschen Reformgebiet. Im Gegensatz zu Cluny unterblieb die Konstituierung eines rechtlichen Klosterverbandes. Die einheitlichen Consuetudines waren das die Klöster zusammenhaltende Band [15].

Im deutschen Reichsgebiet überschnitten sich die Reformbestrebungen. Neben der großen Ausstrahlungskraft der Bewegung von Gorze vermochten hier einige andere Klöster zu Sammelpunkten größerer klösterlicher Gemeinschaften zu werden. Vom 1069 wieder begründeten Schwarzwaldkloster Hirsau nahm eine bedeutende deutsche Reformbewegung ihren Ausgang. Abt Wilhelm (gest. 1091) hatte in St. Emmeram-Regensburg die Gorzer Reform kennengelernt, später sich aber an die Gewohnheiten von Cluny angeschlossen (Constitutiones Hirsaugienses um 1080). Den Zentralismus von Cluny vermied Wilhelm in der Ausbreitung seiner Reform, die in etwa 100 Klöstern Deutschlands übernommen wurde, blieb aber dadurch mit seinen Klöstern in bischöflicher Abhängigkeit. Im Verlangen nach Eigenbewirtschaf-

[15] K. Hallinger, Gorze-Cluny. Studien zu den monastischen Lebensformen und Gegensätzen im Hochmittelalter (Rom 1950—51).

tung des klösterlichen Besitzes bildeten die Hirsauer das Institut der Laienbrüder zügig aus [16].

Im Rheinland entwickelte sich im späten 11. Jh. die Abtei Siegburg zu einem Sammelpunkt einer benediktinischen Reformgruppe, die auch nach Westfalen, Bayern und Österreich ausgriff. Die Bindung an den Ortsbischof war für diese Observanz, die vom italienischen Fruttuaria abhängig war, charakteristisch. Laienklosterherren und Vögte waren dabei ausgeschlossen [17]. An Abt Rupert von Deutz hatte diese Reformbewegung ihren kräftigen literarischen Verteidiger.

Wohl lebten alle bisher genannten Klöster und Mönche nach der einen Regula Benedicti. Aber die zur Regel hinzugetretenen Consuetudines der einzelnen monastischen Verbände, die das eigentliche Klosterleben bestimmten, lösten die Einheit des Mönchtums doch sichtbar auf. Der Streit um die „vera consuetudo“ brach auf, und der Ruf nach der „una consuetudo“ wurde laut. Im ausgehenden 11. Jh. wurden alle Reformen des „schwarzen Mönchtums“ von diesem Ringen erfaßt. Einmal schwand in den Verbänden der ursprüngliche Enthusiasmus, zum anderen bildeten sich neue Mönchsgruppen heraus, die als moderne Lebensformen die alten monastischen Richtungen bald überflügelten und in ihrer geschichtlichen Bedeutsamkeit ablösten.

16 H. Jakobs, Die Hirsauer. Ihre Ausbreitung und Rechtsstellung im Investiturstreit (Köln 1961).

17 J. Semmler, Die Klosterreform von Siegburg. Ihre Ausbreitung und ihr Reformprogramm im 11. und 12. Jh. (Bonn 1959).

DIE NEUEN ORDEN DES 11. UND 12. JH.

Das Mönchtum erschien am Ende des 10. und zu Beginn des 11. Jh. in der abendländischen Kirche als eine Einheit. Die Regel Benedikts war das verbindliche Gesetzbuch, auch wenn einzelne Klöster und große Klosterverbände in den Consuetudines neue verbindliche Normen neben die Regel gestellt hatten. Die je eigene Consuetudo, die einen jeweils besonderen monastischen Lebensstil festlegte, sollte helfen, die Regel richtig zu beobachten und ihre Gebote treu zu erfüllen. Die Regel war es, die im Glauben der mittelalterlichen Mönche einen heilbringenden Bund Gottes mit dem Mönch schloß. Durch sie erst hat Gott seine heilsstiftende Offenbarung abgeschlossen, „indem er nach der Offenbarung des natürlichen, mosaischen und des Gesetzes Christi eine vierte Offenbarungsstufe hinzufügte, durch die das vollkommene Gesetz bekräftigt werden sollte, nämlich die Regel des hl. Benedikt“ [1]. Freilich hat diese Regel als Grundlage eines einheitlichen Mönchtums ihre Variationsmöglichkeit und Anpassungsfähigkeit unter Beweis gestellt. Der Buchstabe der Regel kam nur durch die lebendigen Klostergemeinschaften und die der jeweiligen klösterlichen und kirchlichen Situation angepaßte Interpretation zum Leben. Schon das macht deutlich, daß man vom uniformen benediktinischen Mönchtum eigentlich nur bedingt reden kann.

Auch das Wort von der Uniformität des abendländischen Mönchtums muß noch weiter relativiert werden. Denn neben den großen Benediktinerklöstern gab es andere Formen monastischen Lebens. Das Mönchtum hat die Erinnerung an seine eremitorischen Anfänge nie vergessen. Das eremitische Leben galt als Wurzel des Koinobitenlebens. Wohl lief im abendländischen Mönchtum die Entwicklung von Anfang an auf ein geordnetes Koinobi-

[1] Odo von Canterbury = J. Mabillon, Vetera analecta I 352—353.

tentum hinaus. Aber daneben hielt sich in bescheidenem Ausmaß die eremitische Form. Sie galt — vor allem dank der theoretischen Darlegungen Johannes Kassians — als die Höchstform monastischer Lebensweise, verwirklichte sie doch mehr Einsamkeit, mehr Gebet und mehr Askese. Im frühen Mittelalter hielt das abendländische Mönchtum in verschiedener Form am eremitischen Ideal fest. Es gab immer wieder Mönche, Äbte, auch Bischöfe, die ihre bisherige Gemeinschaft und den bisherigen Aufgabenbereich verließen, um in der Einsamkeit zu leben. Sie blieben weiterhin in enger Beziehung zur Klostergemeinschaft, aber führten doch als Einzelne ein Eremitenleben. Eine starke Anregung zum Eremitenleben ging von den iroschottischen Mönchen mit ihrer Bindung an das Ideal der asketischen Heimatlosigkeit aus. Die „monachi peregrini“ fanden auch auf dem Festland Nachahmer. Der eremitische Wandermönch ist nicht zu einem bestimmten Ziel unterwegs gewesen, er geht in ein freigewähltes Exil. Der Begriff „eremus“, einst die dürre, wasserlose Wüste Ägyptens, wird im Abendland zum undurchdringlichen, unwirtlichen und tiefen Wald. Er steht jetzt im Gegensatz zum geordneten und kultivierten Land. Eremus ist in jedem Fall der Ort, an dem der Einsiedler sein Lebensziel findet: die memoria Dei, wie es Eigil in der Vita des späteren Abtes Sturm von Fulda ganz im Stil der klassischen Eremitentradition umschreibt [2]. Deshalb wird das unwirtliche Land für den Eremiten zur „dilecta eremus“ — eine selbstverständliche Auskunft der Eremitenviten [3].

Sicher wird man das Eremitentum des frühen Mittelalters als Einzelerscheinung einordnen müssen. Im Laufe des 11. Jh. jedoch entstand in der abendländischen Mönchslandschaft eine ernsthafte eremitorische Bewegung, die weit um sich griff und hier das monastische Ideal in der neuen Weise des ordo eremiticus zu verwirklichen suchte. Was führte damals Menschen in die unwirtlichen

[2] Vita Sturmi 5.

[3] Umfangreiche Information über den Eremitismus des Mittelalters bietet der Sammelband ›L'eremitismo in Occidente nei secoli XI e XII‹ (Mailand 1965).

Waldeinsamkeiten Europas, was ließ nicht wenige Mönche ihre großen Klosterstädte mit rauher, harter Bergwelt vertauschen? Da zahlreiche Mönche, Cluniazenser und andere Benediktiner, zu Eremiten wurden, liegt sicher ein Grund in der Situation des damaligen Benediktinertums. Der Ausbruch aus den Großklöstern war eine Reaktion auf deren Entwicklung. Nicht von ungefähr spricht man von der „Krise des Koinobitentums" im 11. Jh. Der „Auszug in die Wüste" sollte das wieder ermöglichen, was die großen Klöster nicht mehr in vollem Maße hergaben: Trennung von der Welt und Unabhängigkeit von den Forderungen dieser Welt, wie sie besonders an die Klosteroberen, aber auch an zahlreiche Mönche, gestellt wurden. „Zurück in die Wüste" lautete das Programm, durch das die Mönche wieder zu ihrer eigentlichen Berufung geführt werden sollten. Einsamkeit und Armut, die in der kleinen Einsiedlerkolonie besser verwirklicht werden konnten als in der großen Abtei, sollten zum Erweis einer Erneuerung des Mönchslebens werden. Die eremitorische Bewegung als eine Reaktion auf die Verfassung des zeitgenössischen Koinobitentums sollte jedoch nicht als Protest gegen diese Lebensform verstanden werden.

Es gibt eine gemeinsame Wurzel, die beide Mönchsformen wieder zusammenbindet. Die Idee der Libertas, von Cluny und anderen Reformgruppen aufgegriffen und im Eigenraum des Klosterverbandes verwirklicht, darf auch für die Eremitenbewegung beansprucht werden. Von den Eremiten wurde sie konsequent zu Ende gedacht. Es geht da nicht bloß um die Freiheit von weltlicher Herrschaft, sondern um die Freiheit von dieser Welt überhaupt, um wirkliches Freisein für ein weltabgeschiedenes Asketenleben. Das geschichtliche Vorbild aus den Anfangszeiten des Mönchtums, das immer noch einzeln gelebte Eremitentum und, besonders in Süditalien, die andauernde Existenz orientalischer monastischer Lebensformen, vielleicht als „schläfrige Hüter" der alten Tradition zu bezeichnen — führten dann zur neuen Form des mittelalterlichen ordo eremiticus.

Aus dem italo-griechischen Mönchtum ist Nilus von Rossano (910—1004) zu nennen, der nach mehreren anderen Klöstern schließlich Grottaferrata bei Rom gründete. Wenn er auch nicht zu einer Führergestalt der Eremitenbewegung in Italien wurde, so ist sein reformerisches Wirken mit der deutlichen Rückbesinnung auf das eremitorische Erbe in den Erneuerungsprozeß des Mönchtums einzubringen. Die allgemeine Begeisterung für das Eremitentum in Italien faßte um die gleiche Zeit Romuald von Ravenna (950—1027) in seinem monastischen Programm zusammen. Dieser Sohn des Herzogs von Ravenna war mit gut zwanzig Jahren in das cluniazensische Kloster Sant' Apollinare in Classe (bei Ravenna) eingetreten. Er verließ dieses Kloster wieder, um als Eremit zu leben. Aus diesem Grund hielt er sich zunächst im Sumpfgebiet bei Venedig auf, zog dann mit einigen Gefährten bis zu den Pyrenäen, und kehrte um 988 nach Italien zurück. Eremitorium und Peregrinatio verbanden sich in diesem Lebensweg. Auch nach der Rückkehr in seine italienische Heimat blieb er ein wandernder Eremit, der Klöster reformierte und Eremitensiedlungen gründete. Die Siedlung in der Bergeinsamkeit von Camaldoli bei Arezzo wurde die bekannteste und gab dem entstehenden Orden auch seinen Namen (Kamaldulenser). Romuald gab seinen Eremitorien keine neue Regel. Er beließ sie in der benediktinischen Tradition, die nun aber für das Einsiedlerleben ausgewertet wurde. Die Einsiedlersiedlung (eremus) war nach Art der alten Lauren angelegt: sie bestand aus Hütten für die Eremiten, den notwendigen Gemeinschaftsräumen und der Kirche. Zur Eremus gehörte jedoch auch ein Kloster, das den Schutz vor der Welt und auch die notwendige Verbindung zur Welt übernahm. Beide Niederlassungen bildeten eine Einheit. Ein Prior, der Eremit sein mußte, leitete die beiden Mönchsgemeinschaften. Gerade diese Bestimmung verrät die eindeutige Höherschätzung des Eremitentums. Das Gemeinschaftsleben war hier nur noch Mittel zum Zweck, das dem Eremiten den ungestörten Freiraum für sein asketisches Leben ermöglichen sollte. Romualds Werk wurde durch Petrus Damiani (1007—1072), der ebenfalls aus Ravenna stammte und sich für die eremitische Interpretation des Mönchsideals einsetzte, weitergeführt und auf eine feste theologische und organisatorische Grundlage gestellt.

Dieser Mönchsreformer, der 1057 Kardinal wurde, ist ein typisches Beispiel für die über die Klöster hinaus in die Gesamtkirche hinein wirkenden Kräfte, die sich am erneuerten Eremitenideal entzündet hatten. Das strenge Eremitenleben wurde in solchem Reformwollen zum christlichen Lebensideal schlechthin erklärt und entsprechend ernste Forderungen an Kloster und Kirche gestellt [4].

Den unmittelbaren Einfluß der eremitischen Reformer auf das Koinobitentum zeigt Johannes Gualbertus (990—1073). Er verließ die Einsiedelei von Camaldoli und gründete in Vallumbrosa bei Florenz wieder ein strenges Benediktinerkloster, das die Forderung der Einsamkeit und Armut in Gemeinschaft verwirklichen wollte. Das Ergebnis war eine gemeinschaftliche, aber von eremitischer Strenge geprägte Lebensweise. Die Armutsforderung und das Verlangen nach größtmöglichem Abschluß von der Welt führten in diesen Reformklöstern zur wichtigen Neubildung des Konverseninstitutes. Die im Dienst des Klosters stehenden Laien wurden als „Laienbrüder" der klösterlichen Gemeinschaft angeschlossen. Dieser Vorgang beruhte nicht einfach auf einer ökonomischen Erwägung — Sicherung und einfachere Bewirtschaftung des Besitzes durch eigene Kräfte —, sondern bezeugt, daß die Laien von der Reformbewegung erfaßt und selber an der propagierten Lebensform teilhaben wollten. Das arme Eremitenleben beanspruchte ja für sich ausschließlich die Verwirklichung des evangelischen Lebens. Dieser Anspruch — verbunden mit scharfer Kritik an Kirche und Klerus — verlieh der eremitorischen Bewegung eine mitreißende Dynamik, verlieh ihr weithin Sympathie und führte ihr allenthalben Anhänger zu.

Die in Frankreich besonders starke Begeisterung für die Eremus, die hier zu verschiedenen Neugründungen führte, war auch das Milieu für das Werk Brunos von Köln. Der 1030/35 in Köln geborene Weltpriester wurde 1056 Vorsteher der Reimser Domschule, 1075 Kanzler des Erzbistums. Ein ernster Konflikt mit

[4] J. Leclercq, Saint Pierre Damien. Erémite et homme d'église (Rom 1960).

seinem Erzbischof und schließlich die Verhinderung seiner eigenen Wahl zum Erzbischof im Jahre 1081 veranlaßten ihn, die kirchliche Karriere aufzugeben und — ganz entsprechend dem Zug der Zeit — in die Einsamkeit zu gehen. Nach verschiedenen Stationen erhielt er von Bischof Hugo von Grenoble das einsame Bergland Cartusia (Chartreuse) bei Grenoble, wo er sich 1084 mit sechs Gefährten niederließ. Es war eine Einsiedlersiedlung wie viele andere in damaliger Zeit. An ein bleibendes Werk war nicht gedacht. Der Bestand wurde ernstlich gefährdet, als Bruno 1090 von Papst Urban II. (seinem ehemaligen Schüler von Reims) nach Rom berufen wurde; der Papst ließ Bruno zwar ein Jahr später wieder in die Einsamkeit ziehen. In La Torre in Kalabrien gründete er ein neues Eremitorium, wo er 1101 starb. In Chartreuse ging wenige Jahre später der Prior Guigo de Chastel (gest. 1137) daran, den Eremiten eine feste Lebensordnung zu geben und damit Brunos Gründung für die Zukunft zu erhalten. Ähnlich wie bei den Kamaldulensern erstreben die Kartäuser die Verbindung von Koinobitentum und Eremitentum: Die einzelnen Mönche bewohnen ihr eigenes Haus, das an den großen Kreuzgang angeschlossen ist. Kirche und Gemeinschaftsräume liegen in unmittelbarer Nähe. Guigos Statuten formten das Wüstenideal zu einem erträglichen Lebensstil. Sein Programm verzichtete auf spektakuläre Ausbreitungserfolge — er selbst gründete etwa ein halbes Dutzend solcher Klöster — gab aber dem Orden in der Übernahme des Laienbrüderinstitutes und in einer straffen Organisation eine dauerhafte Grundlage, die die Kartäuser in ihrer ursprünglichen Form bis heute bestehen ließ [5].

Um die gleiche Zeit drang die Begeisterung für die Wüsteneinsamkeit auch in die Klöster des traditionellen Benediktinertums und führt zu einem folgenreichen Ausbruch aus den großen Abteien, nämlich der Gründung des Zisterzienserordens. Die eremitische Bewegung muß dafür als eine erste Wurzel angesehen

[5] Die Zeugnisse der Kartäusergeschichte werden jetzt zusammengestellt und veröffentlicht durch J. Hogg, Analecta cartusiana (Salzburg 1970 ff.).

werden. Die andere Wurzel steckt in der Reaktion auf die landläufige, vor allem die cluniazensische Praxis benediktinischen Lebens; sie stellte den Ruf nach der Beobachtung der Regel in ihrer reinen Ursprünglichkeit dagegen. Einsamkeit und Gemeinschaftsleben waren deshalb die beiden Elemente, die hier zu einer neuen Form mönchischen Lebens führen sollten. Die Betonung des gemeinsamen Lebens, einfach eine Folge der strengen Bindung an die Regel Benedikts, ließ die Zisterzienser zu Rettern des Koinobitentums in jener Zeit werden, die das Eremitendasein so hoch feierte. Den Anstoß zur Gründung des neuen Ordens gab der Benediktinerabt Robert von Molesme, freilich ist er kaum mehr als nur der „halbe Gründer" des Ordens. Um 1028 in der Champagne geboren, trat er in früher Jugend in ein Benediktinerkloster ein, wechselte seinen Klosteraufenthalt aber mehrmals, bis er sich 1076 in Molesme (Bistum Langres) niederließ. Die Gründungsintention war nichts anderes als ein weltabgeschiedenes Mönchsleben auf der Grundlage der Regel Benedikts, die vom überwältigenden Einfluß des cluniazensischen Brauchtums befreit und wieder buchstäblich — „ad apicem litterae" — beobachtet werden sollte. Die günstige Lage des Klosters — an der Hauptstraße Paris—Lyon—Italien — und der Ruf als Reformstätte zogen zahlreiche Bewerber an. Aus einer kleinen Zelle wurde rasch ein großes Kloster mit Tochtergründungen und seelsorgerlichen Verpflichtungen. Die ursprüngliche Intention ließ sich nicht halten. Unruhe und Unzufriedenheit kehrten in die Gemeinschaft ein. Robert selbst verließ mit einigen Anhängern seine Gründung, um an anderer Stelle neu anzufangen. Andere reformwillige Mönche versuchten ihr Ziel ebenfalls mit einer Neugründung zu erreichen. Auch nachdem Robert nach Molesme zurückgerufen worden war, konnte er dort des Streites um die verschiedene Regelinterpretation nicht Herr werden. 1098 verließ er die Abtei von neuem, um in der unwirtlichen Einsamkeit von Citeaux, südlich von Dijon, ein neues Kloster zu gründen: „Es waren 21 Mönche, die mit dem Vater des Klosters (Robert) auszogen. Es drängte sie auszuführen, was sie gemeinsam beraten hatten und eindeutig erstrebten. Nach vielen

Mühen und übergroßen Schwierigkeiten, die alle erleiden müssen, die fromm in Christus leben wollen (2 Tim 3, 12) kamen sie endlich ans Ziel ihrer Sehnsucht, nach Citeaux, das damals eine schreckliche Einöde war. Die Streiter Christi waren indessen der Meinung, die unwirtliche Gegend passe gut zu dem einmal gefaßten Entschluß". Das Eremitenideal, der einsame, unzugängliche Platz, spricht deutlich aus diesem Dokument, das aber auch den anderen Pfeiler der neuen Gründung erwähnt: „Das Beispiel des hl. Vaters Benedikt, dessen Regel man im Herzen trug." [6]

Robert wurde schon nach einem Jahr in sein früheres Kloster Molesme zurückgerufen und kehrte mit anderen Mönchen dorthin zurück. Der in der Wildnis von Citeaux verbliebene Rest war jedoch entschlossen, am begonnenen Werk weiterzubauen und der Gemeinschaft das klare Programm einer lebbaren Ordnung zu geben. An Roberts Stelle wurde Alberich zum Abt gewählt, der die Gründung glücklich über die Anfangsschwierigkeiten hinüberbrachte, und dem nach zehn Jahren in der Leitung des Klosters der Engländer Stephan Harding folgte (1109 bis 1133). Stephan war aus dem englischen Benediktinertum gekommen, hatte in Italien die eremitorische Bewegung kennengelernt und war unter Robert in Molesme eingetreten. Er gehörte also zu den Pioniergestalten der Gründung, dem es auch gelang, Citeaux einen festen Platz in der abendländischen Mönchslandschaft zu geben. Möglicherweise hatte schon Alberich dem Kloster eigene Satzungen gegeben. Stephan erlebte die ersten Neugründungen nach dem Vorbild von Citeaux: „Gott hörte nicht auf, weiterhin sein Volk zu segnen und die Freude zu erhöhen (Js 9, 3), bis die glückliche Mutter (nämlich Citeaux) von Kindern und Kindeskindern, in zwanzig Jahren etwa allein von zwölf Äbten, gleichsam Ölbaumsprossen rings um ihren Tisch sah" (Ps 127 [126], 3) [7]. Die unerwartete Ausbreitung zwang zur weiteren

[6] Exordium cistercii 1—2; vgl. dazu L. Lekai—A. Schneider, Geschichte und Wirken der Weißen Mönche (Köln 1958); Die Zisterzienser, Geschichte—Geist—Kunst (Köln 1974).

[7] Exordium cistercii 2.

Festlegung der Gebräuche von Citeaux, die auch in den anderen Klöstern genau beobachtet werden sollten. Aus diesem Grund schuf Stephan die „carta caritatis", die die Einheit der Mönche von Citeaux in den verschiedenen Klöstern sichern sollte. Der entstehende Klosterverband sollte danach aus selbständigen Abteien bestehen, ganz entsprechend der Regel Benedikts. Aber die einzelnen Abteien sollten durch die Bindung zwischen Mutter- und Tochterkloster zur wirklichen Einheit eines Ordens zusammengeführt werden. Das Filiationssystem bildet die Grundlage der organisatorischen Einheit der Zisterzienserklöster. Die ersten Gründungen gingen von Citeaux aus; die vier ältesten Abteien La Ferté, Pontigny, Clairvaux und Morimond, die sog. Primarabteien, wurden ebenfalls wichtige Gründungszentren. Alle weiteren Abteien des Ordens lassen sich durch das System der Filiation auf eine dieser Erstabteien zurückführen. Dem Abt des Mutterklosters wurde das Visitationsrecht über alle Tochterklöster zugesprochen. In Citeaux fiel den Äbten der Primarabteien die Visitation zu. Als weiteres Element der Ordenseinheit verfügte die „carta caritatis" das Generalkapitel, das jährlich alle Äbte in Citeaux, „der Mutter aller anderen", versammeln sollte. Auch die Lebensgestaltung in den einzelnen Klöstern wurde in diesem Grundgesetz, das nach Stephans Entwurf durch die Generalkapitel weiterentwickelt wurde, festgelegt: Einfache und wohlfeile Kleidung — das schwarze Benediktinergewand war vielleicht vorher schon durch das weiße Ordenskleid ersetzt worden —, anspruchslose Nahrung, Gewinnung des Lebensunterhaltes durch Handarbeit, vorab aus der Landwirtschaft, wozu die der Klosterfamilie angeschlossenen Laienbrüder als Arbeitshilfe dienten, schmucklose Klosterbauten und Kirchen, Einfachheit der Liturgie u. a. Alle Bestimmungen hatten selbstverständlich kein anderes Ziel, als daß alle die Regel Benedikts einmütig verstehen und auch nicht in einem Buchstaben verlassen. Doch was von den Zisterziensern gelebt wurde, war eben doch eine neue Weise des benediktinischen Mönchtums, die sich sehr deutlich vom übrigen Benediktinertum absetzte.

Kann Stephan Harding mit einigem Grund als Gründer des

Zisterzienserordens genannt werden, so verdankt der Orden seine weltweite Ausbreitung doch einem anderen, dem aus burgundischer Adelsfamilie stammenden, 1090 geborenen Bernhard von Clairvaux. 1112 trat er mit etwa dreißig Verwandten in Citeaux ein. Schon 1115 schickte ihn Stephan mit einer Mönchsgruppe nach Clairvaux, um dort ein Kloster zu gründen, dessen Abt Bernhard wurde, was er bis zu seinem Tode im Jahr 1153 geblieben ist. Freilich hat er weit über das Kloster und den Orden hinaus gewirkt. Man redet vom „bernhardinischen Zeitalter“ und im gleichen Sinne vom „Jahrhundert der Zisterzienser“. Denn unter Bernhards Einfluß breitete sich der Orden über ganz Europa gewaltig aus. Bei seinem Tode zählte er bereits mehr als 300 Klöster, mehr als ein Fünftel davon waren unmittelbar von Clairvaux aus gegründet worden — und in Clairvaux selbst lebten 1153 immer noch 700 Mönche. Diese Entwicklung ist ohne Bernhards Wirken nicht zu denken. Allerdings prägte er den Orden auch entscheidend. Die strenge Herbheit der Zisterzienser, fast als Puritanismus zu bezeichnen, die vor allem die frühen Zisterzienserbauten kennzeichnet, brachte er in die Ordensgesetzgebung. Freilich wußte er diese Haltung wieder auszugleichen durch seine mystische Frömmigkeit, die sich in glutvoller Jesus- und Marienverehrung zeigte und in den Klöstern des Ordens Eingang fand und sich weit darüber hinaus verbreitet.

Bernhards weitgespannte kirchliche und politische Tätigkeit zog auch seine Mönche in diesen Aufgabenbereich. Die Vorbereitung des zweiten Kreuzzuges war seine Sache gewesen. Aber weiße Mönche standen an seiner Seite und predigten bald nach ihm den Kreuzzug gegen die häretischen Albigenser in Frankreich. So wie Bernhard selbst im Dienst der Kurie stand, so traten auch Zisterzienser in diesen Dienst. Damit gewann der Orden Einfluß in der gesamten Kirche. Hatten die ersten Väter von Citeaux das Schweigen und die Einsamkeit gesucht, so standen nun nach Bernhards Beispiel Zisterzienser mit ihrer Predigt, ihrer Schriftstellerei und ihrer Kulturarbeit im Dienste der Welt.

Der sich durch Bernhards überagenden Einfluß so mächtig ausbreitende Orden stand nun als neue Gemeinschaft neben dem alten Benediktinertum, aus dem er selbst hervorgegangen war. Natürlich wollten die Zisterzienser, die weißen Mönche, nichts anderes sein als Benediktiner. Das führte zum Streit um das Erbe Benedikts; im ausgedehnten Mönchsstreit zwischen schwarzen und weißen Benediktinern wurde eine Fülle polemischer Literatur geschaffen. Bernhard selbst arbeitete dabei in vorderster Front. Auf der anderen Seite fand er in Petrus Venerabilis, dem Abt von Cluny (1094—1156), seinen Gegner. Bernhard sah in seiner kompromißlosen, provozierenden Art bei den Cluniazensern nur Abfall und Verrat, offenkundige Dekadenz. Petrus verteidigte die Lebensform von Cluny als eine Lebensweise, die eine lange Tradition auf ihrer Seite habe, und die auch der menschlichen Schwäche Rechnung trage. Der Streit ging im Grunde um die Verteidigung zweier Spielarten des benediktinischen Lebens, bei denen man unmöglich die Haltung der Nachlässigkeit und der Disziplin, der Dekadenz und der Treue zum Ursprung so einfach verteilen konnte. Die Ausschließlichkeit, mit der Bernhard das Ideal Benedikts für seine Zisterzienser beanspruchte, ließ freilich für die gegnerische Seite nichts anderes übrig. Die Zisterzienserklöster waren für ihn der einzige Hort echten Mönchslebens und — ganz im Gefolge eines weitverbreiteten monastischen Selbstverständnisses — auch allein wahren Christenlebens. Nach Bernhard war Mt 19, 27 die monastische Profeßformel der Apostel und ihre Lebensform, die vita apostolica, wurde bei den Zisterziensern treu weitergelebt, und die idealen Kirchenanfänge (Apg 4, 32 ff.) — „ordo qui primus fuit in Ecclesia, imo a quo coepit Ecclesia“ [8] — eben in seiner Gemeinschaft wieder zum Leben erweckt.

Allerdings konnten auch in dieser Bewegung Ideal und Wirklichkeit nicht auf einen Nenner gebracht werden. Die gewaltige Expansion des Ordens trug nämlich die Ansätze des Niedergangs in sich. Die zahlenmäßig starken Konvente mit ihren in die Hunderte gehenden Brüdern brachten menschliche Probleme mit,

[8] Sermo X 24.

die nicht überall gelöst werden konnten. Das Prinzip der Eigenbewirtschaftung führte zum Reichtum der Klöster, die sich in ihrem Grundbesitz nicht mehr von anderen Klöstern unterschieden. Die von vielen Klöstern übernommene Kulturarbeit der Landrodung führte in ihrem Ergebnis wiederum zu landwirtschaftlichen Großunternehmen, die sich nicht mehr von ihrer Hände Arbeit ernähren mußten, sondern vom Ertrag der von den Konversen betriebenen Landwirtschaft sorglos und behaglich leben konnten. Nimmt man die Ausbreitung des Ordens in Deutschland, so zeigt sich, daß sie in gezielter West-Ostrichtung verlief und vor allem im östlichen Deutschland ihr Zielgebiet hatte. Im späten 12. und frühen 13. Jahrhundert war der Siedlungsraum ziemlich ausgeschöpft und der kolonisatorischen Aktivität des Ordens damit ein Ende gesetzt. Mit der Kolonisierung war in den deutschen Ostgebieten auch Missionsarbeit verbunden, die freilich auch wieder ein nur begrenztes Aktionsgebiet eröffnete. Zur Unterstützung beider Arbeiten gründete im Jahre 1202 ein Zisterzienser aus Dünamünde den ritterlichen Orden der Schwertbrüder. Auch in anderen Ländern führte kirchliche und politische Aktivität die Zisterzienser aus ihren Klöstern hinaus: In Frankreich ihr schon erwähnter Einsatz als Kreuzzugprediger gegen die Albigenser — eine Tätigkeit, die dem Orden keineswegs nur Ehre und Achtung eintrug. In Spanien stand der Orden im Kampf gegen die Araber. Dort gründete ein Zisterzienserabt den Ritterorden von Calatrava. Auch hier folgte man dem Beispiel Bernhards, der bei der Gründung anderer ritterlicher Ordensgemeinschaften mitgewirkt und so den Aktionskreis des eigenen Ordens weit über die eigenen Klöster hinausgespannt hatte. Im Jahrhundert Bernhards, in dem nach Otto von Freising (ebenfalls Zisterzienser) „die Welt zisterziensisch" geworden war, konnten die Zisterzienser in der Tat die europäische Mönchslandschaft erobern und beherrschen. Ihre Klosterbauten und Kirchen bereicherten die abendländische Kulturlandschaft. Aber gegen Ende des 12. Jh. war die Lebenskraft des Ordens erschöpft. Ihre epochale Bedeutung für die Mönchsgeschichte fand ihr Ende. An die Stelle der stürmischen Expansion trat die

Stagnation, die von langsamer Auflösung und allmählichem Zerfall abgelöst wurde.

Die eremitorische Bewegung, die eigentlich aus der Welt hinausführen sollte, hat ein außerordentlich starkes Echo in der Welt gefunden. Der Zustrom zu den neuen Klöstern und Gemeinschaften brachte dem Mönchtum ein Anwachsen, das nie zuvor in seiner Geschichte erreicht war, ein Zeichen für die allgemeine religiöse Begeisterung der Zeit, für das Durchsetzen jener kirchlichen Erneuerung, die als „gregorianische Reform" bezeichnet wird. Die neuen Orden waren einerseits Frucht dieser Bewegung und wurden andererseits auch zu ihren wichtigsten Trägern. Geographische und wirtschaftliche Ursachen dürfen ebenfalls nicht außer acht gelassen werden. Die Bevölkerung Europas hat sich zwischen 1050 und 1200 ungefähr verdoppelt. Also konnte sich im kirchlich-religiös geprägten Milieu des Mittelalters auch die Bevölkerung der Klöster verdoppeln, zumal deren Anspruch auf wahre Christlichkeit den Einzelnen zur Entscheidung zwang. Die Ansprechbarkeit für die asketisch-monastische Botschaft belegten andere Ordensgemeinschaften, besonders jene, die zunächst unter der Parole der Einsamkeit entstanden, dann sich aber zur Predigt und Wanderseelsorge gekehrt haben. Aus der Verbindung von Eremitentum und Wanderpredigt entstanden in Frankreich einige neue Ordensgemeinschaften. Am eigenwilligsten war darunter die Gründung Roberts von Arbrissel (gest. um 1114). Er war zunächst Eremit gewesen, hatte das „evangelische und apostolische" Leben also in traditioneller Weise gelebt. Dann brach er zur Wanderschaft auf, zu der ihn Papst Urban II. 1096 autorisierte. Damit erhielt das „apostolische Leben" neuen Akzent, es war eine Wiederaufnahme der Lebensform der Apostel mit ihrer Verkündigungsarbeit. Diese Art der Apostelnachfolge war besonders in häretischen Kreisen verbreitet und die kirchliche Wanderpredigt darf durchaus als Antwort auf die Ketzerpredigt mit ihrem Protest gegen die Kirche eingeordnet werden. Roberts Predigt zog besonders Frauen an — auch hier eine Parallele zu den häretischen Bewegungen. Seine Kirchlichkeit bewies Robert dadurch, daß er schließlich die Frauen in strenger

Klausur zusammenfaßte. In Fontevrault/Diözese Poitiers gründete er (um 1100) ein Doppelkloster. In Erinnerung an Joh 19, 27 sollte die Äbtissin Leiterin der Gemeinschaft von Mönchen und Nonnen sein. Die eigene Regel beruhte auf der Benedikts, die durch besondere Statuten ergänzt war. Der Orden breitete sich vor allem in Frankreich, dann auch in Spanien und England aus [9].

Eine ähnliche Verbindung von Eremitorium, Wanderpredigt und traditionellem Orden zeigt das Lebensgeschick des Norbert von Xanten (um 1082—1132). Aus niederrheinischem Adel stammend, wurde er Kanoniker in Xanten, dann königlicher Kaplan bei Heinrich V. Seine Bekehrung führte ihn zum Ideal der vita evangelica und apostolica, das er zunächst als Wanderprediger erfüllen wollte. 1120 zog er sich in die Einsamkeit von Laon zurück und gründete dort die Gemeinschaft von Prémontré. Das Eremitenleben wurde mit der kanonischen Lebensweise verbunden, womit das augustinische Erbe einen neuen Verteidiger und weite Verbreitung fand. Wie bei anderen Wanderpredigern zog auch Norberts Niederlassung Frauen an, wodurch Prémontré und mit ihm die entstehenden Prämonstratenserklöster zu Doppelklöstern wurden (1140 durch ein Generalkapitel verboten). Norberts Tätigkeit als Wanderprediger, seine Herkunft aus dem Kanonikat und sein Anschluß an die eremitorische Bewegung prägten auch seine neue Ordensgemeinschaft, in der sich bald zwei Richtungen bildeten: Die kontemplativ-asketische und die asketisch-pastorale. Die eine verbreitete sich in Frankreich, wo vor allem Hugo de Fosses (1129—1161), der Nachfolger Norberts in der Leitung von Prémontré, für die Ausbreitung des Ordens wirkte; die andere zeigte sich mehr in den deutschen Klöstern, besonders nachdem Norbert 1126 Erzbischof von Magdeburg wurde und den Prämonstratensern missionarische und kolonisatorische Aufgaben in den deutschen Ostgebieten

[9] J. von Walter, Die ersten Wanderprediger Frankreichs, Studien zur Geschichte des Mönchtums (Leipzig 1903—06); W. Grundmann, Religiöse Bewegungen im Mittelalter (Neudruck Darmstadt 1961).

zuwuchsen (hier waren z. B. die Bischofsstühle von Brandenburg, Havelberg, Ratzeburg u. a. in den Händen des Ordens).

Die Ausbreitung des Prämonstratenserordens geschah mit ähnlich raschem Erfolg wie die der Zisterzienser. Innerhalb von hundert Jahren war der Orden über ganz Europa ausgebreitet (1230 etwas mehr als 1000 Klöster). Vom wenig älteren Zisterzienserorden hatte man die zentrale Leitung durch Generalabt und Generalkapitel übernommen. An die Stelle des die Einheit sichernden Filiationssystems trat bei den Prämonstratensern das Prinzip des regionalen Zusammenschlusses der Klöster in der sog. Zirkarie (um 1300 etwa dreißig solcher Einheiten). Freilich teilte der Orden nach guten hundert Jahren seines Bestehens auch das Schicksal des verwandten Ordens von Citeaux; gleich diesem mußte er zur Kenntnis nehmen, daß sich die eigene Lebenskraft erschöpft und religiöses Leben sich immer wieder neue Ausdrucksformen schafft, die zur Entstehung neuer Ordensgemeinschaften führt und die bisherigen in den Hintergrund drängt [10].

Die im Laufe des 11. Jh. entstandenen neuen Mönchsgemeinschaften dürfen nicht losgelöst vom gesamtkirchlichen Geschehen gesehen und gewertet werden. Die ganze Kirche war wenigstens offiziell — unter das Programm umfassender Reform gestellt worden: Die „gregorianische Reform“ beherrschte das Kirchenfeld. Keineswegs sind die neuen Orden die Anreger der Reform gewesen. Eher könnte man sie als ihre ersten Nutznießer bezeichnen. Sie sind eine Folge des kirchlichen Reformanspruches und haben sich dann in die vorderste Front der Reformarbeit begeben, und konnten so zum deutlichen Ausweis der Kirchenreform werden. Der Zusammenhang zwischen Orden und kirchlicher Reform erklärt auch das einflußreiche Wirken der Mönche außerhalb ihrer Klostermauern und die starke Anziehungskraft des klösterlichen Lebens in weiten Bevölkerungsschichten. Die Gleichsetzung

[10] Zum geistlichen Ideal der Prämonstratenser vgl. F. Petit, La Spiritualité des Prémontrés au XII et XIII siècle (Paris 1947); zu ihrer Ausbreitung: N. Backmund, Monasticon Praemonstratense (Straubing 1949—56).

des Ordenslebens mit wahrem Christenleben und die ausschließliche Beanspruchung des Ideals der vita evangelica und vita apostolica durch die verschiedenen Mönchsgemeinschaften mußte auch die christliche Lebenshaltung in der Welt nach dem Mönchsideal formen. Die Realität des Lebens und der Kirche war von solchem Ideal weit entfernt und auch der Wille, sich so formen zu lassen, war keineswegs überall vorhanden. In besondere Not gerieten bei derlei Anspruch zahlreiche Kleriker. Antikirchliche, häretische Kreise zeichneten schroff und scharf die Widersprüche im klerikalen Leben, geißelten die Mißstände und sprachen dem Klerus alles Recht und Amt ab. Ein Ausweg war die Reform des Klerus nach dem Vorbild des Mönchtums, um so auch ihm das Etikett der vita evangelica und vita apostolica zu sichern. Der Weg der Reform war bereits in karolingischer Zeit gewiesen worden: Der Klerus sollte zur kanonikalen Lebensweise geführt werden. Etliche Kanonikerstifte hatten die Zeit überstanden. Hier konnte die Reform ansetzen, zu der die Lateransynode von 1059 den Klerus aufgerufen hatte. Gemeinsames Leben und Verzicht auf Privateigentum sollten auch die Kanoniker zu Trägern der immer noch asketisch verstandenen vita apostolica werden lassen. Reformwillige Kleriker trennten sich in den Stiften von denen, die sich einer Reform widersetzten. Der Stiftsklerus schied sich in den Kreis der regulierten Kanoniker und den der Säkularkanoniker.

Neben den aus alten Stiften hervorgegangenen reformierten Stiften entstanden neue Stifte und Kanonikergemeinschaften, die sich am zeitgenössischen Ideal des Mönchslebens entzündeten. Andere Kanonikergruppen fanden sich aus ganz konkreten Anlässen zusammen, z. B. zur Betreuung von Pilgern an gefahrvollen Stellen der großen Pilgerstraßen. Eine Reihe von Kanonien entstand auf diese Weise am Wallfahrtsweg nach Santiago di Compostella. Auch die Gründung der Kanonikergemeinschaft auf dem Großen St. Bernhard gehört in diesen Zusammenhang.

Die regulierten Chorherren, die im Gegensatz zu den Mönchsgemeinschaften nicht nach der anerkannten Mönchsregel — das war immer noch die Regel Benedikts —, sondern nach kirchlichen

Bestimmungen lebten, glichen sich in dieser Zeit doch wieder dem Mönchtum an. Nicht nur in der äußeren Lebensform, die ganz vom asketisch-monastischen Stil geprägt war, sondern auch in der Bindung an eine Regel. Dafür wurde das geistige Erbe Augustins bemüht. In den zeitgenössischen Gründungsurkunden ist mehrfach von der „Regula secundum Augustinum" die Rede, nach der Kanoniker des Stiftes leben sollten. Die „Regula Augustini" war freilich keine einheitliche Größe. Verschiedene Aussagen des großen Kirchenlehrers über das asketisch-monastische Leben liefen damals unter diesem Titel. Doch diese Bindung an Augustin machte die Kanoniker zu 'Augustinerchorherren'. Wohl in den Kanonien Frankreichs präzisierte sich dann die Verpflichtung auf Augustinus in der Befolgung des ordo monasterii, auch „regula recepta" genannt, die als 'ordo novus' weite Verbreitung fand und den Augustinerchorherren wenigstens nach außen hin eine einheitliche Form geben konnte. Allerdings geschah mit dieser „Augustinusregel" das, was früher und immer noch mit der Benediktusregel geschah: Sie war zwar eine offizielle Regel, war aber bei genauem Zusehen doch kaum mehr als eine Metapher, an deren Seite je eigene Konstitutionen traten, die das Leben im einzelnen Stift oder in Klosterverbänden, die sich zu den gleichen Konstitutionen bekannten, bestimmte. So entstanden größere Gemeinschaften von Kanonikern, die eigentlichen Repräsentanten des Augustinerchorherrenordens: St. Rufus in Avignon, St. Quentin in Beauvais, St. Maria Portuensis in Ravenna, Marbach im Elsaß, Rottenbuch in Bayern u. a. [11].

Neben den alten ordo monasticus, der sich allerdings bereits in recht viele und verschiedene Observanzen aufgeteilt hatte, war nun der neue ordo canonicus mit seinen Familien getreten. Die Gründung eines Kanonikerstiftes, das tägliche Leben dort und

[11] Vgl. dazu das oben angegebene Werk von J. Siegwart (mit weiterer Literatur über die Chorherren). Derselbe Verfasser veröffentlichte auch die Statuten der Chorherren von Marbach: Die Consuetudines des Augustinerchorherrenstiftes Marbach im Elsaß (Freiburg/Schweiz 1965).

auch die Tätigkeit wichen freilich nicht sonderlich weit von traditionellen Mönchsklöstern ab. Die Betonung der Eigenart und Besonderheit war deshalb meist literarische Angelegenheit. Und hier wurde recht erbittert gekämpft. Das benediktinische Mönchtum einigte sich dabei wieder zur geschlossenen Phalanx. Es pochte auf sein Alter und seine Ursprünglichkeit. Es war nicht bereit, die Kanoniker gleich ihm als die vollkommene Weise christlichen Lebens anzusehen. „So weit der Himmel von der Erde entfernt ist und die Synagogen der Juden von der christlichen Kirche, ebenso sehr ist das Leben der gewöhnlichen Kleriker verschieden von dem der regulierten." [12] Mit diesem lapidaren Satz war die alte Trennmauer zwischen Kloster und Welt wieder aufgerichtet. Aber nun wurden innerhalb der klösterlichen Welt neue Mauern aufgebaut. Die Verteilung des größeren und geringeren Wertes innerhalb des Standes der Vollkommenheit war so einfach nicht. Rupert von Deutz als Vertreter des Benediktinertums ahnte die Gefahr der Auseinandersetzung, wenn er 1 Kor 1, 12 auf die konkurrierenden Stifte und Klöster anwendet: „Ich halte zu Augustinus, ich zu Benedikt; ich stehe zu dieser Regel, ich zu jener — ich aber zu Christus. Augustinus war Bischof. Benedikt bloß Mönch; da der Bischof zweifellos mehr ist als ein Mönch, steht der Augustinerchorherrenorden auch höher als der Benediktinerorden." [13] Die Polemik füllte lange Seiten. Beide Parteien beanspruchten das 'Erstgeburtsrecht' und gruben die alten apologetischen Ansichten über die Anfänge des Mönchtums aus, um sie je in ihrem Sinn zu deuten. Zu einem Privileg aus dem Jahr 1092 für das Stift Rottenbuch in Bayern schrieb Papst Urban II. (1088—1099) z. B.: „Die Lebensform der Kanoniker hat Papst Urban I. (222—230!) eingeführt, Augustinus hat sie mit seinen Regeln geordnet, Hieronymus hat sie mit seinen Briefen ausgestaltet und Gregor der Große hat dem Bischof Augusti-

[12] So in dem anonymen Traktat De vita vere apostolica (Migne, PL 170, 638).

[13] Super quaedam capitula regulae divi Benedicti abbatis (Migne, PL 170, 525).

nus von England befohlen, sie dort zu verbreiten.“ [14] Der Papst hat einen seiner altkirchlichen Vorgänger zum Begründer des Chorherrenordens gemacht und unter der Hand die monastische Überlieferung für die Chorherren vereinnahmt. Natürlich stand solche Behauptung wieder nicht unter dem Diktat der Geschichte, sondern der Apologetik zugunsten des eigenen Hauses. Der deutsche Prämonstratenser Anselm von Havelberg (gest. 1158), also ein Vertreter der Kanoniker, verteidigte gleicherweise seine Lebensform gegenüber dem Mönchtum und insistierte dabei besonders auf der höheren Würde des Priestertums, die die Kanoniker auszeichnete — allerdings waren längst nicht alle Chorherren Priester, wie auch damals die meisten Mönche bereits Priester waren! —, kam dann aber doch zu einem höflichen Ausgleichsangebot, indem er darauf hinwies, daß alt oder neu in Sachen christlicher Vollkommenheit doch recht wenig besagen: „Es gibt Altes, das gut ist, und ebenso gibt es Neues, das gut ist. Es gibt aber auch Altes, das schlecht ist, und ebenso Neues, das schlecht ist. Alt oder neu bringt keiner Sache Autorität ein; sie nehmen aber auch keiner Sache ihre Würde.“ [15]

Tatsache war, daß der Chorherr im späten 11. Jh. an die Seite des Mönchs getreten war; daß die Zeit seine Lebensweise anerkannte und die großzügige Förderung der Chorherren durch die Päpste wie Alexander II. (1061—1073), Gregor VII. (1073 bis 1085), Urban II. (1088—1099) und Paschalis II. (1099—1118), die die Stifte in ihre Kirchen- und Reichspolitik einspannten, ihre Ausbreitung nachhaltig förderten. Wenn oben von dieser Zeit als dem „Jahrhundert des hl. Bernhard von Clairvaux“ gesprochen wurde, so darf nun gesagt werden, daß in eben diesem Jahrhundert die Chorherren auf dem Mönch- und Kirchenfeld neben den Zisterziensern standen.

Die neuen Gemeinschaften und religiösen Verbände des 11. Jh.

[14] Zitiert nach J. Mois, Das Stift Rottenbuch in der Kirchenreform des XI.—XII. Jh. Ein Beitrag zur Ordensgeschichte der Augustinerchorherren (München 1953) 52.

[15] Ep. apologetica (Migne, PL 188, 1122—1123).

beweisen die Wandelbarkeit und Anpassungsfähigkeit des Ordensgedankens. Intensives religiöses Leben, vorbehaltlose Christlichkeit war im Mittelalter nur denkbar in der Weise der Ordensgemeinschaft, in der Befolgung einer Regel, im Versprechen lebenslang bindender Gelübde, in der Unterordnung unter einen Oberen und Einbindung in eine festgeordnete, gegliederte Gemeinschaft. Das galt auch für ganz zeitbedingte Anlässe — etwa, wie oben erwähnt, Kanonikate für Pilgerbetreuung. Das führte im 12. Jh. auch zur Gründung der Ritterorden, deren konkreter Anlaß die Kreuzzüge waren. Die Templer, 1119 durch Hugo von Payens mit acht Gefährten zum Schutz der Palästinapilger gegründet, und die Johanniter, schon 1070 zur Pflege kranker Pilger in Jerusalem entstanden, sind die ältesten und bekanntesten Gründungen dieser Zeit. Für die Templer hatte Bernhard von Clairvaux eine eigene Propagandaschrift verfaßt (›De laude novae militae ad milites Templi‹). Auch hier floß der alte Ordensgedanke mit zeitbedingter Notsituation zusammen und fächerte die klösterliche Lebensform weiter auf.

Das Ergebnis dieses Zeitabschnittes für die Geschichte des Mönchtums ist einmal die weite Ausbreitung des Mönchslebens in der Kirche und zum anderen die starke Differenzierung der monastischen Lebensform. Der schon erwähnte Anselm von Havelberg konnte die Neuschöpfungen und die verschiedenen Richtungen innerhalb des Mönchtums nur bestaunen — quot novitates in ecclesia! —, immerhin hatte er auch das geistige Vermögen, sie positiv zu werten: Es ist die Einheit des Glaubens, die sich eben in verschiedenen Formen ausdrückt! [16].

[16] Dialogus: SC 118, 34.

DIE BETTELORDEN

Anselm von Havelberg hätte noch mehr gestaunt, hätte er die Neuerungen in Ordensleben des folgenden Jahrhunderts erleben dürfen. Wohl lebten die alten und eben neu entstandenen Orden weiter. Mitglieder ihrer Klöster brachten es im 12. Jh. zu eigener beachtlicher literarischer Arbeit; in den Schreibstuben der Benediktiner-, Zisterzienser-, Prämonstratenser- und Chorherrenklöster entstand eine monastische Theologie — Ausdruck eines „monastischen Humanismus" — die durch das Übergewicht der mittelalterlichen Scholastik gern übersehen wird, aber durchaus Achtung verdient [1]. Doch um die Jahrhundertwende zeigte es sich deutlich, daß das religiöse Leben nach neuen Lebens- und Gemeinschaftsformen suchte. Das alte Mönchsideal, dessen Verwirklichung sich schon so weit differenziert hatte, sollte seine Wandelbarkeit und Anpassungsfähigkeit von neuem beweisen. Die alten Mönchsgemeinschaften hatten auf dem Land gesiedelt, dort Kultur- und teilweise auch Missionsarbeit geleistet. Sie waren an das Argrarsystem und an die feudale Struktur gebunden. Die Stadt, der Bürger und der Kaufmann, die jetzt die Gesellschaft prägten, waren von ihnen nicht erfaßt. In dieser Schicht lagen aber die Träger neuen religiösen Anspruchs. Sie drängten auf Lebensformen, die ihrem Milieu angepaßt waren. Die städtische Bevölkerung — besonders in Mittelitalien und in Südfrankreich —, gleich ob arm oder reich, suchte nach ihrer religiösen Form; Armut und Drang nach Gemeinsamkeit waren ihr eigen. Die unverbildete und unbelastete Hinkehr zur Schrift und zum Leben Jesu waren ihre Quelle. Mißtrauen oder gar Feindschaft gegenüber dem Kloster und der Hierarchie waren häufig damit

[1] J. Leclercq, Wissenschaft und Gottverlangen. Zur Mönchstheologie des Mittelalters (Düsseldorf 1963).

verbunden. Die unmittelbare Begegnung mit der Bibel führte zu eigenwilliger Auslegung, zu freier, da und dort auch schwärmerischer Laienpredigt. Die aufgebrochene Armutsbewegung mit ihrer gemeinschaftsbildenden Kraft war nicht leicht innerhalb der Kirche zu halten. Innozenz III. (1198—1216) versuchte ernstlich die Integration. Sie gelang ihm bei den oberitalienischen Humiliaten, teilweise auch bei den in Frankreich entstandenen Waldensern. Das von diesem Papst einberufene IV. Laterankonzil von 1215 stellte zwar fest, daß es für die religiösen Gemeinschaften keine andere Norm als die Regeln Benedikts oder Augustins geben könnte und wollte deshalb jede neu entstehende Gemeinschaft in diese Form zwingen. Offensichtlich bestimmten auf dem Konzil die Vertreter der alten Orden die öffentliche Meinung. Der Papst selbst hatte dagegen möglicherweise verlangt, daß die alte Idee der vita communis, die geforderte vita apostolica und evangelica auch in neuen Formen gelebt werden konnte. Tatsächlich war es die Zeit seines Pontifikates, in der in der Geschichte des abendländischen Mönchtums der Durchbruch zu neuen Ufern gelang. Freilich muß gleich dazu gesagt werden, daß man auch auf dem Weg zu neuen Ufern von den alten ausgeht und ihnen verbunden bleibt. Die Neuheit war der mittelalterliche Bettelorden, das kirchliche Ergebnis des spontanen Evangelismus und der apostolischen Armutsbewegung.

Zusammenhang mit der überkommenen Tradition und zeitbedingte Anpassung zeigt vor allem der älteste Bettelorden. Es ist der Orden der Predigerbrüder, die in Dominikus von Guzmán (geb. um 1170 in Caleruega/Spanien, gest. 1221 in Bologna) ihren Gründer verehren [2]. Dominikus wurde früh Mitglied des reformierten Chorherrenstiftes in Osma. Seine geistige Heimat war damit die monastisch-kanonische Lebensform, also die moderne Art des mittelalterlichen Klosterlebens. Mit seinem Bischof Diego kam er über die spanische Heimat hinaus und lernte die Unruheherde der ketzerischen Bewegungen, die aus der Kirche hinausdrängten, kennen. Von Papst Innozenz III. wurden die

[2] M.-H. Vicaire, Geschichte des hl. Dominikus (Freiburg 1962—63).

beiden Kanoniker 1206 zur Missionsarbeit in Südfrankreich bestellt. Ausgangspunkt der vom Papst übertragenen Mission wurde Prouille/Languedoc. Hier hatte Diego ein Haus für Frauen, die von den Katharern zur katholischen Kirche zurückgefunden hatten, eingerichtet. Eine rechtgläubige Haus- und Lebensgemeinschaft sollte für die bekehrten Frauen Raum ihres kirchlichen Lebens und Dienens sein. Dieses Institut führte Dominikus weiter. Er knüpfte dabei deutlich an die häretische Art an und baute deren Seelsorgepraxis geschickt in seine eigene Missionsarbeit ein. Das Frauenheim in Prouille wurde auch Stützpunkt für die Wanderprediger, die sich um Dominikus versammelten und die „praedicatio Jesu Christi" in die stark von den Katharern beherrschte Languedoc hinaustrugen. Bald wechselte die Predigergemeinschaft nach Toulouse, wo ihnen Bischof Fulko ein Haus überlassen hatte. Die „predigenden Kanoniker" waren damit zu einer Gemeinschaft von Diözesanpredigern geworden. Das Haus in Toulouse nahm den Charakter des Absteigequartiers an, in dem man nach vertrauter Kanonikerart lebte; aber zum Raum, in dem man lebte, betete und arbeitete, wurde die ganze Diözese. 1215 suchte Dominikus nach einer päpstlichen Bestätigung des entstandenen Unternehmens. Der Kanon 13 des Laterankonzils untersagte Neugründungen von Ordensgemeinschaften. Der Hinweis auf die Augustinusregel, den das Konzil selbst gegeben hatte, bot hilfreichen Ausweg. Der aus dem Kanonikertum kommende Dominikus konnte seine Gemeinschaft auf diesen Codex verpflichten. Die Regel selbst war offen genug für die neue Interpretation. Hatte sie hundert Jahre früher die verschiedenartigsten Chorherrenklöster einen können, so konnte sie nun als formales Etikett auch den neu entstehenden Predigergemeinschaften dienen. Die Konkretisierung der Lebensform geschah ohnehin in neu zu schaffenden Konstitutionen. Die Annahme der Augustinusregel sicherte der neuen Gemeinschaft ihren Bestand. Die päpstliche Bestätigung, die durch Honorius III. 1216 und 1217 geschah, wandelte die Diözesanmissionare Südfrankreichs in Prediger für die Gesamtkirche um. Damit weitete sich der Arbeitsraum, die ursprünglich auf Ketzerbelehrung abgestellte Predigt wurde zur Verkündigung des Evangeliums im Auftrag des Papstes in der ganzen Kirche.

Die Predigerbrüder des Dominikus gaben sich auf dem Generalkapitel in Bologna im Jahre 1220 eine erste Verfassung, die von den folgenden Generalkapiteln ergänzt und entsprechend der Entwicklung des Ordens weiter ausgebaut wurde. Die Verfassung erweist den Orden der Prediger als Personalverband: Man kann den Predigerorden als ersten solchen Verband in der Geschichte des abendländischen Mönchtums ansehen. In den traditionellen monastischen und kanonikalen Gemeinschaften war das monasterium die Lebenseinheit. Das monasterium ist an einen bestimmten Ort gebunden, genauer an eine Kirche mit ihren Heiligen. Diese Einheit umfaßt auch wirtschaftliche Macht und juristische Vollmacht. Der Mönch fügt sich durch seine Profeß der ortsgebundenen Gemeinschaft ein und geht mit ihr im Dienst am Heiligtum auf. Im Personalverband fällt diese Ortsbindung. Wer sich ihm anschließt, tritt in den Orden ein, nicht in ein bestimmtes Kloster. Der Orden weist ihm sein Kloster zu, das sich als „conventus" versteht. Im Konvent lebt man einfach als Gemeinschaft zusammen und stellt sich in den Dienst der Gesamtkirche, der Diözese oder der Stadt. Die Einheit des so in weiter Zerstreuung lebenden Ordens bleibt trotzdem gewahrt. Die verpflichtenden Konstitutionen schaffen das einigende Band des ortsunabhängigen Personalverbandes. Sie geben dem Orden nach außen hin feste Geschlossenheit, die den Predigerorden von der bürgerlichen Lebensform und auch von anderen monastischen Gemeinschaften abhebt. Sie geben ihm auch nach innen die Einheitlichkeit, die in den Konventen ein reguläres Ordensleben sichert und die weitverstreuten Häuser wieder zusammenbindet. Eine straffe Organisation, die monarchische und demokratische Elemente geschickt vermischt, faßt den gesamten Orden zusammen. Die Konvente werden in territorial gegliederte Provinzen zusammengeschlossen; den Konventsoberen (Prior) wählt der jeweilige Konvent; die Provinzialoberen werden von den Provinzialkapiteln (den Vertretungen der einzelnen Konvente) gewählt, während der Generalobere (Generalmagister) vom Generalkapitel (der Vertretung der Provinzen) in sein Amt gewählt wird. Sicher ist der Personalverband dieser Art eine epochale Neuerung in der Geschichte des Mönchtums. Doch es ist durchaus an die älteren monastischen Verbände zu erinnern, die schon die ortsgebundenen und ihrem Heiligtum verpflichteten Klöster zusammengeschlossen hatten. Die dort liegenden Ansätze konnten freilich erst im Verband nichtselbständiger Konvente und ortsungebundener Personen voll zum Tragen kommen. Auch die Union durch verbindliche Statuten war in den älteren Verbänden vorgebildet, wie auch das Instrument des Generalkapitels als oberste rechtssetzende Gewalt im Orden; der Kanon 12 des 4. Laterankonzils hatte das Generalkapitel allen Orden als feste Einrichtung auferlegt. Der im Predigerorden geschaffene Personalverband konnte sich deshalb mit Recht an die Seite der alten Orden stellen und in der notwendigen Selbstverteidigung auch durchaus als rechtmäßige Deutung des alten Mönchsideals ausgeben. Die Neuheit sollte keine Trennmauer zur alten Form hin aufrichten, im Gegenteil: Das Neue sollte als zeitgemäße Vollendung des Alten angesehen werden: „Dominikus war Kanoniker durch seine Profeß, Mönch durch die Strenge seines regeltreuen Lebens; doch — indem die Gnade sich vermehrte — überbot er das noch durch die Grundsätze des apostolischen Lebens.“ [3]

Das traditionelle Etikett der Apostolizität mußte auch von der neuen Predigergemeinschaft beansprucht werden. Es bot einmal die Möglichkeit, die Kontinuität mit den bisherigen Formen des Mönchslebens aufzuzeigen. Zum anderen bestand die Notwendigkeit, den häretischen Kreisen den Alleinanspruch auf das „apostolische Leben“ zu entreißen. Die „vita apostolica“ hatte ja bereits ihre Wandlungsfähigkeit bewiesen. Sie war von den Mönchen beansprucht worden, dann hatten sie die Kanoniker für sich gefordert — und nunmehr nahmen sie auch die parallellaufenden häretischen Bewegungen für sich in Anspruch. Die Dominikaner stellten nun darauf ab, die bisherigen Formen zu

[3] Zitiert nach M.-H. Vicaire, L'imitation des Apôtres (Paris 1963) 68.

überbieten: Sie legen Wert auf die Armut, in der sie den armen Aposteln und dem armen Christus nachfolgen. Denn sie haben alles verlassen, ziehen durch die Welt und verkünden das Evangelium genau in der Weise, die der Herr nach Mt 10, 9—20 seinen Aposteln aufgetragen hat. Diese Behauptung mußte selbstverständlich bewiesen werden. Die Predigttätigkeit und die Freiheit von fester Ortsbindung waren leicht einzusehen. In der Verwirklichung der Armutsforderung versuchten die Dominikaner gegenüber dem traditionellen Mönchtum und seiner Armutskonzeption neue Wege zu gehen. Die persönliche Armut des einzelnen Mönchs hatte sich dort mit dem gemeinsamen Besitz des Klosters verbunden. Doch der sich im 13. Jh. vollziehende Übergang von Natural- zur Geldwirtschaft, von einer vorwiegend von der Landwirtschaft bestimmten Wirtschaftsstruktur zum städtischen Frühkapitalismus eröffnete neue Wirklichkeiten für die alte monastische Armutsforderung. Die städtische Bürgerschaft ermöglichte den Niederlassungen der Predigerorden, ohne Besitz und feste Einkünfte — sine redditibus, sine possessionibus — zu leben. Nicht nur der einzelne Predigerbruder, sondern auch die Gemeinschaft konnte nun arm sein. Freilich war die Armut im Predigerorden nicht Selbstzweck, sie war Mittel und ihre Verwirklichung konnte auch wieder andere Formen annehmen.

Aber zunächst war die so gelebte Armut eine kräftige Waffe gegen ketzerische Gruppen. Denn nun traten ihnen kirchliche Prediger entgegen, die Ernst machten mit der Forderung, der Priester müsse „nackt dem nackten Christus" folgen. Den häretischen Predigern, die aus eigener Vollmacht das Evangelium verkündeten, standen nun Prediger gegenüber, die sich gleich ihnen auf die Wanderung begaben, sich der gleichen Armut verpflichtet hatten, aber ihre Verkündigung als kirchlichen Auftrag ausführten. Die Predigttätigkeit im Dienste der Kirche führte zur Regelung des Studiums im Orden, die in der Gesetzgebung ihren Niederschlag fand. Kein Konvent sollte ohne Prior und Lehrer sein. Das Studium sollte wesentliche Aufgabe des Dominikaners werden. Die Ordenskonstitution forderte die Errichtung eines zentralen Studienhauses für jede Ordensprovinz, die fähigsten Nachwuchskräfte sollten an den Universitäten ausgebildet werden. Schon 1216 hatte Dominikus einen Teil seiner Brüder nach Paris geschickt, damit sie dort studierten und einen Konvent gründeten. Die Ordnung der Studien innerhalb des Ordens geschah nach dem Vorbild der Universitätsstudien, in deren Lehrbetrieb die Dominikaner bald feste Positionen eroberten (Paris, Bologna, Köln, Oxford u. a.). Die Forderung des Studiums im Interesse der Predigt, die in Wirklichkeit freilich nicht immer voll erfüllt werden konnte, gab dem Dominikanerorden das Gepräge eines ordo studentium [4]. Die so verfaßte Ordensgemeinschaft wuchs schnell über ihre Ursprungsgebiete hinaus. In der unmittelbaren Bindung an den Papst — deutliches Zeichen dafür auch die Residenz des Generalmagisters in Rom — wurde die Gesamtkirche zum Arbeitsfeld. Im Jahre 1221 wurde in Köln der erste deutsche Dominikanerkonvent gegründet; das deutsche Element war in den ersten Jahren des Ordens besonders stark vertreten; der Nachfolger des Gründers in der Ordensleitung war ein Deutscher: Jordan von Sachsen (1222—1237) und von 1241—1252 leitete wieder ein Deutscher den Orden: Johannes von Wildeshausen. Am Ende des Jh. zählte der Orden in Deutschland mehr als 90 Konvente, die 1303 in zwei Ordensprovinzen zusammengefaßt wurden (Teutonia und Saxonia). Die Tätigkeit der Dominikaner war längst über die Ketzerpredigt hinausgewachsen; eine folgenreiche Erinnerung an diese Erstaufgabe war die von 1232 an in päpstlichem Auftrag übernommene Inquisition. Hinzugekommen war die Missionsarbeit im Norden und Osten Europas, dann im Orient und im fernen Asien. Die Lehrtätigkeit an den Universitäten (Albertus Magnus, Thomas von Aquin u. a.) wurde schon erwähnt. Der gewöhnliche Predigerkonvent aber, in der Stadt gelegen und in besonders enger Verbindung mit der Stadt lebend, hatte in der Seelsorge der städtischen Bevölkerung sein wichtigstes Aufgabengebiet. Die mittel-

[4] I. W. Frank, Die Spannung zwischen Ordensleben und wissenschaftlicher Arbeit im frühen Dominikanerorden = Archiv für Kulturgeschichte 49 (1967) 164—207.

alterliche Pfarrei, vorab eine Rechtsinstitution, ließ in der Seelsorge weite Freiräume, in die die Dominikaner (und neben ihnen die anderen Bettelorden) vordrangen. Das selbstbewußte städtische Bürgertum nahm das seelsorgerliche Angebot der Ordensleute an, forderte ihre Arbeit, förderte sie und spannte die Mendikantenniederlassung auch in ihre eigenen Pläne ein. Diese Entwicklung brachte die neuen Orden in Konkurrenz mit dem Weltklerus, die sich in heftigen Auseinandersetzungen niederschlug.

In der Frühzeit des Ordens hatten die Dominikaner die Sorge für bekehrte Frauen übernommen. Sie blieben bei dieser Aufgabe und lenkten damit die religiöse Frauenbewegung des 13. Jh. in feste, kirchliche Bahnen. Dominikus gründete einen zweiten Orden für Frauen, der in der Folgezeit zum Vorbild weiterer Frauengemeinschaften werden konnte. In der geistlichen Führung und Betreuung der Frauenklöster wuchs den Predigern ein neuer Wirkungsbereich zu. Über die beiden Ordenszweige trugen die Dominikaner ihr religiöses Ideal hinaus und erfaßten Christen in der Welt, die als „Brüder und Schwestern von der Buße des hl. Dominikus“ zum dritten dominikanischen Orden wurden.

Gleichzeitig mit den Dominikanern bildete sich in Italien der zweite Bettelorden heraus. Es ist die gleiche kirchlich-religiöse Umwelt und die gleiche zeitgeschichtliche Folie, die hinter dieser neuen Gründung stehen. Allerdings ist der neue Orden viel stärker von der Gründerpersönlichkeit geprägt worden als die Dominikaner. Dominikus starb 1221; sein Tod bedeutete für den Orden weder einen Bruch noch eine Katastrophe. Sein Anstoß war in eine Institution übersetzt worden und diese trug das Werk weiter. Anders war es mit Franz von Assisi und dessen „Minderen Brüdern“ [5]. Franz (Giovanni Bernardone) wurde 1181 in Assisi geboren. Der neuerworbene Reichtum des Elternhauses

[5] Zu den beiden Gründerpersönlichkeiten vgl. K. Elm, Franziskus und Dominikus. Wirkungen und Antriebskräfte zweier Ordensstifter = Saeculum 23 (1972) 127—147.

und die persönliche Begabung rückten den jungen Mann in den Mittelpunkt der Stadtjugend. Um Ritterehre zu erlangen, nahm Franz am Städtekrieg zwischen Assisi und Perugia (1202) teil, der für ihn in einjähriger Gefangenschaft endete. Jugendliche Pläne waren damit zerschlagen. Eine Krankheit drängte in religiöse Krise, die zur Bekehrung führte. Mittelalterlicher Evangelismus und die allgemeine Armutsbewegung wurden von ihm spontan und individuell erlebt. Auf der Suche nach dem gottgewollten Lebensweg pflegte Franz Aussätzige, stellte zerfallene Kapellen in der Umgebung von Assisi wieder her und führte ein Bettlerleben. Von seinem Vater in aufsehenerregendem Prozeß enterbt, stellte er sich unter den Schutz des Bischofs von Assisi (1206/07. Die Entdeckung von Mt 10, 9—16 als eigenes Lebensprogramm reihte auch Franz in die zeitgenössische Verwirklichung der „vita apostolica“ ein [6].

Gefährten schlossen sich an, die sein Leben teilen und sich von ihm führen lassen wollten. „Nachdem mir der Herr Brüder gegeben hatte, zeigte mir niemand, was ich zu tun hätte, sondern der Allerhöchste selbst hat mir geoffenbart, daß ich nach der Weise des Evangeliums leben sollte.“ [7] Mit solchem Selbstverständnis machte sich Franz die allgemeine Beanspruchung des Evangeliums als bindende Lebensnorm zu eigen. Er selbst und seine Brüder sollten einfach evangelisch leben. Armut, brüderliche Gemeinschaft und Bußpredigt in Wort und Tat sollten die Kennzeichen dieser evangelischen Lebensgemeinschaft der Minderen Brüder sein. 1210 ließ sich Franz diese Lebensweise von Papst Innozenz III. bestätigen. Die Bestätigung nahm den Minderbrüdern aus Assisi den Verdacht eines häretischen Zirkels und öffnete der kleinen Gemeinschaft den Weg zum großen Orden der Kirche. Die franziskanische Interpretation der „vita evangelica“ fand schnell weiten Anklang. Die kleine Kapelle Portiuncula bei

[6] Die Literatur über Franz von Assisi ist außerordentlich reich. Eine gute Einführung in die geistig-religiöse Welt des Ordensstifters bietet die deutsche Ausgabe seiner Schriften von K. Eßer—L. Hardick (Werl 1956).

[7] Testament 4 (Eßer—Hardick 95).

Assisi war Zentrum und Sammelpunkt der Bewegung. Aber Franz schickte seine Brüder mit seiner Botschaft ins Land hinaus. Bereits 1212 schloß sich ihm Klara von Assisi an, die bald mit ihren Schwestern in San Damiano bei Assisi ihre Bleibe fand. Damit war der zweite franziskanische Orden geboren (Klarissen). Auf der Basis der 1210 mündlich von Papst Innozenz III. bestätigten Regel breitete sich der Orden weiter aus, allerdings ohne sicheres Konzept und klare Organisation. Die Spontaneität und Religiosität des Gründers war aber unmöglich das Charisma all seiner Brüder. Aufnahme in die Gemeinschaft, Erziehung und Ausbildung im Orden, Tätigkeit der Brüder waren in keiner Weise geklärt. Man wollte religiös leben (religiose vivere); dieses Vorhaben verband die neue Gemeinschaft mit den alten Orden. Man wollte gleich ihnen die Welt verlassen (saeculum relinquere), aber man blieb mitten in dieser Welt und unter den Menschen. Man verstand sich selbst als Orden und auch die Umwelt teilte diese Auffassung; aber man wollte doch etwas Anderes und Neues sein. In diesem Prozeß schälten sich einige bleibende Elemente des Ordenslebens heraus, die zwar neue Daseinformen ermöglichten, aber auch die Kontinuität mit dem Bisherigen wahrten. Eine Gemeinschaft, die sich aus religiösen Beweggründen zusammenfand, führte eine vita religiosa, die sich von der vita saecularis unterschied — ganz gleich, wo sich diese Gemeinschaft ansiedelte. Die Bindung an eine feste Lebensnorm, deutlich gemacht in verpflichtenden Versprechen (der professio), ließ die Gemeinschaft zum ordo werden, auch wenn sie nur als weitverstreuter Personalverband in Erscheinung trat. Im 2. Jahrzehnt des 12. Jahrhunderts fanden die Franziskaner zu dieser neuen Form des Ordenslebens. Franziskus hatte in der Zwischenzeit sich mehrmals als Missionar unter den Heiden versucht; 1219 hatte er in Ägypten vor dem Sultan El'Kamil predigen und seinen Brüdern die Predigterlaubnis in dessen Herrschaftsgebiet erwirken können. Aber dann drängte die ungeklärte Situation seiner Brüderschaft auf seine Anwesenheit in Italien. Im Jahre 1221 versammelten sich mehr als 3000 Brüder bei Portiuncula zum sog. Mattenkapitel. Eine ausführliche Lebensordnung (regula non bullata) wurde verabschiedet [8]; offiziell wurden Brüder in alle europäischen Länder ausgesandt, um die schon angebahnte weltweite Ausbreitung des Ordens fortzusetzen. Franz selbst trat von der Leitung des Ordens zurück. Peter Catanii wurde als Generalvikar eingesetzt, dem bald Elias von Cortona folgte. Freilich blieb sich der Gründer seiner Verantwortung um den Orden bewußt. Mit Hilfe der päpstlichen Kurie, besonders des Kardinals Hugolin von Ostia (des späteren Papstes Gregor IX.) schrieb er 1223 eine neue Regel, die am 29. November 1223 von Papst Honorius III bestätigt wurde. Sie verpflichtet die ganze Brüderschaft auf das evangelische Leben: „Das ist die Regel und das Leben der Minderen Brüder. Unseres Herrn Jesu Christi heiliges Evangelium zu beobachten durch ein Leben in Gehorsam, ohne Eigentum und in Keuschheit." [9] Sie drückt die besondere Gehorsamsbindung dem Papst gegenüber aus, die auch sichtbar wird in dem Gebot, daß der Orden sich vom Papst einen Kardinal erbitte, „der diese Bruderschaft lenke, in Schutz und Zucht nehme, auf daß wir allezeit den Füßen der hl. Kirche untertan und unterworfen, feststehen im katholischen Glauben . . ." [10]. Die Brüder werden zur Arbeit verpflichtet, von der sie leben sollen; die Predigt unter Gläubigen und Ungläubigen wird als besonderes Aufgabengebiet genannt. Die Aufnahme in den Orden wird geregelt; vom gemeinsamen Beten der Brüder wird gesprochen. Die Armut, von Franziskus in harter Wirklichkeit erlebt und fast kultisch gefeiert, bleibt hervorstechendstes Kennzeichen der Brüderschaft: Der Einzelne und die Gemeinschaft leben arm und besitzlos, selbst die bloße Annahme von Geld bleibt untersagt. Kurz vor seinem Tode schrieb Franziskus ein Testament, ein geistliches Vermächtnis für seine Brüder, damit sie ihre Regel „besser katholisch beobachten" könnten. Es enthielt die harte Verpflichtung, die Regel ohne Erklärung und Deutung

[8] Text bei Eßer—Hardick 51—77.

[9] Regel 1 (Eßer—Hardick 80).

[10] Regel 12 (88); es ist die erste Erwähnung des sog. Kardinalprotektors, der in der Folgezeit für alle Orden eingeführt wurde.

— regula sine glossa — zu befolgen [11]. Zwischen den Zeilen des beschwörenden Textes ahnt man den beginnenden Streit um das Erbe des Poverello. 1226 ist Franziskus von Assisi gestorben und hinterließ seine zahlreiche Brüderschaft einem ungewissen Schicksal [12].

Der Orden der Minderen Brüder hatte sich bereits in ganz Europa und im Vorderen Orient ausgebreitet. Die bereits unter dem Generalat des Br. Elias von Cortona (1232—1239) sich deutlich abzeichnende Klerikalisierung des Ordens eröffnete den Franziskanern das gleiche Tätigkeitsfeld, das sich bereits die Dominikaner erobert hatten. Die enge Verbindung zur römischen Kurie ermöglichte und förderte auch bei den Franziskanern eine Wirksamkeit in der gesamten Kirche. Seelsorgetätigkeit in der Stadt — das Franziskanerkloster wird wie das Dominikanerkloster eine Angelegenheit der Stadt [13] — Heidenmission im mohammedanischen Nordafrika und Vorderen Orient, eine Sendung, die um die Jahrhundertmitte die Franziskanermissionare bereits bis nach China führte, Lehrtätigkeit an den Universitäten (Paris, Oxford, Köln), die auch die Franziskaner zu einem ordo studentium machte. Die zahreichen Niederlassungen, geleitet von einem Guardian, waren in Provinzen (und Kustodien) zusammengefaßt. An ihrer Spitze standen die Provinzialminister; die Leitung des Gesamtordens lag in den Händen des von den Provinzialoberen gewählten Generalministers. Die Nomenklatur der franziskanischen Oberen, von Franziskus selbst verfügt, drückt eine neue Sicht des Obernamtes aus: „Die Brüder sollen mit ihnen reden und umgehen können wie Herren mit

[11] Text bei Eßer—Hardick 94—98.

[12] Zur franziskanischen Ordensgeschichte vgl. H. Holzapfel, Handbuch der Geschichte des Franziskanerordens (Freiburg 1909); K. Eßer, Anfänge und ursprüngliche Zielsetzung des Ordens der Minderbrüder (Leiden 1966); J. Moorman, A History of the Franciscan Order from its Origins to the Year 1517 (Oxford 1968).

[13] B. E. J. Stüdeli, Minoritenniederlassung und mittelalterliche Stadt (Werl 1969).

ihren Dienern; denn so muß es sein, daß die Minister die Diener aller Brüder sind." [14] In Deutschland bildeten die von 1221 an in rascher Folge gegründeten Konvente (Augsburg, Würzburg, Worms, Speyer) bereits 1230 zwei Provinzen (Rheni und Saxonia); die rheinische Provinz wurde 1239 in zwei Provinzen aufgeteilt: niederdeutsche (Köln) und oberdeutsche (Straßburg).

Neben den Franziskanern breiteten sich die Klarissen aus. Sie hatten sich eng an die Formen der traditionellen Frauenklöster angeschlossen; lebten in strenger Klausur ein Leben des Gebetes und der Kontemplation. Von den Nonnenklöstern und Kanonissenstiften unterschied sie freilich die Forderung der vollkommenen Armut, in der Klara ganz mit Franziskus übereinstimmte und die die Schwestern als besondere Auszeichnung — privilegium paupertatis — hüteten und verteidigten. Wie die Schwestern des Dominikus gaben nun die Klarissen der religiösen Frauenbewegung die Möglichkeit eines kirchlich anerkannten und allgemein geforderten Klosterlebens. Mit dem franziskanischen Weg war hier eine dringend gesuchte neue Lösung gefunden. Die zahlreichen Laien, besonders die Frauen, die zu einem intensiven religiösen Leben drängten und sich allenthalben in Gemeinschaften zusammenfanden, gerieten zu leicht in den Verdacht der Ketzerei, des häretischen Konventikels. Eine kirchlich anerkannte Lebensweise mußte von genau bestimmten Normen und Regeln, Vorschriften und Strafbestimmungen erfaßt sein. Die vita religiosa mußte sich als geordnetes Leben zeigen. Bei der kirchlichen Einbindung der religiösen Laienbewegung des 13. Jh. ging es nicht um Ausdehnung der kirchlichen Macht, es äußerte sich darin die mittelalterliche Überzeugung, „daß auch das religiöse Leben erst dann und nur dann seinen wahren Wert und zugleich seine Sicherheit und Beständigkeit haben kann, wenn es durch feste Ordnungen eingefügt ist in den universalen, in den richtigen Ordo der christlichen Welt" [15].

Bei der schnellen Ausbreitung des zweiten franziskanischen

[14] Regel 10 (87).

[15] W. Grundmann, Religiöse Bewegungen des Mittelalters 200.

Ordens muß freilich auch in Rechnung gebracht werden, daß gar nicht wenige schon bestehende Frauengemeinschaften ohne genau geregelte Lebensform nun einfach die Lebensordnung Klaras annahmen und so zu Klarissen wurden.

In der Ausweitung der franziskanischen Aktivität und Strahlungskraft über die Klausurmauern hinaus fügte sich dem Orden ein weiterer Kreis von Sympathisanten und Gefolgsleuten an — wiederum in Parallele zu den Dominikanern. Ein dritter franziskanischer Orden entstand aus Bruderschaften, ebenfalls Ergebnisse und Zeugnisse der lebendigen religiösen Laienbewegung, die nach Führung und Schutz durch anerkannte und große Ordensgemeinschaften suchten.

Während sich der Orden in seinen drei Familien ausbreitete und gegen Gegner aus dem Lager der alten Orden, die mit der Novität dieser vita religiosa nicht zurechtkamen, und aus dem Weltklerus verteidigte (besonders eindrucksvoll der große Lehrer Bonaventura, gest. 1274 während des Konzils von Lyon und der Dominikaner Thomas von Aquin, gest. ebenfalls 1274 auf dem Weg zum gleichen Konzil), war der Orden selbst alles andere als Friede und Ordnung. Was schon zu Lebzeiten des Gründers aufgebrochen war, nämlich die Schwierigkeit, die Intention des genialen Anregers in lebbare Formen zu fassen, verschärfte sich nach dessen Tode zu ernstem Streit. Ein Streit, der keinesfalls nur die Gelehrten beschäftigte, sondern das Leben, den Alltag in den franziskanischen Niederlassungen unmittelbar betraf. Es ging um die Deutung und Bewahrung des franziskanischen Ethos. Die quaestio franciscana — was hatte der Gründer eigentlich gewollt und wie konnte sein Wollen durch die Zeiten und je verschiedenen Situationen gerettet werden? Franz selbst hatte seine Söhne zum Leben nach dem Evangelium verpflichtet und diese Verpflichtung identifiziert mit dem Leben nach seiner Regel ohne Deutelei. Früh bildeten sich zwei Blöcke im Orden heraus. Der eine folgte dem Programm der regula sine glossa; in ihm sammelte sich eine Gruppe von Brüdern, die Franz selbst erlebt und jahrelang begleitet hatten. Für sie war neben Regel und Testament vor allem Franziskus selbst Lebensnorm, die verbindliche forma minorum. Sie waren der Überzeugung, die Gemeinschaft könnte in ihrem ursprünglichen Zustand erhalten bleiben. Aus diesen Kreisen erwuchsen die Franziskanerspiritualen, die sich allein als die wahren Erben des Franziskus verstanden und in späterer Geschichtsschreibung auch nicht selten so verstanden wurden. Doch bei allem Respekt vor ihrer Strenge und Kompromißlosigkeit wird man in ihrer Anerkennung so weit nicht gehen dürfen. Auch sie konnten ihre eigene Forderung der Regelbeobachtung nach dem Buchstaben nicht erfüllen. Ihre Berufung auf die lebendige Gestalt des Ordensvaters konnte auch von ihnen nicht voll verwirklicht werden, weil eben auch sie das „Maß des Franziskus“ nicht erreichen konnten. Sie wollten sich dem geschichtlichen Prozeß verschließen, der sich bereits der franziskanischen Gründung bemächtigt hatte. Das jeder Ordensgemeinschaft eigene Problem von Treue zum Ursprung und je notwendiger Anpassung, die Spannung von Anfang und Weiterbildung läßt sich auf diese Weise nicht lösen. Hinzu kommt, daß die Spiritualen sich bald für die apokalyptischen Ideen des Joachim von Fiori (gest. 1202) begeisterten und das von ihnen verkündigte Zeitalter des Hl. Geistes mit Franziskus angebrochen sahen. Franz wurde von ihnen zu einem „unerhörten weltgeschichtlichen Mythos“ erhoben und sein Orden — in der Sicht und Verwirklichung der Spiritualen — zum einzigen Orden der Endzeit erklärt. Dieses Programm war ganz bestimmt nicht von der Person des Armen aus Assisi gedeckt, noch ließ es sich mit dem Anspruch eines Lebens nach der regula sine glossa auf einen Nenner bringen. Die Verbindung mit dem Joachimitismus machte extreme Spiritualen außerden zu Häretikern, die im Orden und von der Kirche schließlich bitter und hart verfolgt wurden.

Der andere Block, der ebenfalls schon zu Lebzeiten des Ordensgründers bestanden hatte, kann als Gruppe der ‘Kommunität’ bezeichnet werden. Aus ihr kamen später Observanz und Konventualismus. Die Einheit der franziskanischen Bewegung mit den traditionellen Formen des Ordenslebens führte hier zur Angleichung an andere Orden. Modell waren dabei vor allem die Dominikaner, deren Ausbreitung und Erfolg nicht immer neidlos betrachtet wurden. Anpassung mit dem Ziel der überbietenden Konkurrenz wurde hier zum Motor der gesteuerten Entwicklung. Diese führte zur Klerikalisierung und Akademisierung des Ordens. Diese Veränderung ließ die Franziskaner zur hilfreichen Gemeinschaft im Dienst der Kirche werden gleich den Dominikanern. Die Gunst der römischen Kurie kam den Kräften im Orden zugute, die jene Entwicklung vorantrieben. Der notwendige Konflikt mit der strengen Armut, zu der Franz seine Brüder gerufen hatte, wurde denn auch von Seiten der Kurie gelöst. Papst Gregor IX. (1227—1241) — als Kardinal Hugolin zuvor langjähriger Berater und Helfer des Ordensgründers — gab in seiner Bulle ›Quo elongati‹ im Jahre 1230 dem Orden eine Regelerklärung, die einmal die Verbindlichkeit des Testamentes aufhob und damit die päpstliche Regeldeutung ermöglichte und den Weg für weitere solche Erklärungen eröffnete und zum anderen die Forderung der totalen Besitzlosigkeit durch das juristische Instrument des „bloßen Gebrauchsrechtes" in jene Form brachte, die die große Ordensgemeinschaft verwirklichen konnte. Die päpstliche Regelerklärung wies dem Orden den Weg, das Erbe des Gründers zu bewahren. Die Spiritualen konnten diese Entwicklung freilich nicht mitvollziehen. Aber auch der Kommunität waren nun klare Grenzen in ihrem Anpassungs- und Nivellierungseifer gesetzt. Die gemäßigte Partei im Orden setzte auf die päpstlichen Regelerklärungen und glaubte sich durch das authentische Papstwort im Einklang mit Wunsch und Ziel des Ordensgründers. Diese Gruppe hatte in Bonaventura ihren gewichtigen Sprecher in der Frühzeit der Ordensgeschichte, der von 1257—1274 den Orden als Generalminister leitete. Er fügte zu den päpstlichen Regelerklärungen, die inzwischen ergangen waren, auch erstmals eine offizielle Regeldeutung des Ordens hinzu: Die Konstitutionen des Generalkapitels von Narbonne (1260), mit denen der Ordensgeneral das umstrittene Erbe des Gründers durch das Recht retten wollte. Er stellte diese Regeldeutung unter das Motto des Schriftwortes: „Wo kein Grenzzaun gesetzt ist, geht der Besitz verloren (Sir 36, 27). Damit war für die weitere innere Entwicklung des Ordens, die mit peinlichem Kampf und gehässigem Streit zwischen den verschiedenen Parteien geführt wurde, der Weg gewiesen. Nicht die enthusiastische Berufung auf den Wortlaut der Regel und die in der Erinnerung lebendig gebliebene Gestalt des Ordensvaters, aber auch nicht der sorglose Verzicht auf die Bindung an den verpflichtenden Ursprung sollten den weiteren Weg des Ordens bestimmen. Die geniale Anregung des Franz von Assisi war in eine feste Institution übersetzt worden, die allein lebensfähig war.

Mit den beiden großen Bettelorden des Dominikus und Franziskus hatte das abendländische Mönchtum neue Ausdrucksformen gefunden. Das Erstziel des Mönchslebens — „daß der Mönch wahrhaft Gott suche", wie es die Regel Benedikts umschreibt — war und blieb das einende Programm jeder monastischen Observanz. Die Zweitziele — jetzt Predigt und Seelsorge — legitimierten die Pluriformität in der Mönchslandschaft und ermöglichten eine weitere Auffächerung der klösterlichen Lebensstile. Die neue Form des ortsungebundenen Personalverbandes machte dabei Schule. Offensichtlich wurde diese Lebensweise im 13. Jh. schnell als das religiöse Establishment akzeptiert, dem man sich anschließen mußte, wollte man als klösterliche Gemeinschaft zu Ansehen und Einfluß kommen.

Die Anpassung älterer religiöser Gemeinschaften und die Gründung neuer nach dem Modell der Bettelorden beherrschten nun die Welt des Klosters. Der 1198 von Innozenz III. bestätigte Trinitarierorden gehört in diesen Zusammenhang. Wie die Dominikaner war die von Johannes von Matha (gest. 1213) gegründete Gemeinschaft der kanonikalen Lebensform verpflichtet. Die Organisation des Ordens geschah dann nach dem Vorbild der Bettelorden. Der Orden entstand übrigens mit einem fest abgegrenzten Ziel: Loskauf gefangener Christen von den Mohammedanern. Seine Aktivität entfaltete der Orden besonders im südlichen Spanien und in Nordafrika. Der Loskauf geschah nicht selten durch Austausch von Gefangenen durch Ordensmitglieder, die in solcher Mission das alte Mönchsideal der „peregrinatio propter Christum" abwandelten. Die Klöster in der Heimat nahmen sich der Losgekauften in ihren „Häusern der

Barmherzigkeit" an, dehnten dann ihre Tätigkeit aber auch auf weitere Seelsorgetätigkeit aus. Der Orden als ausgesprochener Zweckverband wurde auch von den bald nach den Trinitariern gegründeten Mercedariern verwirklicht. 1223 gründete Petrus Nolascus (gest. 1256) die Gemeinschaft des „Ordens unserer lieben Frau von der Barmherzigkeit". Aufgabe war wiederum der Loskauf gefangener Christen. Dabei stand die Form des Ritterordens am Anfang, die sich dann zur Form der Bettelorden wandelte. Eine gleiche Entwicklung nahmen die im späten 12. Jh. in Palästina entstandenen Einsiedler vom Berge Karmel. Berthold von Kalabrien (gest. 1195) hatte dort eine Einsiedlergruppe gesammelt, denen der Patriarch von Jerusalem um 1207/09 eine Regel gegeben hatte, die Honorius III. 1226 bestätigte. Die unruhigen Verhältnisse in dem vom Islam beherrschten Palästina veranlaßten die Eremiten in sichere europäische Länder auszuwandern. Damit vollzog sich der Übergang vom Eremitorium zum Koinobion und eine Anpassung an die Bettelorden in Verfassung und Tätigkeit. In den europäischen Ländern breitete sich der Orden rasch aus; 1249 wurde in Köln das erste deutsche Kloster gegründet. Breitenwirkung erreichte er besonders durch die Marienverehrung. Zum Normalbild der mittelalterlichen Stadt gehörte bald neben dem Dominikaner- und Franziskanerkloster auch das Karmeliterkloster [16]. — 1233 entstand in Florenz aus einem Kreis religiös engagierter Bürger der Servitenorden (Servi beatae Mariae Virginis), der die Augustinusregel befolgte, den anderen neuen Orden an die Seite trat, wenngleich er auch erst im 15. Jh. offiziell als Bettelorden anerkannt wurde.

Aus den die Mönchsgeschichte immer begleitenden Eremitengruppen entstand schließlich in der Mitte des 13. Jh. ein weiterer großer Bettelorden: Die Augustinereremiten [17]. Dieser Orden, durch Zusammenschluß verschiedener italienischer Eremitenkolo-

[16] Kurze Einführung in die Geschichte des Ordens: G. Mesters, Geschichte des Karmelitenordens (Mainz 1958).

[17] K. Elm, Neue Beiträge zur Geschichte der Augustinereremiten im 13. und 14. Jahrhundert = Archiv für Kulturgeschichte 42 (1960)

nien entstanden, war ganz und gar das Werk der päpstlichen Kurie. Hier fehlte die große Stiftergestalt. Durch das tatkräftige Werk des Kardinals Richard Annibaldi und durch die Bulle Licet ecclesiae catholicae Alexanders IV. von 1256 wurde der Orden geschaffen. Da ältere Eremitengruppen zwangsweise in dem neuen Orden zusammengefaßt wurden — einige bewahrten freilich ihre Selbständigkeit [18] — konnten sofort vier Ordensprovinzen errichtet werden. Für Verfassung und Tätigkeit der neuen Ordensgemeinschaft, die die Erinnerung an ihren eremitischen Ursprung nur noch im Namen bewahrte, waren wieder die Bettelorden, besonders die Dominikaner, vorbildlich. Auch dieser Orden konnte sich schnell ausbreiten; 1298 wurden die 40 deutschen Klöster bereits in zwei Provinzen aufgeteilt. Mit den Dominikanern, Franziskanern und Karmeliten bilden die Augustinereremiten die vier großen Bettelorden, deren Klöster nun das kirchlich-religiöse Bild der mittelalterlichen Stadt beherrschten. Die Augustinereremiten zeigten noch einmal recht deutlich die Wandelbarkeit des monastischen Lebens. Als reformeifrige Kleriker im 11. Jh. sich auf das monastische Erbe Augustins besannen, führte diese Besinnung zu den Kanonikerstiften, die den zeitgenössischen Großklöstern des benediktinischen Mönchtums glichen. Jetzt im 13. Jh., wo die neue Form der Bettelorden die monastische Landschaft beherrschte, führte die Berufung auf die Regel Augustins eben auch zu einem Bettelorden. Wieder drängt sich die Vorstellung von der Regel als einer Metapher auf, die ihre konkrete Ausprägung von der je aktuellen kirchlichreligiösen Situation erhält.

Die Bettelorden entstanden als Frucht des Evangelismus, der unter besonderer Betonung der christlichen Armut das Kirchenfeld des 13. Jh. beherrschte. Städtisches Bürgertum und städtische

357—387; zur Ausbreitung und Wirksamkeit des Ordens in Deutschland vgl. A. Kunzelmann, Geschichte der deutschen Augustiner-Eremiten (Würzburg 1969—75).

[18] So z. B. der Wilhelmitenorden; vgl. K. Elm, Beiträge zur Geschichte des Wilhelmitenordens (Köln—Graz 1967).

Kultur boten ihnen Lebensraum und Lebensentfaltung. Ein gutes Jahrhundert lang prägten sie in ihren verschiedenen Formen die religiöse Landschaft Europas bis hin zu den geistigen Führungszentren, den Universitäten, und beeinflußten die Machtzentren, die römische Kurie, wie die Fürsten- und Königshöfe. Ihre Ausprägung des religiösen Lebens wurde zum Sammelbecken der religiösen Bewegungen und Kräfte schlechthin, neben denen die alten Orden in den Hintergrund traten. Besonders die religiöse Frauenbewegung wurde von ihnen aufgefangen. Was vorher bei Dominikanern und Franziskanern gesagt wurde, trifft auch für die anderen Ordensgemeinschaften zu. Allen schlossen sich Frauengemeinschaften gleicher Observanz an, oder wurden ihnen mit sanftem Druck der Kirchenleitungen angeschlossen. Die freie, nicht an eine bestimmte Regel gebundene Frauengemeinschaft war häresieverdächtig. Das Etikett einer anerkannten Regel, der Schutz eines anerkannten Ordens, befreiten von diesem Verdacht, eine Folge der mittelalterlichen Ordo-Vorstellung. Die genaue Observanz, ob dominikanisch, franziskanisch, augustinisch oder auch noch den alten Orden angepaßt, spielte dabei eine geringe Rolle. Die äußere Lebensform war ohnehin weitgehend gleich. Für die Regelannahme war das benachbarte Männerkloster entscheidend, das willens war, sich der frommen Frauen anzunehmen. Die Männerorden waren freilich nicht immer so begeistert, Frauenklöster in die Gefolgschaft aufzunehmen. Das Generalkapitel der Dominikaner von 1228 verbot selbst schon generell die Aufnahme neuer Frauenklöster in den Orden; die Zisterzienser faßten im gleichen Jahr denselben Beschluß und auch die Franziskaner wehrten sich gegen die Verpflichtungen einer cura monialium. In dieser Auseinandersetzung zwischen Orden und Kurie siegte schließlich das Papstwort. Innozenz IV. regelte 1245 die Inkorporation von Frauenklöstern in Männerorden und bestimmte die Verpflichtungen der männlichen Klöster gegenüber den ihnen zugeordneten Frauenklöstern.

Das Ordenswesen erfuhr im 13. Jh. noch andere Wandlungen und folgenreiche Neuerungen. Schon bei den Bettelorden wurde deutlich, daß Zweitziele den verschiedenen Ordensgemeinschaften besondere Prägung geben konnten. Bei etlichen Neugründungen traten diese Zweitziele ganz offensichtlich in den Vordergrund. Dazu gehören vor allem die sog. Hospitalorden. Die Sorge um den hilfsbedürftigen Nächsten war dem Mönchtum von Anfang an eigen. Schon im frühen orientalischen Eremitentum war das selbstverständliche Praxis. Das Koinobitentum hat sich in seiner abgeschlossenen Welt keineswegs dieser grundsätzlichen christlichen Verpflichtung entzogen. Gästehaus und Krankenhaus sind von Anfang an Einrichtung jedes Klosters. Doch die Fürsorge, die dort gewährt wurde, war auf die Konventsmitglieder beschränkt, anderen Menschen wurde sie sporadisch gewährt. Das Kloster selbst verstand sich nicht als Fürsorgestätte. Veränderte Verhältnisse des Mittelalters führten nun auch zu veränderten monastischen Hilfsangeboten. Die Kreuzzugszeit ließ Ordensgemeinschaften entstehen, die sich ausdrücklich der Pilger und Kranken unterwegs annahmen. Dies war eine wichtige Aufgabe der Ritterorden, die ja von ihrem Ursprung her zunächst Hospitalorden waren. Das Pilgerwesen im Abendland riet zur weiteren Institutionalisierung der Fremden- und Krankenbetreuung. Manche klösterliche Gemeinschaft an der Pilgerstraße nahm sich nun dieser Aufgabe an. Mit dem Anwachsen der Städte wuchs auch hier das Problem der Armen- und Krankenversorgung, die schon immer eine besondere Domäne kirchlicher Aktivität war. Das Spital, das Ergebnis freier christlicher Liebestätigkeit, mußte zur organisierten Institution werden. Das geschah durch die Kommunalisierung des Spitals, indem es zur Angelegenheit der Stadt wurde. Daneben lief jedoch auch der Prozeß der Verklösterlichung des Spitals. Religiöse Bruderschaften übernahmen die Sorgepflicht für ein bestehendes Spital oder gründeten neue Spitäler. Der freie Zusammenschluß verfestigte sich dann nicht selten zur festen Bindung durch Ordensgelübde und zu einer klösterlichen Gemeinschaft. Männer- und Frauenklöster, meist auf der Grundlage der Augustinusregel, entstanden auf diese Weise bei Spitälern. Andere Gemeinschaften formierten sich überregional nach der Art der Bettelorden und führten zu weit verbreiteten Hospitalorden. Dazu gehört der 1198 in Montpellier entstandene Spitalorden vom Hl. Geist, dessen Mitglieder in der Profeßformel versprachen: „Ego N., offero et trado me ipsum Deo et beatae Mariae, et Sancto Spiritui et dominis nostris infirmis." Dieser Orden im Dienst der Krankenpflege breitete sich vor allem in Frankreich, Italien und Süddeutschland aus. Schon vorher war ebenfalls in Frankreich der Hospitalorden vom hl. Antonius gegründet worden, der im Lauf des 13. Jh. die Augustinusregel annahm und in Spital- und Krankendienst tätig war. Die Ordensgemeinschaft mit zeitgemäßem sozialen Engagement konnte sich auch anderen Aufgaben zuwenden. So entstand im späten 12. Jh. in Avignon ein Orden, der den Bau von Brücken in sein spezifisches Arbeitsprogramm aufnahm. Auch hier sind freie Bruderschaften, die zu diesem Zweck gegründet wurden, als Vorgänger anzusprechen. Der freie Zusammenschluß um einer bestimmten Aufgabe willen, der aber auf religiöser Basis erfolgte, konnte bruchlos zur formierten Ordensgemeinschaft führen.

Die mittelalterliche Mönchslandschaft zeigte am Ende des 13. Jh. eine außerordentlich weite Auffächerung. Neben den alten Orden, die überall ins zweite Glied zurückgetreten waren, standen die neuen Orden: Überregionale Personalverbände, in straffe Organisation eingespannt und zentral gelenkt, die sich nach Regel, Namen und Ordenskleid voneinander unterschieden, im klösterlichen Alltag und in der Tätigkeit aber sehr stark einander angeglichen waren. Die Vielfalt der Ordensgemeinschaften zeigt am Ende dieses Abschnittes erneut die Wandlungsfähigkeit und variable Realisierungsmöglichkeit des Ordensgedankens. Das letztlich allein verpflichtende Evangelium, auf das sich alle Orden als letzte Norm beriefen, lieferte selbst die Grundlage für die je verschiedene Konkretisierung der evangelischen Lebensform. Stephan Muret (gest. 1124) hat das Verhältnis von Evangelium und Regel schon vor dem Aufkommen der Bettelorden in der Regel für das von ihm gegründete Kloster so umschrieben: „Geliebte Söhne und Brüder, der Weg, der zum Leben führt, ist zwar eng und steil. Das Haus Gottes ist aber groß, weit und ausgedehnt. Zum Hause des Höchsten Vaters gibt es verschiedene Wege, unter denen wir wählen können . . . Diese verschiedenen Wege wurden von den verschiedenen Vätern empfohlen, die wir Regel des hl. Basilius, des hl. Augustin, des hl. Benedikt nennen. Sie sind jedoch nicht die Quelle des Ordenslebens; sie sind davon abgeleitet; sie sind nicht die Wurzel, sondern die Zweige. Denn für Glaube und Heil gibt es nur eine Regel unter allen Regeln, eine erste und grundsätzliche, aus der alle anderen fließen wie Bäche aus ihren Quellen. Diese Regel ist das Evangelium. Ohne Ausnahme finden wir dort die grundsätzlichen Vorschriften, die uns im einzelnen in den verschiedenen Regeln vorgelegt werden." Die so ausgesprochene Berufung auf das Evangelium blieb allen Orden gemeinsam. Das eine Evangelium wurde freilich mit je verschiedenen Augen gelesen und je verschiedenen Ohren gehört und führte darum in der Adaption auf eine bestimmte Menschengemeinschaft zur besonderen Ausprägung der vita evangelica. Diese Ausprägung geschah in der Regel der Stifter und in den zur Regel mit verbindlicher Rechtskraft ausgestatteten Konstitutionen, die sich die einzelnen Orden gaben. Die Sicherung der Lebensdauer dieser großen Verbände geschah durch juristische und zeremonielle Objektivierung des aus dem Evangelium abgelesenen Lebensstiles, der in aller Bedingtheit damit unbedingt gelten konnte und dazu in der Institutionalisierung jeder personalen Autorität.

DAS KLOSTER IM SPÄTEN MITTELALTER

Der niederländische Kulturhistoriker J. Huizinga hat das 14. und 15. Jh. als „Herbst des Mittelalters" bezeichnet. Die Charakterisierung verstärkt den Eindruck, den die für diese Zeit übliche Epochenmarke „Spätmittelalter" erweckt. Mit Spätzeit ist der Gedanke an Zerfall und Dekadenz unmittelbar verbunden. Aber die Charakterisierung einer geschichtlichen Epoche ist immer Sache einer jüngeren Zeit, die mit ihren Augen und ihrem Urteilsvermögen die vergangene Zeit sieht. Dabei trifft für die beiden Jahrhunderte die Tatsache zu, daß sie von der Auflösung der hochmittelalterlichen Gesellschaftsform geprägt sind. Im Zuge dieser Auflösung verlieren die im Hochmittelalter entstandenen Lebensformen ihre Basis, und der Rahmen, in den sie einst hineingestellt wurden, zerbricht. Dieser Vorgang mußte zur Verunsicherung und Hilflosigkeit der Klostergemeinschaften führen, besonders der alten, die nur schwer Wege der Akkomodation finden konnten. Die Auflösungstendenzen nahmen auch dem alles einenden und zusammenfassenden Ordo-Gedanken des hohen Mittelalters seine Kraft. Die einzelnen Orden waren zu selbständigen Teilen und Glieder der Kirche geworden. Mönche, Kanoniker, Bettelorden und neben ihnen die Universitäten und Schulen, die jetzt unabhängig vom alten monastischen Bildungsträger heranwuchsen, standen konkurrierend und rivalisierend neben- und gegeneinander. Als am Ende des 14. Jh. das abendländische Schisma die Kirche unter zwei und drei Päpste aufteilte, ging die Trennung auch durch die einzelnen Ordensgemeinschaften. Der stark vordrängende Nationalismus griff die Internationalität der großen Ordensgemeinschaften an und zwängte sie in nationale Grenzen ein. Die Pest, die um die Mitte des 14. Jh. Europa heimsuchte, traf auch die Klöster und Ordensgemeinschaften hart. In Frankreich wirkte sich der sog. hundertjährige

Krieg ebenfalls verheerend auf die Klöster aus. Eine Fülle von Faktoren fand sich zusammen, deren Ursprung keineswegs innerhalb der Klostermauern lag, die die traditionellen Weisen des Ordenslebens in ihrem Bestand gefährdeten. Die Mönche in all ihren verschiedenen Formen hatten zwar kühn die Welt verlassen, ihr wirkliches Dasein verband sie aber doch wieder mit dieser Welt, und so hatten sie auch Glück und Unglück der Zeiten mitzutragen. Für die großen Klöster der alten Orden erwuchs im Kommendenwesen ein neuer Feind. Dabei galt die Abtei als Pfründe, die einem Laien oder Kleriker übertragen wurde, der gar nicht zum Orden gehörte. Theoretisch hatte dieser Pfründeninhaber als Kommendatarabt die Güter des Klosters zu verwalten und zu beschützen. In den meisten Fällen stand er freilich den geistigen Anliegen der Klostergemeinschaft fern, nützte den Klosterbesitz im eigenen Interesse, und ließ das Kloster verarmen und verkommen. Die damit verbundene geistige und materielle Schwächung wirkte sich vor allem in den Klöstern Italiens, Frankreichs und Spaniens katastrophal aus.

Gegen die von außen her drängenden Kräfte des Zerfalls und der Auflösung konnten sich die Kommunitäten verschieden verhalten. Sie konnten dem Druck nachgeben: Verzicht auf Strenge und Klosterdisziplin, Einführung eines vertraglich abgesicherten Privatvermögens — wenn auch recht bescheiden — und langsame Auflösung des Gemeinschaftslebens, die beim Abt und den Offizialen des Klosters begann. Die letzte Konsequenz solcher Praxis war das Verschwinden der Mönchssiedlung von der monastischen Landkarte. Das war besonders bei kleinen, wenig begüterten Klöstern der Fall. Der letzte Schritt brauchte freilich nicht unbedingt dahin zu führen. Er konnte auch bei der Umwandlung des Klosters in ein freies Stift enden. Das Stiftsvermögen wurde dabei aufgeteilt, in einzelne Pfründen verwandelt und einzelnen Mönchen, die nun zu freien Stiftsherren wurden, zugeteilt. Trifft dieses Bild mit der allgemeinen Vorstellung von Zerfall und Niedergang zusammen, so muß doch auch von dem anderen Weg gesprochen werden, der auf Keime und Ansätze zu Neuem in jener Spätzeit hinweist. Manche Klöster mühten sich recht und schlecht, am traditionellen Leben ihres Ordens festzuhalten. Sie nahmen Anregungen der jüngeren Orden und zeitgenössische Frömmigkeitsformen in ihre Gemeinschaft auf, um auf diese Weise zu überleben. Bei den Bettelorden war die zentrale Leitung und die straffe Organisation der Gemeinschaft eine starke Stütze für die weite Ausbreitung gewesen. Die alten Orden — bei Zisterziensern und Prämonstratensern ohnehin ansatzweise vorhanden — versuchten sich nun in ähnlichen Organisationsformen. Papst Benedikt XII. (1334—1342), selbst Zisterzienser, zwang mit einer Reformbulle im Jahre 1356 (Benedictina) die alten Orden in das Provinzsystem. Danach sollte z. B. der Benediktinerorden in 30 Provinzen aufgeteilt werden. Alle drei Jahre sollten Provinzialkapitel abgehalten, Visitatoren bestimmt und Rechenschaftsberichte der einzelnen Klöster vorgelegt werden. Die Mönche wurden zum Studium und zum Besuch der Universitäten verpflichtet. Auch bei dieser Bestimmung stand die Praxis der Bettelorden Pate. Ein Gesamterfolg war diesem redlichen Bemühen freilich nicht beschieden. Immerhin erwuchsen in einigen Abteien Reformen, die die Forderung des Zusamenenschlusses in Provinzen oder Kongregationen als wichtiges Hilfsmittel einer Erneuerung erkannten. 1419 begann Abt Ludwig Barbo von der Abtei Santa Giustina in Padua aus eine solche Reformkongregation zu sammeln. Sie war auf strenge Zentralisation angelegt; beim jährlich tagenden Generalkapitel lag die oberste Gewalt. Die Äbte waren nicht mehr selbständige Monarchen, sondern abhängige, jährlich neu zu bestimmende Obere. Das entsprach zwar nicht der Regel Benedikts. Aber dieses System war die wirksamste Waffe gegen die Geißel der Kommende und band die Oberen wieder fest in ihre Kommunität ein. Dem inneren Leben der Klosterkongregation gaben Barbo und seine Nachfolger Anregung von außen. Die Deutsche Mystik und die Frömmigkeitspraxis der Devotio moderna, die vor allem in frommen Laienkreisen Niederdeutschlands aufgekommen war, führten sie in ihren Klöstern ein. Dazu schlossen sich diese Klöster in der wissenschaftlichen Arbeit den italienischen Humanisten an. Dieses Programm vereinigte im Laufe der Zeit die meisten Klöster

Italiens, gegen Ende des 15. Jh. griff es nach Spanien über, wo es in Abt Garcia de Cisneros von Montserrat (gest. 1510) seinen besonderen Verteidiger fand. Auch er griff die neue Frömmigkeitsform auf; ein Niederschlag davon ist das von ihm veröffentlichte ›Exercitadorio de la vida spiritual‹.

Der Versuch, die Reform auf Frankreich auszuweiten, blieb ohne nennenswerten Erfolg. Dagegen erwachten im deutschsprachigen Raum Reformkräfte. Während des Konzils von Konstanz versammelten sich 1417 mehrere Äbte, um ein Reformprogramm für die Benediktinerklöster zu entwerfen, das auf der Benedictina aufbaute. Doch eine solch zentral gesteuerte Reform kam nicht zum Zuge. Erfolg war dem reformerischen Unternehmen verschiedener Einzelklöster beschieden, die dann zu Kristallisationspunkten weitreichender Erneuerung wurden. Dazu gehört die Abtei Kastl (Oberpfalz); die Reformbemühungen begannen dort im frühen 14. Jh., als Abt Hermann (1322—1356) die wirtschaftliche Lage des Klosters verbesserte. Gegen Ende des Jahrhunderts legte Abt Otto die Consuetudines von Kastl fest. Anregungen kamen dazu von weither zusammen: vom italienischen Subiaco, vom böhmischen Brevnov und dazu wieder — wie bei der italienischen Reform — die Anregungen der zeitgenössischen Frömmigkeit, die jenseits der alten Klostermauern gewachsen war. Der Prior Johannes von Kastl gab in seinem reichen Schrifttum die spirituelle Füllung für das monastische Reformprogramm, das Alt und Neu verbinden wollte und zu einer Modernisierung der klösterlichen Frömmigkeit im Stile eines frommen Humanismus drängte [1]. Kastl schuf zwar keinen Klosterverband, aber seine Consuetudines fanden nach und nach in mehreren Klöstern Bayerns Eingang. Neben Kastl suchte in den bayerischen Klöstern die von der österreichischen Abtei Melk ausgehende Reform Einfluß zu gewinnen. Auch Melk wurde von Mönchen aus Subiaco reformiert; Abt Nikolaus Seyringer (gest. 1425) gelang es, die Melker Gewohnheiten in anderen Klöstern

[1] J. Sudbrack, Die geistliche Theologie des Johannes von Kastl (München 1967).

einzuführen. Österreichische Abteien, auch solche in Ungarn und Polen, folgten der Melker Observanz. In Bayern wurde Tegernsee zu einem wichtigen Zentrum für die Ausbreitung der Reform von Melk, in Schwaben war es die Abtei Wiblingen bei Ulm. Es war zwar nur ein freiwilliger Zusammenschluß, der auf der Beobachtung der Melker Consuetudines beruhte, aber er erfaßte im Laufe des 15. Jh. doch zahlreiche süddeutsch-österreichische Klöster — ein deutlicher Beweis für den lebendigen Erneuerungswillen des alten Mönchtums mitten im „Herbst des Mittelalters".

In Bursfeld an der Weser erhob sich schließlich ein drittes Reformkloster des deutschen Benediktinertums. Johannes Dederoth wurde 1433 dort Abt; zuvor hatte er die italienische Reform kennengelernt und dann bei Abt Johannes Rode von St. Matthias in Trier, der vom Kartäuserprior zum Benediktinerabt aufgestiegen war, Reforminitiativen gesammelt. Von Bursfeld aus verbreitete sich das Reformwerk in den Klöstern Norddeutschlands und auch Südwestdeutschlands. Was bei den beiden anderen benediktinischen Reformgruppen nicht gelungen war, gelang Bursfeld: Die Schaffung einer straff organisierten Kongregation mit bald jährlich tagendem Kapitel, zu dem sich die Äbte der einzelnen Klöster versammelten (1530 waren es 94 Abteien) [2]. Bei all diesen beachtlichen Reformunternehmen wirkten verschiedene Kräfte zusammen. Der Anlaß zur Reform kam meist von außen. Der allgemein erlebte Niedergang des kirchlichen Lebens hatte allenthalben den Ruf nach Reform — „Reform an Haupt und Gliedern" — laut werden lassen. Die Konzilien des 15. Jh. gelten als Reformkonzilien und alle sprachen ernste Worte zur dringenden Klosterreform. Die römische Kurie nahm die Vorschläge auf: Kardinal Nikolaus von Kues (gest.

[2] Für diese Epoche der Benediktinergeschichte vgl. Ph. Schmitz, Geschichte des Benediktinerordens 3 (Einsiedeln 1955); am aufschlußreichsten ist freilich die Geschichte der einzelnen Abteien; für die bayerischen Klöster bietet dafür ein gute Einführung: J. Hemmerle, Die Benediktinerklöster in Bayern (Augsburg 1970) = Germania Benedictina 2.

1464) drängte besonders energisch auf die Durchführung der Reformbeschlüsse im Mönchtum. Allerdings stand die römische Kurie nicht allein über Klöstern und Orden. Die Landesherren konnten die Reform verhindern oder fördern. Bei den erwähnten Benediktinerreformen trat die Unterstützung der Landesherren hilfreich hinzu. Aufgeschlossenheit für die Kirchenreform aus persönlicher Frömmigkeit führten hier zur Mitarbeit an der Klosterreform. Ein dritter Impuls ging von der neuen Laienfrömmigkeit aus, die eine Vertiefung des religiösen Lebens forderte, auch eine Privatisierung und Individualisierung des geistlichen Lebens mit sich brachte, und als Devotio moderna weite Kreise wieder zu religiösem Leben geführt hatte. Reformwillige Konvente nahmen diese Art der Frömmigkeit auf, um mit ihr zu neuem religiösen Leben zu finden.

Entstanden war die neue Frömmigkeit in den Niederlanden. Gerhard Groote (gest. 1384) gilt als ihr Anreger. Seine persönliche Bekehrung führte ihn zu einem intensiven religiösen Leben, das ihn als Bußprediger weiten Einfluß gewinnen ließ. Entdeckung der Bibel, die Schriften der großen Mystiker des 13. und 14. Jh., besonders der Meister der Deutschen Mystik, und die klare Einsicht in die notwendige Verinnerlichung des religiösen Lebens, flossen bei ihm zusammen. Die propagierte Frömmigkeit wollte zur Erfahrung hinführen, die affektiven Kräfte ansprechen; sie forderten gewissenhafte Selbstkontrolle und die praktische Nächstenliebe. Es ist eine Frömmigkeit, „die lieber Reue empfinden will, als ihren Begriff kennen", „lieber der Göttlichen Dreieinigkeit in Demut dienen, als gelehrte Diskussion darüber führen will", so Thomas von Kempen (1380 bis 1471), durch seine ›Imitatio Christi‹ einer der bekanntesten Vertreter dieser Bewegung. Ähnlich wie beim Evangelismus des 12. Jh. haben wir es hier zunächst mit einer Laienbewegung zu tun. Einmal propagiert, sammelte sie die Betroffenen in religiöse Gemeinschaften. Die „Brüder und Schwestern vom gemeinsamen Leben" entstanden daraus. Die traditionelle Überzeugung, daß intensives religiöses Leben in die feste Form einer geordneten Gemeinschaft gehört, wirkt immer noch weiter, auch wenn hier eine neue Gemeinschaftsform versucht wurde. Es gab in den Brüder- und Schwesternhäusern, die sich durch Lehrtätigkeit (und auch durch Buchdruck), Seelsorge und caritative Werke ihren Lebensunterhalt verdienten, keine Gelübde und trotzdem volles Gemeinschaftsleben mit allen Elementen eines alten Klosters. Die Gemeinschaften, angefeindet und verdächtigt, konnten sich vor allem im Entstehungsland und von dort auf das benachbarte Norddeutschland und die Rheinlande ausbreiten. Sie konnten sich dort bis in die Reformationszeit halten; selbst Luther, der zeitweilig ihre Schule in Magdeburg besuchte, gestand von diesen Gemeinschaften: „Wenn es um alles so stünde, wie um die Brüderhäuser, so wäre die Kirche allzu selig schon in diesem Leben.“ [3]

Wichtiger als die selbständige Gemeinschaft ist die Devotio moderna innerhalb der abendländischen Ordensgeschichte freilich wegen ihres Einflusses auf die alten Orden. Von den Benediktinern war in diesem Zusammenhang schon die Rede. Für ähnliche Auswirkungen bei den Zisterziensern kann auf die Gründung der „Konfraternität der Zisterzienserklöster in den Niederlanden“ hingewiesen werden; auch hier lieferte die neue Frömmigkeit die Basis für eine Reform und ein einheitliches Band. Besonderen Einfluß gewann die Devotio moderna im Milieu der Augustinerchorherren und der Kartäuser. Bei den ersteren kam es 1387 zur Gründung der „Windesheimer Kongregation“, benannt nach Windesheim bei Zwolle, die die Augustinusregel in der Interpretation der Chorherren befolgte, aber in ihrer Spiritualität ganz von der Frömmigkeit G. Grootes und seiner Schüler bestimmt war. Die Neugründung konnte ihre Reform in alte Stifte — auch in Deutschland — einführen und sie zu einem festen Kongregationsverband zusammenfügen.

Die seit dem 11. Jh. in aller Stille in ihren Kartausen lebenden Kartäuser fanden erst im späten Mittelalter zu größerer Verbreitung und zu nicht geringem Ansehen. Das 14. und 15. Jh. war die Zeit ihrer größten Ausbreitung und die Zeit ihres weit-

[3] Zitiert nach RGG 1, 1435.

reichendsten Einflusses. Die Frömmigkeit der Devotio moderna und die Deutsche Mystik fanden in den Kartausen anziehende Heimstätten, die den Orden plötzlich zu einer modernen religiösen Gemeinschaft machten, dem besondere Anziehungskraft eigen war. Im Gegensatz zur Gründungszeit entstanden die Kartausen jetzt in unmittelbarer Stadtnähe; die Stadtkartause war besonders in Deutschland verbreitet (Köln, Mainz, Trier, Freiburg/Br., Basel, Straßburg u. a.), aber auch Paris, London und Rom hatten ihre städtischen Kartausen. Das vom Humanismus angesprochene Bürgertum förderte die Gelehrtenklause im Weichbild der Stadt, auch Landesherren traten als Gründer auf und bestimmten Kartausen als ihren Begräbnisort, wie z. B. die Herzöge von Burgund in der Kartause Champmol bei Dijon, die sie mit den berühmten Kunstwerken Claus Sluters ausschmücken ließen.

Die großen Bettelorden und die anderen Gemeinschaften, die im 13. Jh. nach ihrem Vorbild entstanden waren, beherrschten nach wie vor die klösterliche Welt. Ihre Konvente für männliche und weibliche Observanz waren unübersehbar. Sie hatten auf die Bevölkerung entscheidenden Einfluß. Die großen, einflußreichen Prediger der mittelalterlichen Stadt waren Dominikaner und Franziskaner; Antonius von Padua (gest. 1231), David von Augsburg (gest. 1272), Berthold von Regensburg (gest. 1272), Hugo von Digne (gest. um 1250), Dietrich Coelde aus Münster (gest. 1515), und die großen Verteidiger der Observanzbewegung im 15. Jh., um nur ein paar Franziskaner zu nennen. Von den Dominikanern traten an deren Seite Stefan von Bourbon (gest. 1261), Dietrich von Freiberg (gest. nach 1310), Hyazinth von Krakau (gest. 1257); Vinzenz Ferrer (gest. 1419) und der wortgewaltige Savonarola in Florenz (gest. 1498). Sie und zahlreiche andere Prediger aus den Bettelorden kamen von der scholastischen Predigtmethode zur Volkspredigt in der Landessprache, die mit ihrem Einbeziehen der Lebenserfahrung, der Beispiele aus der Heiligengeschichte und scharfer Zeitkritik tiefe Wirkung erzielten. In ihren Klosterkirchen, die schon vom architektonischen Konzept her dafür geschaffen wurden, sammelten sie die Stadtbevölkerung zum Predigtgottesdienst.

Die Frauenkonvente der Bettelorden wurden in besonderer Weise Pfleg- und Heimstätten der deutschen Mystik. Die Lehrer der Nonnen kamen aus den Männerorden; die mystische Unterweisung geschah häufig in fruchtbarem Austausch, wie es besonders Heinrich Seuse (gest. 1366) und Elisabeth Stagel (gest. 1360) im schweizerischen Dominikanerinnenkloster Töss zeigten. Was so vor allem von deutschen Frauenklöstern jener Zeit bekannt ist, kann auch von anderen Ländern gesagt werden.

An den theologischen Fakultäten der Universitäten hatten die Mendikanten gleich schnell ihre Plätze erobert. Der Widerstand des Weltklerus wurde zwar nur schwer überwunden, aber die großen Lehrer des 13. Jh., Thomas von Aquin und Bonaventura, hatten durch die folgenden Jahrhunderte hindurch Nachfolger aus ihrem Orden, die sich zu eigenen Schulen theologischer Überlieferung formierten (Thomisten, Franziskanerschule), zu denen im 14. Jh. auch eine eigene Augustinerschule kam, getragen und gefördert von den Augustinereremiten. Die Vertreter dieser Orden an den Hochschulen bestimmten die Gestalt der Schultheologie, die unter dem Vorzeichen des Nominalismus die klassische Scholastik als via antiqua ablöste und der via moderna die Wege bahnte. Das vielfältige Wirken der Bettelorden im späten Mittelalter umspannte einen weiten Radius; man müßte von den „Montes pietatis“ der Franziskaner reden, Vorläufer heutiger Darlehensbanken und Leihanstalten, und vor allem von der Missionsarbeit, die die Mitglieder dieser Ordensfamilien in die nichtchristlichen Länder ziehen ließ und die Grundlage für die Arbeit der neueren Missionsgeschichte legte. Der Katalog dieser vielseitigen Tätigkeit zeigt die Fruchtbarkeit des monastischen Ideals. Kloster und Orden sind mit ihrer Ungebundenheit, Beweglichkeit und Anpassungsfähigkeit zur kirchlichen Funktionsgruppe schlechthin geworden. Der Primat der Existenz hat dem der Aktion Platz gemacht.

Die wuchernde Fülle der Neugründungen wurde von der römischen Kurie jedoch keineswegs mit Wohlwollen beachtet. Das Verbot neuer Ordensgründungen durch das 4. Laterankonzil hatte sich nicht als sonderlich wirksam erwiesen. Unter dem

Etikett einer anerkannten Regel konnten zahlreiche Neugründungen aufleben. Die „schwere Verwirrung", die die Vielfalt der Orden in der Kirche anrichtete, konnte nicht verhindert werden. Das 2. Konzil von Lyon 1274 mußte sich von neuem mit dem Tatbestand beschäftigen. Die Konstitution ›Religionum diversitatem nimiam‹ (23. Konstitution) versuchte erneut eine Flurbereinigung auf der monastischen Landschaft. Der Konzilsbeschluß forderte sogar mutig die Auflösung etlicher inzwischen gegründeter Ordensgemeinschaften. Allerdings sind Rezeption, Deutung und Ausführung des Konzilsentscheids bis heute nicht eindeutig aufgehellt, so daß man nicht sagen kann, welche Orden wirklich aufgelöst wurden. Einige kleinere Gemeinschaften und auch der größere Orden „De Poenitentiae Jesu Christi" (gewöhnlich „Sackbrüder" genannt) sind dem Konzilsbeschluß sicher zum Opfer gefallen [4]. Trotz derartiger kirchlicher Entscheidungen und Steuerungen blieb aber die verwirrende Vielfalt erhalten. Jene mißlichen Umstände, die die alten Orden vielfach zum Untergang drängten, setzten freilich auch den Bettelorden hart zu. Die Pest in der Mitte des 14. Jh. dezimierte den Personalbestand der einzelnen Orden gewaltig. Die Augustinereremiten zählten z. B. über 5000 Tote. Neben dem Personalverlust brachte der Schwarze Tod in die Ordensgemeinschaften hilflose Resignation und Orientierungslosigkeit, die sich in allgemein sinkender Disziplin niederschlug. Das abendländische Schisma hatte auch die Bettelorden quer durch Provinzen und Konvente in verschiedene Observanzen aufgespalten. Der Streit Ludwigs des Bayern (1314—1347) und Papst Johannes XXII. (1316—1334) forderte auch die Bettelorden zur Parteinahme und brachte neue Spaltungen in die Ordensfamilien. Hinzu kamen in den einzelnen Häusern dauernde Spannungen mit anderen Bettelordenskonventen und handfester Streit mit dem Pfarrklerus der Städte. Andererseits hatten die straffe Organisation und konsequente

[4] K. Elm, Ausbreitung, Wirksamkeit und Ende der provençalischen Sackbrüder in Deutschland und den Niederlanden = Francia 1 (1972) 257—324.

Institutionalisierung diesen Ordensgemeinschaften ein solch starkes Gerippe gegeben, daß sie die Welle des Niedergangs und des Schadens überdauern konnten. Überdies drangen die Kräfte der Erneuerung auch in die Mendikantenkonvente und führten hier allenthalben zur Sammlung der reformbereiten Kräfte. Als Observanzbewegung zeigte sie sich in allen großen Bettelorden. Im Predigerorden begann sie unter dem Ordensgeneral Raimund von Capua (1380—1399), der entscheidend von der Dominikanerin Katharina von Siena (gest. 1380) beeinflußt war. Zum Tragen kam die Reform im Dominikanerorden, die besonders auf die Beachtung der Klausur und der Besitzlosigkeit der einzelnen Mönche und Schwestern drängte, erst nach dem Konzil von Konstanz. Reformierte Konvente schlossen sich innerhalb des Ordens zu eigenen Verbänden zusammen, so daß gleichsam ein Orden im Orden entstand.

Den gleichen Weg nahm die Reform bei den Augustinereremiten. Auflösung des Gemeinschaftslebens und Recht auf persönlichen Besitz bildeten auch hier die Steine des Anstoßes. Die Reform forderte die vita regularis in der vita communis perfecta, die persönliches Eigentum ausschloß und volle Teilnahme am gemeinsamen Leben des Konventes einschloß. Unter den Augustinereremiten begann die Reform in Italien, wo die 1431 gegründete lombardische Kongregation zum Vorkämpfer der Reformwilligen wurde. Die Reform griff schnell über Italien hinaus und erfaßte verschiedene einzelne Konvente. In Deutschland wurden schließlich mehrere Klöster zu einer eigenen Reformkongregation (der sog. sächsischen) zusammengefaßt, die von Heinrich Zolter aus Osnabrück (gest. bald nach 1460) geführt und geprägt wurde. In das Kloster zu Erfurt, das zu diesem Reformverband gehörte, trat im Jahre 1505 Martin Luther ein.

Auch die Karmeliten konnten sich der überall verhandelten causa reformationis nicht verschließen. Wie in den übrigen Gemeinschaften führten Reformbestrebungen zur Trennung in Konventualen und Observanten; der Ordensgeneral Johannes Soreth (gest. 1471) versuchte eine Reform des gesamten Ordens, freilich ohne nachhaltige Wirkung. Das Reformwerk innerhalb des Karmeliterordens sollte erst im 16. Jh. zum Erfolg führen, freilich um den Preis der Spaltung des Ordens und der Schaffung einer neuen Gemeinschaft, eben des reformierten Karmeliterordens.

Im Franziskanerorden führte der von Anfang an vorhandene Streit um das Erbe des Gründers in dieser Epoche zu härtesten Auseinandersetzungen. Die vollkommene Besitzlosigkeit, auf die Franziskus seine Brüder verpflichtet hatte, ließ sich nur mit Hilfe der päpstlichen Regelerklärungen verwirklichen. Als Innozenz IV. 1245 mit der Bulle ›Ordinem vestrum‹ schließlich alles bewegliche und unbewegliche Gut der Franziskaner in das Eigentum des Apostolischen Stuhles übernahm, lag der Vorwurf, die so gelebte Armut sei eine bloße juristische Fiktion, auf der Hand. Auch die Regelerklärung Nikolaus III. von 1279 (Exiit qui seminat), die im Interesse der treuen Regelbeobachtung die klugen Unterscheidungen von Eigentum, Nutznießungsrecht und einfachem Gebrauch einbrachte, konnte die streitenden Brüder nicht versöhnen. Die Spiritualen verfochten das Ideal einer reinen Armut, deren Wortführer gegen Ende des 13. Jh. Petrus Johannes Olivi war (gest. 1298). Er und seine Parteigänger forderten die wörtliche Regelbeobachtung und gestanden den Minderen Brüdern lediglich den „usus pauper" zu. Innerhalb des Ordens wurde so die „quaestio de paupertate" zum Anlaß der sich deutlich abzeichnenden Trennung zwischen Kommunität und Spiritualen. Die Armutsfrage blieb jedoch nicht auf den Orden beschränkt. Das zeigte sich unter Johannes XXII. (1316—1334). Der Papst stand zunächst auf Seiten der Kommunität, wandte sich gegen die Spiritualen, denen er vorhielt, der Gehorsam stehe über der Armut, und zwang sie unter die vollständige Obedienz der Ordensoberen. Aber der Armutsstreit breitete sich über den Orden hinaus aus. Er konzentrierte sich auf die allgemeine Frage, ob denn Christus und die Apostel, einzeln und gemeinsam, Eigentum besessen hätten. Die Franziskaner bejahten diese Frage. Der General Michael von Cesena (1316—1328) erklärte in einem Rundschreiben an die ganze Christenheit im Jahre 1322, „es sei gesunde, katholische und rechtgläubige Lehre, daß Christus und die Apostel nichts zu eigen besessen haben". Diese Position hätte reiner Gelehrtenstreit und ordensinterne Kontroverse bleiben können. Aber sie war nicht einfach Theorie, hatte vielmehr unmittelbaren Bezug zur Gegenwart voll gefährlicher Sprengkraft. Hatte Christus wirklich kein Eigentum und hatte er auch keine Herrschaft beansprucht, so konnte und mußte das auch von seinem Stellvertreter, dem Papst, gefordert werden. Johannes XXII. erklärte deshalb die Behauptung von der vollkommenen Armut Christi für häretisch und gab auch das Eigentumsrecht über allen Besitz der Franziskaner zurück. Damit war der Franziskanerorden in eine unmögliche Situation geraten. Ohne den Apostolischen Stuhl als Eigentümer konnte er der Regelforderung kaum gerecht werden. Der Häresieverdacht beschwerte die Existenz des Ordens außerdem. Der Ordensgeneral Michael von Cesena und andere Franziskaner wandten sich deshalb vom Papst ab und wurden zu eifrigen Parteigängern Ludwigs des Bayern. Der unerquickliche Streit endete mit der Exkommunikation der Franziskaner am Hofe Ludwigs in München.

Für den Orden selbst war die Frage der Lebensform damit keineswegs entschieden. Die Spiritualen schieden zwar aus; sie verschwanden in der Häresie, die Inquisition machte ihnen den Prozeß und löste sie auf. Die große Schar der Franziskaner suchte nun auf dem Boden der früheren päpstlichen Regelerklärungen zu einer Reform des Ordens zu kommen. Unter diesem Bemühen schälte sich im Orden die Observanzbewegung heraus, die an der prinzipiellen Eigentumslosigkeit der einzelnen Häuser und des ganzen Ordens festhielt, auf regelmäßige Einkünfte und eigene Güter verzichtete, während die andere Gruppe, nunmehr als Konventualen bezeichnet, gemeinsamen Besitz, Einkünfte und Liegenschaften annahmen. Die Reform sammelte sich in verschiedenen Ländern um bedeutende Persönlichkeiten. Bernhardin von Siena (gest. 1444), Johannes von Capestrano (gest. 1456), Albert von Sarteano (gest. 1450) und Jakob von der Mark (gest. 1476) faßten die verschiedenen Reformen fest zusammen und stellten die Weichen für die Verselbständigung der beiden Ordenszweige. Zunächst verblieb die Observanz im Verband des Gesamtordens;

ein eigener Generalvikar wurde freilich für ihre Belange eingesetzt. Die rechtliche Zusammengehörigkeit war allerdings nur noch ein Band äußerlicher Einheit. Papst Leo X. (1513—1521) zog schließlich die Konsequenz und löste diese äußere Einheit auf. Mit der Bulle ›Ite vos in vineam meam‹ vom 29. Mai 1517 wurden die Observanten von den Konventualen geschieden. Jede Ordensfamilie wählte sich ihren eigenen Ordensgeneral. Das franziskanische Erbe war nun auf zwei selbständige Orden verteilt.

In allen Orden ist im späten Mittelalter die Reform aufzuspüren. Auch in dieser Zeit regten sich Kräfte der Erneuerung, lebten Menschen in den Klöstern der verschiedenen Observanzen, die Anregungen aufnahmen und sie auf fruchtbare Weise mit der eigenen Überlieferung verbanden, um ihr Ordensideal in einer Weise zu leben, die in der Öffentlichkeit verantwortet werden konnte. Ja, die immer wieder propagierte und geforderte Reform der Kirche „an Haupt und Gliedern“ hat am ehesten in den Ordensgemeinschaften zum Ziele geführt. Freilich in einer Kirche, in der die Mißstände, die Verzerrungen und Fehldeutungen des Christlichen das Feld beherrschten, konnten solche Reformunternehmen nicht sonderlich gedeihen. Aufs Ganze gesehen, waren das Kloster und die Orden im 15. Jh. nicht groß angesehen. Die Mendikanten vor allem, mit ihrer „ermüdenden Allgegenwart“ (D. Knowles) waren Gegenstand der Kritik und des Spottes. Der Bettelmönch wurde zur Karikatur schlechthin. Die im späten Mittelalter weitverbreitete Parodie nahm gerade ihn zur Zielscheibe ihres bissigen, aber weithin treffenden Spottes. Im 14. und 15. Jh. liefen nicht nur Reform und Zerfall in den Klöstern nebeneinander her. Es gab auch nicht nur die berechtigte innerkirchliche Kritik an dekadenten Klöstern und verkommenen Ordensleuten. Damals wurde erstmals eine seither nicht mehr verstummende Kritik am Ordensleben überhaupt laut. Die Berechtigung des Ordenslebens wurde nun grundsätzlich in Frage gestellt. Der Engländer John Wyclif (gest. 1384) formulierte die entscheidenden Thesen. Erster Ansatzpunkt war die widerliche Erfahrung mit dekadenten Klöstern, die allzu reichen Großkonvente und das allzu geschäftige Gebaren der Bettelmönche in den Städten, die einer geordneten Pfarrseelsorge im Wege standen. Mit Protesten gegen die Mißstände stand Wyclif sicher nicht allein. Aber der Maßstab für ein Urteil sind nun nicht nur die Mißstände. Letztes Kriterium für alles Christliche und Kirchliche ist die Autorität der Hl. Schrift und des dort verkündigten „Christus humilis", der jeden Christen in seine Nachfolge einfordert. Die Schrift aber enthält nichts vom Mönchtum. Sie ist allein die „regula prima" aller Christen, die jede andere Regel ausschließt. Das Mönchtum ist reine menschliche Erfindung, von der Autorität Christi und der Schrift nicht gedeckt, es ist die „Sekte der Pharisäer, die der Herr zerstört hat". Mit seinem Anspruch, mehr und besser zu sein als die übrigen Christen, entpuppt sich das Mönchtum sogar als Werk des Antichristen, der seinem Wesen nach sich über Christus erhebt. Das aber geschieht gerade fortwährend im Mönchtum [5]. Im Gesamt der mittelalterlichen Mönchsgeschichte wird hier erstmals die Autorität der Schrift gegen das Mönchtum verwandt; es ist die gleiche Autorität, die sonst zur Begründung des monastischen Lebens herangezogen wird. Es ist also das Schriftverständnis, das je bestimmende Deuteprinzip, das zur monastischen oder antimonastischen Position hinführt. Das Konzil von Konstanz hat Wyclifs Angriffe auf das Mönchtum zurückgewiesen und die traditionelle katholische Position dagegen gestellt. Wyclif selbst hat mit seiner Kritik am Mönchtum alles andere als einen Klostersturm in England bewirkt. Einzelne Mönche folgten seiner Lehre und verließen ihre Klöster. Aber zur Aufhebung der Klöster kam es nicht, einfach auch deshalb, weil das institutionalisierte Mönchtum sich nicht mit bloßen Parolen zerschlagen ließ, sondern dazu wesentlich stärkere Machtmittel nötig gewesen wären.

[5] B. Lohse, Mönchtum und Reformation. Luthers Auseinandersetzung mit dem Mönchsideal des Mittelalters (Göttingen 1963) 176—194.

MÖNCHTUM IN REFORMATION UND GEGENREFORMATION

Der „Herbst des Mittelalters" war in den Klöstern nicht nur vom Verfall gekennzeichnet. Es gab kräftiges Leben neben allem Niedergang, lebensfähige Neuorientierung und hoffnungsvolle Ansätze für eine Erneuerung des Mönchtums. Aber ein Kloster lebt nicht aus sich selbst. Es ist in seiner Lebensfähigkeit auf seine Umgebung in all ihren Dimensionen angewiesen. Es will in ein klosterfreundliches Milieu eingebettet sein. Zu Beginn des 16. Jh. verschwand dieses Milieu in weiten Teilen Europas. Die Reformation, jener Sturm auf die römisch-katholische Kirche mit ihrem Lehrgebäude und ihren Lebensformen, zielte auch auf die Zerschlagung des Mönchtums. Martin Luther (1483—1546), mit dem der Reformationsvorgang, der aus vielerlei Ursachen erwachsen war, untrennbar verknüpft ist — gleichsam in der Rolle des auslösenden Faktors — kam als Augustinereremit selbst aus dem spätmittelalterlichen Mönchtum. Mitglied der sächsischen Observantenprovinz unter dem ernsten und eifrigen Generalvikar Johannes Staupitz, hatte er früh die Streitigkeiten um die Ordensreform am eigenen Leib erfahren. Obwohl selbst Observant — sogar „observantissimus" —, stand er in einem gespannten Verhältnis zu dieser Ordensrichtung, die durchaus Anlaß zu Kritik bot. Doch die Ablehnung des Ordenslebens und der Ordensgelübde setzten Luthers theologische Entwicklung zum Reformator voraus. Die von Luther bis etwa 1519 gewonnene theologische Position bot für ein Mönchsleben keine geistliche Basis mehr, obwohl der Reformator die Konsequenzen erst etliche Jahre später zog. Das Mönchsleben stand im Widerspruch zu Luthers Grundprinzip der allein verbindlichen Schrift. Es war reines Menschenwerk. Die lebenslange Bindung durch Gelübde ließ sich mit der Idee der „evangelischen Freiheit" nicht in Einklang bringen. Die Mönchsregeln und Mönchspraxis gingen nach ihm darauf aus, das Heil durch eigenes Werk zu sichern, das aber stand gegen Luthers oberstes Gebot, daß das Heil allein aus dem Glauben komme. Seine Auseinandersetzung mit den Ordensgelübden stellte er unter das Schriftwort Röm 14, 23: „Alles, was nicht aus dem Glauben kommt, ist Sünde." Im Jahre 1522 veröffentlichte er seine programmatische Schrift gegen die Ordensgelübde. Sie stellte die „evangelische Freiheit" über die Bindung an Orden und Kloster, das persönliche Gewissen über das Gelübde. Der schon vorher eingeleitete und von anderen Reformatoren kräftig unterstützte Prozeß der Auflösung von Klostergemeinschaften erhielt durch Luthers Schrift neuen Auftrieb. Der Reformator zweifelte allerdings, ob überall redliche Gewissensentscheidung zum Schritt über die Klostermauern getrieben habe. An einen befreundeten, ehemaligen Mitbruder schrieb er 1522: „Ich sehe, daß viele unserer Mönche aus demselben Grunde herauslaufen, aus dem sie eingetreten sind, nämlich um des Bauches und der fleischlichen Freiheit willen. Durch sie will Satan einen großen Gestank wider den guten Geruch unseres Wortes erregen. Aber was sollen wir tun? Es sind faule Bäuche, und suchen nur das Ihre. Da ist es schon besser, wenn sie außerhalb der Kutte sündigen und zugrunde gehen als in ihr; sonst gehen sie doppelt zugrunde, wenn sie auch dieses Lebens beraubt werden." [1]

Die antimonastische Propaganda der Reformatoren ging nicht auf ein reformiertes Mönchtum aus, sondern auf die Auflösung des Mönchstandes. Zahlreiche Ordensleute verließen nun ihre Klöster. Unter ehemaligen Ordensleuten fand Luther besonders treue und eifrige Anhänger: Ambrosius Blarer (1492—1564), der ehemalige Prior des Benediktinerklosters Alpirsbach, Wolfgang Musculin (1497—1563) aus dem Benediktinerkloster Lixheim/Elsaß, Antonius Corvinus (1501—1553), ehemaliger Zisterzienser in Loccum, die Franziskaner Johannes Knipstro (1497 bis

[1] WA Briefe 2, 488. Zum Ganzen vgl. B. Lohse, Mönchtum und Reformation. Luthers Auseinandersetzung mit dem Mönchsideal des Mittelalters (Göttingen 1963).

1556), Friedrich Myconius (1490—1546), Johannes Briesmann (1488—1549), Johannes Eberlin (1465—1533), um nur wenige zu nennen. Sicher löste sich eine ganze Reihe von Konventen im Gefolge der antimonastischen Predigt stillschweigend auf. Aber die meisten Klöster verschwanden von der monastischen Landkarte nicht einfach als unmittelbare Folge der Predigt von der „wahren Freiheit des Christenmenschen", sondern durch Maßnahmen der protestantisch gewordenen Landesherren. Von 1525 an war die Durchführung der Reformation mehr und mehr Sache der Fürsten geworden; man spricht mit Recht von der Fürstenreformation. Die im späten Mittelalter ausgeprägte Entwicklung auf ein Landeskirchentum kam nun in den reformierten Ländern voll zum Zug. Luther selbst hat angesichts der politischen Wirren und Unruhen, die die Reformation heraufbeschworen hat, nach den Landesherren als Ordenshütern gerufen; freilich wollte er sie nur als „Notbischöfe" anerkennen. Aber die Entwicklung ging weiter und schuf den Summepiskopat der Landesherren, der den Fürsten grundsätzlich das „Wächteramt" über die Gottesverehrung zuwies. Nach Melanchthon waren die Fürsten die „vornehmsten Glieder" der Kirche. Sie und der „pius magistratus" der Städte haben die Aufgabe, „mit ihrer Autorität die wahre Kirche zu unterstützen, gotteslästerliche Lehrer zu beseitigen und fromme Prediger einzusetzen" [2]. Praktisch hatte schon der 1. Reichstag zu Speyer 1526 den Landesherren die Möglichkeit gegeben, in ihren Territorien die Reformation durchzuführen, auch wenn das „ius reformandi" ihnen im Reichstagsabschied dort gar nicht zugestanden worden war. Aber die politische Situation begünstigte diese Entwicklung, und die reformatorische Theologie unterstützte sie. So konnten die Landesherren die Klöster aufheben, auch mit Gewalt und Druck die Ordensleute reformieren oder des Landes verweisen. Landgraf Philipp von Hessen begann im Herbst 1526 mit der Aufhebung und Säkularisierung der Klöster seines Landes; die übrigen protestantisch

[2] Zitiert nach H. Jedin, Handbuch der Kirchengeschichte 4 (Freiburg 1964) 233.

gewordenen Länder und Reichsstädte Deutschlands folgten rasch in dieser Aktion nach. Die folgenden Reichsentscheidungen (Augsburger Interim 1548, Passauer Vertrag 1552 und schließlich der Augsburger Religionsfriede 1555) hatten kaum die Möglichkeit, die geschehene Entwicklung zu revidieren und aufzuhalten. Sie konnten den gewordenen Zustand zur Kenntnis nehmen; die religiös-kirchliche Spaltung Deutschlands war vollzogen. Mit ihr waren Mönchtum und Klöster aus weiten Teilen Deutschlands verschwunden. Allerdings brachte die Reformation den protestantischen Ländern doch eine Fortsetzung klosterähnlichen Lebens. Es waren vor allem Frauenklöster Norddeutschlands, die auch in der neuen Religion als „Damenstifte" weiterlebten. Die Landesherren erließen sogar eigene Klosterordnungen, die das Leben in solchen Häusern, die im Rahmen der alten Klöster weiterlebten, genau regelten. Für diesen Fortbestand klösterlichen und stiftischen Lebens im Protestantismus kann freilich kein doch noch irgendwie verbliebenes Wohlwollen der reformatorischen Theologie für den Ordensstand aufgerufen werden. Es sind einfach soziale, gesellschaftliche Gründe gewesen, die hier klosterähnliche Institutionen weiterleben ließen. Schon im späten Mittelalter waren die Frauenklöster in den Städten häufig einfach Versorgungsstätten unverheirateter Frauen gewesen — eine Folge des Frauenüberschusses und der Unmöglichkeit einer selbständigen Versorgung der unverheirateten Frau. Diese Verhältnisse bestanden auch nach der Reformation fort: Im „Stift" schuf sich die Gesellschaft — immer noch kirchlich und religiös geprägt — den notwendigen Ausweg [3].

Was bisher von den protestantisch gewordenen Ländern ge-

[3] Zu solchen protestantischen Stiften, die z. T. bis heute bestehen vgl. N. C. Heutger, Evangelische Konvente in den welfischen Landen und der Grafschaft Schaumburg (Hildesheim 1961). Protestantische Stifte, in die vorreformatorische Klöster umgewandelt wurden, gab es auch in anderen Ländern und Reichsstädten; ein gutes Beispiel bietet die Umwandlung des Franziskanerinnenklosters in Ulm/Donau, das als protestantisches Stift unter Aufsicht der Reichsstadt bis zum Jahre 1808 bestehen blieb.

sagt wurde, gilt auch für die übrigen Länder Europas, die der Reformation Luthers folgten; die nach Ländern verschiedene Ausprägung des reformatorischen Bekenntnisses spielt dabei keine Rolle. In der grundsätzlichen Ablehnung des Mönchstandes waren sich alle einig. Zu einer vollständigen Auflösung der Klöster kam es in England unter Heinrich VIII. (1509—1547). Um 1535 gab es in England und Wales etwa 800 Klöster. Die Auflösung dieser Klöster führte Thomas Cromwell in den Jahren 1536—1540 durch, um der englischen Krone neue Geldquellen zu erschließen. Die Auflösungsaktion ging also rasch über die Bühne. Widerstand von Seiten der Klöster gab es wenig. Die Martyrer unter den Mönchen waren jene, die 1535 und 1536 den Eid auf die Oberhoheit des Königs über die Kirche abgelehnt hatten. In den nordischen Ländern führte der Prozeß ebenso zur vollständigen Auslöschung des Mönchtums; allerdings zog sich dort der Vorgang erheblich länger hin.

In Frankreich wirkte sich die Reformation zwar weniger mächtig aus, aber das Mönchtum kam aus seinem desolaten Zustand nicht heraus. Das Konkordat vom Jahre 1516 zwischen Papst Leo X. und König Franz I. legte die Ernennung der Äbte fast völlig in die Hände des Königs. Das Kommendenwesen breitete sich damit weiter aus. Auf disziplinarische Reglementierung durch die Regierung antworteten viele Klöster selbst mit der Auflösung. Die Religionskriege 1562—1593 zerstörten schließlich zahlreiche Klöster.

Die Reformationszeit hatte für das traditionelle Mönchtum Europas sicher verheerende Folgen. Aber man wird auch von einer heilsamen Flurbereinigung sprechen dürfen. Die starke Dezimierung — die Zahl der Ordensleute dürfte etwa um die Hälfte gesunken sein — war nicht nur Verlust und Schaden. Der gewaltige und weitreichende Abfall von der römischen Kirche in den nordischen Ländern wirkte schockartig und ließ die innere Erneuerung der Kirche als dringendste Aufgabe erscheinen. Auch im Ordenswesen regten sich neue Kräfte, sie knüpften unmittelbar an die Reformansätze des späten Mittelalters an und führten diese weiter. Die neu entstehenden Ordensgemeinschaften zeigten allesamt einen starken Zug zur aktiven Tätigkeit in der Seelsorge oder in den Werken der Caritas. Diese Zielrichtung schuf einen neuen Ordenstyp, den der Regularkleriker. Ihr mittelalterlicher Vorentwurf waren in gewissem Sinne die Dominikaner und die ihnen weithin gleichgewordenen, klerikalisierten anderen Bettelorden. Die Regularkleriker sind Priestergemeinschaften, die sich auf der Basis des traditionellen Ordensleben zusammenfinden, die priesterliche Tätigkeit aber von vorneherein in ihr Programm aufnehmen. Solche Gemeinschaften entstanden zunächst in Italien. Es waren der Theatinerorden, den Cajetan von Thiene (etwa 1480—1547) und Johann Peter Carafa, der spätere Papst Paul IV. (gest. 1559) gründete. Carafa war Bischof von Cieti (= Theate) gewesen; daher nahm die neue Gemeinschaft ihren Namen. Als Regel diente die Augustinusregel, wozu eigene Konstitutionen kamen, die auf den Zweck der Gemeinschaft abgestimmt wurden: Vorbildliches Priesterleben und Seelsorgetätigkeit, wobei besonderer Wert auf die Predigt gelegt wurde. Die Ausbreitung über Italien hinaus war gering (1622 Gründung der Niederlassung in München), aber in Italien wurde der Orden zu einem wichtigen Träger der Kirchenreform, besonders nachdem 1555 Carafa den päpstlichen Thron bestiegen hatte. Eine ähnliche Gemeinschaft entstand unter dem Namen Barnabiten 1533. In deren apostolischer Tätigkeit stand die Volksmission im Vordergrund, also die Erneuerung des religiösen Lebens in den Pfarreien durch systematische Predigtarbeit. Die Somasker, nach dem Ort Somasca in Norditalien benannt, wurden 1540 als Priestergemeinschaft bestätigt. Mit Krankenpflege und Erziehungsarbeit widmete sie sich vorab der karitativen Arbeit.

Diese Neugründungen, die mit mäßigem Personalbestand noch heute innerhalb der Kirche tätig sind, werden übertroffen von der Tat des Ignatius von Loyola durch die Gründung der Gesellschaft Jesu, des Jesuitenordens, wie sie gewöhnlich genannt wird.[4] Ignatius, 1491 aus vornehmer baskischer Familie geboren,

[4] Zur Person des Ordensstifters vgl. etwa die Biographien von J. Brodrick (London 1956); H. Rahner (Graz ²1949).

wurde nach Hof- und Militärdienst 1521 schwer verwundet. In der Muße des langen Krankenlagers las er geistliche Literatur, das ›Leben Christi‹ des Kartäusers Ludolf von Sachsen, das ihn mit der deutschen Frömmigkeit des späten Mittelalters vertraut machte, und die typisch mittelalterliche Heiligenlegende des Jakob von Voragine. Eine fast einjährige Besinnungszeit in Manresa bei der Benediktinerabtei Montserrat folgte, die ihn mit den Schriften des Abtes Cisneros und damit von neuem mit dem Geistesgut der Devotio moderna vertraut machte. In dieser Zeit intensiver Belehrung und religiöser Erfahrung legte Ignatius die Grundzüge seines ›Exerzitienbüchleins‹ fest und wandelte sich darin vom Pilger und Büßer zum „Mann der Kirche“. Nach einer Wallfahrt zu den Hl. Stätten in Palästina und dem mißglückten Versuch, sich dort niederzulassen, begann er in der Heimat zu studieren. Seelsorgerliche Aktivitäten brachten ihn vor das Inquisitionsgericht. Diese Behinderung veranlaßte ihn, nach Paris zu ziehen, wo er weiter Theologie studierte. Die ersten Gefährten schlossen sich ihm enger an. Am 15. August 1534 gelobte er mit sechs Freunden (Laynez, Salméron, Bobadilla, Franz Xaver, Rodrigues und Faber) Armut und Keuschheit, eine Wallfahrt nach Jerusalem und die Arbeit an den Seelen. Damit war eine Klerikergemeinschaft gegründet worden, die von der monastischen Tradition in ihrer zeitgenössischen Interpretation lebte und auf einen pastoralen Zweck abgestimmt war. Schon von diesem Entwurf her ist die Neugründung der eben sich in Italien bildenden Gemeinschaften der Regularkleriker an die Seite zu stellen. Im Jahre 1537 während der geplanten Überfahrt nach Palästina wurde Ignatius in Venedig zum Priester geweiht. Da sich die Palästinareise nicht realiseren ließ, zog Ignatius nach Rom, um seine und seiner Gemeinschaft Dienste dem Papst anzubieten. 1540 bestätigte Papst Paul III. (1534—1549) die Gemeinschaft der „Gesellschaft Jesu“. Ihr Ziel sollte sein, „unter dem Kreuzesbanner für Gott zu streiten und dem Herrn allein und dem Herrn Papst, seinem Vikar auf Erden, zu dienen“. Dieser Dienst wurde aufgefächert in Predigt, Unterricht und Werke der Caritas. Zu den üblichen drei Ordensgelübden der Armut, Keuschheit und des

Gehorsams wurde ein viertes hinzugefügt: Die Mitglieder der Gesellschaft Jesu sollten jedem zum Heil der Seelen und zur Ausbreitung des Glaubens erteilten Befehl des Papstes ohne Zögern Folge leisten. Ignatius, der bis zu seinem Lebensende im Jahre 1556 in Rom blieb, widmete seine ganze Lebenskraft dem weiteren Ausbau des Ordens, dessen Oberer er von 1542 an war. Der erste Entwurf einer Lebensordnung, die sog. ›Formula Instituti‹ von 1531 wurde nun durch die Konstitutionen ergänzt und zu einer Ordenssatzung ausgebaut, die nach mehrfacher Bearbeitung 1558 zur verbindlichen Ordnung der Gesellschaft wurde [5]. Die Verfassungsordnung ist deutlich an den mittelalterlichen Bettelorden abgelesen, freilich unter Ausschaltung des demokratischen Elementes. Auch die Gesellschaft Jesu ist ein ortsungebundener Personalverband. Allerdings ist der Zentralismus gesteigert. Die oberste Regierungsgewalt liegt bei dem auf Lebenszeit gewählten Ordensgeneral, dessen Befehlsgewalt jedes Mitglied unmittelbar treffen kann — unter Ausschluß der Zwischeninstanzen (Provinz- oder Hausoberer). Auch im Aufgeben monastischen Brauchtums ging Ignatius weiter als die Mendikanten. Auf das eigene Ordenskleid wurde verzichtet und ebenso auf das von der Gemeinschaft gemeinsam verrichtete Chorgebet. Während die geistliche monastische Überlieferung gewahrt blieb, wagte die äußere Lebensform und das Tätigkeitsfeld den Schritt zum „non plus ultra“ (D. Knowles) gegenüber den bisher existierenden Ordensgemeinschaften. Eine andere Neuerung in seinem Orden war die strenge Gruppierung und Klassifizierung der Mitglieder. Bisher kannte man in den Orden Priester und Laien, die jedoch durch das Band der gleichen Gelübde wieder zur Einheit — freilich oft nur formal — zusammengebunden wurden. Ignatius schuf eine neue Einteilung: Novizen, die noch ohne Gelübdebindung zur Gesellschaft gehören, Studierende (Scholastiker), die durch einfache Gelübde gebunden sind, aber jederzeit aus dem Orden entlassen werden können, Koadjutoren, d. h.

[5] Textausgabe: M. Schoenenberger—R. Stalder = H. U. von Balthasar, Die großen Ordensregeln 315—406.

Priester oder Laienbrüder der Gesellschaft mit einfacher, öffentlicher Gelübdebindung, die bei schwerwiegendem Grunde aus dem Orden entlassen werden können und Professoren mit feierlichen Gelübden. Zur letzten Gruppe werden nur Priester zugelassen. Diesen stehen allein die höheren Ordensämter offen. Dieses Einteilungsprinzip dient wiederum der Einsatzfähigkeit der Gesellschaft, ihrer bedingungslosen Verfügbarkeit und verrät das starke elitäre Selbstverständnis der Gesellschaft Jesu. In die Gesellschaft sollte kein großer Haufen von Leuten aufgenommen werden, sondern nur erlesene Menschen. Auch die Apostel waren einst ja eine auserwählte Schar. Die Auserwählung ist kein Grund zu Stolz und Überheblichkeit, weil sie auf besondere Berufung zurückgeht, als unverdient berufene Gesellschaft ist dann auch die Gesellschaft Jesu eine 'minima societas'.

Die Auserwählung entspricht der Aufgabe des Ordens. Er will die Sendung Jesu Christi in dieser Welt fortsetzen. In deren Deutung folgt Ignatius ganz dem Evangelium und erkennt den Gehorsam Jesu als sein Kernstück. Die Fortführung der Sendung Jesu wird in der Gesellschaft deshalb auch durch den bedingungslosen Gehorsam ermöglicht. Dieser Gehorsam bindet den einzelnen Jesuiten an seinen Oberen und die ganze Gemeinschaft an den Papst. Er ist nicht einfaches Funktionsmittel, sondern Nachvollzug des Gehorsams Jesu, der im Lebensopfer am Kreuz endete. Der Jesuit und der ganze Orden sollen dadurch zum „reinen Werkzeug im jeweils größeren Dienste Gottes" werden [6].

Das Konzept der Gesellschaft Jesu muß aus der persönlichen religiösen und kirchlichen Erfahrung ihres Gründers gedeutet werden. Diese aber steht in unmittelbarem Zusammenhang mit der katholischen Reform des ausgehenden Mittelalters. Ignatius und seinen Orden als typisches Produkt der katholischen Gegenreformation zu verstehen, geht an den Tatsachen vorbei. Ignatius lebte nicht in einem protestantischen Land, noch stand er in un-

[6] Eine kurze Einführung in Geschichte und Wesen des Jesuitenordens bei H. Becher, Die Jesuiten. Gestalt und Geschichte eines Ordens (München 1951).

mittelbarer Berührung mit dem Protestantismus. Er hat keine Schrift von Martin Luther gelesen und sich auf keinerlei Kontroverstheologie mit der Reformation eingelassen. Wohl hat schon sein Biograph Ribadeneira[7] Parallelen zum Leben Luthers unterstrichen. Aber dabei geht es einfach um zeitliches Zusammentreffen, nicht um eine bewußte Antithetik. Die Struktur des Ordens bestimmte diesen allerdings dazu, ein ganz entscheidender Träger und wesentlicher Faktor der katholischen Gegenreformation zu werden.

Nach anfänglichen Schwierigkeiten konnte sich die Gesellschaft Jesu außerordentlich rasch ausbreiten. Erstes Tätigkeitsfeld waren Italien und Spanien, wo allenthalben Kollegien der Jesuiten — so werden die gewöhnlichen Ordensniederlassungen genannt — entstanden. Frankreich folgte nach und bald wurde auch Deutschland in den Tätigkeitsbereich einbezogen. Petrus Canisius war der erste deutsche Jesuit (1521—1596); bereits 1556 wurden in Deutschland zwei Ordensprovinzen eingerichtet. Gefördert wurde die Gesellschaft vor allem von Ferdinand I., den bayerischen Herzögen und Kardinal von Waldburg, dem Bischof von Augsburg. Auf deutschem Boden hatten die Jesuiten vorab in den katholischen Ländern den alten Glauben zu erneuern. Diesem Ziel diente der von Canisius verfaßte und schnell weit verbreitete ›Katechismus‹, eine Darlegung der katholischen Glaubenslehre, die kompromißlos das traditionelle Lehrgebäude verteidigte und die durch die reformatorische Theologie aufgeworfenen Fragen durch glatte Verneinung widerlegen wollte. Als Mittel der Seelsorge diente die Volksmission, die systematische Aufarbeitung des Glaubens und religiösen Lebens in einer Gemeinde. Der Vertiefung und Intensivierung dienten die ›Exerzitien‹. Das Exerzitienbüchlein des Ordensgründers bot dafür das Lehrbuch; durch diese Praxis drang ignatianische Frömmigkeit und Kirchlichkeit in weite Kreise des Volkes. Neben der Seelsorgetätigkeit wuchs immer mehr die Schule und die Universität als wichtigste Domäne der Jesuiten heran.

[7] Leben des hl. Ignatius von 1572.

Jakob Laynez, der zweite Generalobere des Ordens (1558 bis 1565) steuerte klar die Tendenz zum Lehr- und Erziehungsorden. Die 1599 vom Orden endgültig verabschiedete „ratio studiorum" legte eine Studienordnung vor, die auf lange Zeit den katholischen Schul- und Lehrbetrieb reglementierte. Über diese kirchlich und staatlich geförderte Tätigkeit in katholischen Ländern versuchten die Jesuiten auch an der Rekatholisierung der protestantischen Gebiete zu arbeiten. Allerdings hatten auf diesem Arbeitsgebiet die Reichstagsentscheidungen der Reformationszeit vielfach unübersteigbare Mauern aufgerichtet. Reformation und Gegenreformation waren ja inzwischen weithin eine Sache des Rechtes geworden. In den überseeischen Ländern dagegen begannen die Jesuiten von Franz Xaver an (gest. 1552) ausgedehnte Missionsarbeit zu leisten und traten damit an die Seite der mittelalterlichen Bettelorden. Mit der Gesellschaft Jesu ist der neuzeitliche Typ der Ordensgemeinschaft aufgetreten. Das Vorbild mußte als zündender Funke für die Erneuerung der alten Orden wirken und zur Entstehung anderer neuer Gemeinschaften führen.

In die Zeit der Entstehung des Jesuitenordens und unabhängig davon fällt eine folgenreiche Neuerung in der Geschichte der Frauenorden. In das Milieu der ersten italienischen Regularpriestergemeinschaften gehört die Gründung der Angela Merici (1474—1540) aus Desenzano am Gardasee. 1535 gründete sie in ihrer Heimat einen nach der hl. Martyrin Ursula genannten Verein zur Erziehung verwahrloster Mädchen. Die bisher gegründeten Frauenorden standen jeweils in engem Zusammenhang mit Männerorden und die Lebensform war die nach außen mehr oder weniger streng abgeschlossene Gemeinschaft. Bei Angela Merici fehlte die Bindung an einen Männerorden, und auf ein gemeinsames Leben verzichtete sie ebenfalls. Die sich ihr anschließenden Jungfrauen blieben in ihren elterlichen Häusern und Familien wohnen. Zusammengeschlossen wurden sie nur durch eine gemeinsame Lebensordnung, gemeinsames Gebet, Gottesdienst, regelmäßige Versammlungen und gemeinsame Aufgabe. Es war im Grunde ein frommer, caritativ tätiger Verein. Die gleiche Kleidung und die empfohlene Ablegung privater Gelübde rückte den Verein doch wieder an die Seite der traditionellen Frauenorden. Tatsächlich verließ die Gemeinschaft auch schnell ihr Zwischenstadium; als sie im frühen 17. Jh. sich in Frankreich ausbreitete, wurde sie zu einem Orden mit strenger Klausur, was die Ursulinen dann bis heute auch geblieben sind. Der Entwurf Angelas ist eine Art Vorgänger des modernen „Säkularinstituts" — war als solches aber seiner Zeit weit voraus und erwies sich als noch nicht realisierbar.

Nicht weniger kühn war der Gründungsversuch der Engländerin Maria Ward (1585—1645). Aus alter englischer Adelsfamilie stammend, in Belgien aufgewachsen, versuchte Maria Ward eine religiöse Frauengemeinschaft zu gründen. Ihr erster Blick war dabei auf England gerichtet. Töchter katholischer Familien sollten in ihrem Haus eine religiöse Erziehung erhalten und für die Katholisierung Englands gerüstet sein. Zur Erziehungsarbeit sollte wirkliche Apostolatstätigkeit der Schwestern treten, die an der Seite der katholischen Priester in England im Untergrund wirken sollten. Die Schwestern sollten in Gemeinschaft leben, aber auf ein Ordenskleid und die strenge Klausur verzichten. Maria Ward war bei ihrer Gründung deutlich vom Werk des Ignatius von Loyola inspiriert. Ein gleich beweglicher Frauenorden sollte neben den Jesuiten wirken. Maria Ward hielt sich bei der Ausarbeitung ihrer Ordenssatzungen an die Konstitutionen der Gesellschaft Jesu. Allerdings lag den Jesuiten wenig an einer solchen Zuordnung eines weiblichen Zweiges. Die päpstliche Kurie konnte der Freiheit von der Klausur nicht zustimmen, zumal das Konzil von Trient diese für Frauenklöster gerade erneut eingeschärft hatte. Die Gründerin stieß allenthalben auf Mißverständnisse und fand in Rom keine Anerkennung. 1631 wurde ihr Institut durch Papst Urban VIII. unterdrückt [8]. Allerdings war ihr Werk durch verschiedene Gründungen schon gefestigt. Deutsche Landesherren hatten die „Englischen Fräulein"

[8] J. Grisar, Die ersten Anklagen in Rom gegen das Institut Maria Wards (1622) (Rom 1959).

zu Schulgründungen eingeladen. 1627 errichteten sie, gerufen vom Kurfürsten Maximilian I., ihre Schule in München, der bald andere folgten. Die Verurteilung der Gründerin konnte ihr Werk an weiterer Ausbreitung nicht verhindern. Freilich war dabei ein Preis zu bezahlen: Die „Englischen Fräulein" waren domestiziert: Ein Orden, in die traditionellen Formen des Ordenslebens eingefaßt, der sich durch schulische und erzieherische Arbeit besondere Anerkennung schaffen konnte.

Diese beiden Neugründungen können als Prototyp des schulischen Frauenordens gelten. In die gleiche Zeit fällt auch die Gründung eines ausgesprochenen Caritasordens. Er ist das Werk des Vinzenz von Paul (gest. 1660) und der Luise von Marillac (gest. 1660). Verschiedene örtliche Vereine frommer Frauen wurden zu einer Gemeinschaft verbunden, die sich „Filles de Charité" (auch Vinzentinerinnen) nannte. 1654 bestätigte Papst Innozenz X. die Gemeinschaft. Den Frauen wurde das gemeinsame Leben unter einer Oberin im Stile des traditionellen Klosterlebens vorgeschrieben. Diese Lebensform wurde nun mit sozialcaritativer Tätigkeit außerhalb des Klosters verbunden. Mit ähnlichen Gründungen dieser Art stehen die Vinzentinerinnen am Anfang zur Entwicklung der modernen, sozial tätigen Frauenkongregationen, die das soziale Wirken der katholischen Kirche im 19. und 20. Jh. entscheidend bestimmt und auch wesentlich getragen haben.

In den alten Orden kam die katholische Reform schwer zum wirklichen Durchbruch. Die hoffnungsvollen Reformansätze waren weithin durch die Reformation abgebrochen. Im meist katholisch gebliebenen Süddeutschland brachte der Bauernkrieg Zerstörung und vielfache Vernichtung in die Klöster. In vielen Ordensfamilien stand die simple Frage des Überlebens, der nackten Rettung des verbliebenen Bestandes im Vordergrund. Die Reform mußte von den katholischen Ländern außerhalb Deutschlands ausgehen. Die Reformauflagen des Konzils von Trient spielten dabei eine wichtige Rolle und gaben wenigstens von außen her entscheidende Reformanstöße. Die Kraft der neuen Orden, vor allem der Gesellschaft Jesu mit ihrem Aktionsdrang und ihrer religiösen Intensität, steckte dazu die älteren Gemeinschaften an und ließ sie nach und nach an deren Seite nach außen wirksam werden [9].

Innerhalb der Franziskanerobservanten entstand bald nach der Trennung der beiden Ordenszweige eine Reformgruppe. Die beiden Franziskanerobservanten Matthäus von Bascio und Ludwig von Fossombrone griffen wieder die Vorstellung vom Leben nach der ursprünglichen Intention des Franz von Assisi auf. Sie verließen ihre Gemeinschaft. Buchstäbliche Franziskusnachfolge — bis in die Äußerlichkeiten einer langen, spitzen Kapuze und des Bartes — mit der Betonung der Einsamkeit und Laienarbeit nach Beobachtung des „Testamentes" war ihr Anliegen, das zunächst in kleinen Konventen der Mark Ankona und Umbriens verwirklicht wurde. Ähnlich wie zuvor bei der Observantenbewegung erreichten die Kapuziner eine teilweise Selbständigkeit, ihr Generalvikar stand unter dem General der Franziskanerkonventualen. Der neue Zweig der Franziskaner hatte keinen leichten Start. Unter ihrem Generalvikar Bernhardin von Asti wurden die Kapuziner zu einem Seelsorgeorden. Die beiden Gründer verließen daraufhin die Gemeinschaft. Ernste Bedenken der päpstlichen Kurie gegen die Neugründung räumten die beiden großen Gönnerinnen Catharina von Camerino und Viktoria Colonna aus. So konnten die Anfangsschwierigkeiten überwunden und selbst der schwere Schock von 1542, als ihr berühmtester Prediger und Generalvikar Bernhardin Ochino den Orden verließ und in das calvinische Genf floh, überstanden werden. 1619 wurde dem Orden die Selbständigkeit zugestanden. Er hatte sich bereits über Italien hinaus ausgebreitet. Die Kapuziner wurden als Volksseelsorger zur wichtigen Stütze der Gegenreformation [10].

Im Karmelitenorden führte die Reform ebenfalls zur Entstehung einer neuen Ordensfamilie. Theresia von Avila (1515 bis 1582) war die Initiatorin der Reform des Karmelitenordens; an

[9] Für die Benediktiner vgl. Ph. Schmitz, Geschichte des Benediktinerordens 4 (Einsiedeln 1960).

[10] Th. Graf, Die Kapuziner (Freiburg/Schweiz 1957).

ihre Seite trat bald für den männlichen Zweig Johannes vom Kreuz. Theresia war 1532 in das Karmelitinnenkloster ihrer Heimatstadt eingetreten. In langen Jahren geistlicher und mystischer Erfahrung reifte sie zur energischen Reformatorin. 1563 gründete sie ein neues Frauenkloster, das nach alter karmelitischer Strenge leben sollte. Die Reformatorin wollte auf die inzwischen dem Orden gewährten päpstlichen Regelerklärungen verzichten und die ursprüngliche Karmelitenregel wieder buchstäblich beobachten. Das alte Programm so vieler Ordensreformen „Zurück zu den Quellen" trieb auch Theresia an. Freilich mußte die Regel sich unter der Hand der tatkräftigen Frau manche Umdeutung und Verschärfung gefallen lassen. Der unter der Reform heranwachsende Orden der „unbeschuhten Karmeliten und Karmelitinnen" wurde in Wirklichkeit eben doch eine Schöpfung des 16. Jh. Die Anfangsschwierigkeiten der Neugründung — Theresia erzählt davon in ihrer Schrift ›Buch der Klostergründungen‹ — konnten nach und nach überwunden werden. Vor allem war es Philipp II., der die Reform förderte und damit bewies, wie sehr in Sachen Reform oder Nichtreform eines Ordens das 'brachium saeculare' eine entscheidende Rolle spielte. 1580 konnten die reformierten Klöster in Spanien eine eigene Provinz bilden und 1593 erhielten sie die Erlaubnis, sich einen eigenen Generaloberen zu wählen, was die faktische Trennung vom alten Karmelitenorden bedeutete. Der männliche Zweig behielt die Verfassungsreform der nichtreformierten Karmeliten (jetzt „beschuhte Karmeliten") bei; die ursprüngliche Betonung der Einsamkeit und des rein kontemplativen Lebens verlor sich nach und nach und der Orden wurde zu einem Seelsorgeorden an der Seite der übrigen Gemeinschaften. Treuer konnten die Frauenklöster die Intention Theresias bewahren. Sie blieben streng beschauliche Klöster. Die selbständigen, kleinen Karmelitinnengemeinschaften bilden in ihrer Gesamtheit heute den größten beschaulichen Orden der katholischen Kirche.

Radikale Kampfansage gegen das Mönchtum, gewaltsame Unterdrückung des Ordenslebens, selbstherbeigeführte und verschuldete Auflösung von Klöstern, versanden in materieller und moralischer Mittelmäßigkeit und entschiedene Reform mit mutigen Neuansätzen, all das lebte auf dem weiten Feld der Mönchslandschaft im Zeitalter der Reformation und Gegenreformation. Zu den Erneuerungen der alten Orden traten außerdem neue Orden, in Lebensgestaltung und Lebensprogrammen den alten durchaus verwandt, in der Aktivität eindeutig die pastorale und praktisch soziale Arbeit bevorzugend. So gründete der Spanier Johannes von Gott (1495—1550) im Jahre 1540 in Granada ein Hospital. Die Gefährten und Helfer schlossen sich zur Ordensgemeinschaft der „Barmherzigen Brüder" zusammen, die sich auf die Augustinusregel verpflichtete und in eigenen Konstitutionen die neue Aufgabe mit dem alten Kodex klösterlichen Lebens verband. Mit der gleichen Zielsetzung sammelte in Rom Camillus de Lellis (1550—1614) Gefährten, die sich im priesterlichen und caritativen Dienst den Kranken widmen sollten. Im Jahre 1534 gründete er die „Regularkleriker für den Beistand der Kranken". Als Regularkleriker schlossen sie sich in Organisation und Verfassung an eben entstandene Gemeinschaften gleichen Typs an. Geistliche Lebensnorm sollte wiederum die Regel Augustins sein, wozu eigene Konstitutionen ergänzend traten. In gleicher Weise entstanden neue Frauengemeinschaften, die die Pläne Angela Mericis und Maria Wards aufnahmen und in je eigener Weise fortführten. Der weibliche Orden entstand von nun an nicht mehr als Pendant zu einem männlichen, obwohl das auch immer noch der Fall war (so gibt es z. B. seit 1538 Kapuzinerinnen), sondern konnte auch selbständig aufkommen. Auf Anregung des Bischofs Franz von Sales gründete Franziska Frémiot de Chantal eine Frauengemeinschaft, die Salesianerinnen, die ursprünglich in Kranken- und Armendienst tätig sein sollten, dann aber sich der Mädchenerziehung widmeten und für die Schwestern die Lebensform des streng klausierten Klosters übernahmen — übrigens wiederum unter Verpflichtung auf die Augustinusregel.

Die von dem römischen Priester Philipp Neri (1515—1595) gegründete Priestergemeinschaft, die 1612 von Paul V. bestätigt wurde, brachte mit seinem „Oratorium" in das Ordensleben eine neue Variante. Die Gemeinschaft, primär getragen vom aktiven

Ziel eines vorbildlichen Priesterlebens und wirkungsvoller Seelsorgearbeit, übernahm aus der Ordenstradition nur noch die Forderung der vita communis. Auf lebenslang bindende Gelübde verzichtete sie, ebenso blieb sie ohne verbindliche Regel des Stifters. Gemeinsamer pastoraler Einsatz und das Band der Liebe sollte die einzelnen Gemeinschaften zusammenhalten. Philipp Neri verzichtete auf eine zentrale Leitung und ließ jedem Haus seine Selbständigkeit innerhalb des Diözesanverbandes. Der französische Priester und spätere Kardinal P. de Bérulle (1575 bis 1629) ließ sich von dem römischen Institut anregen und gründete ein französisches Oratorium mit gleicher Zielsetzung, das 1613 bestätigt wurde. Allerdings paßte er sich wieder mehr traditionellen Ordensformen an und schloß seine Oratorien in einen zentralistisch verfaßten Verband zusammen.

Das monastische und klösterliche Leben behauptete sich somit in vielerlei Formen weiterhin innerhalb der Kirche. Dabei war die Kirchenleitung — sei's die der Bischöfe oder die römische Kurie — der Entwicklung keineswegs immer wohl gesonnen. Die von den Ordenspriestern ausgeübte Seelsorge störte häufig den pastoralen Dienst des Weltklerus, oder stand wenigstens unter Verdacht solcher Störung. Da die Orden das Privileg der Exemtion, d. h. Befreiung von bischöflicher Aufsicht und Alleinverantwortung gegenüber dem Apostolischen Stuhl besaßen, waren sie bischöflichen Eingriffen verschlossen. Die fortbestehende Verbindung zwischen Kloster — gleich welchen Typs — und weltlicher Herrschaft schuf einen weiteren Wall um die klösterlichen Gemeinschaften und Verbände — mal zu ihrem Segen, mal zu ihrem Unheil. So nimmt es nicht wunder, daß die Kräfte der offiziellen Kirchenreform des 16. Jh. sich den Klöstern gegenüber nicht nur wohlwollend verhielten. Die das Trienter Konzil vorbereitenden und begleitenden Reformprogramme fanden mehrfach zu radikalen Maßnahmen auf dem Gebiet des Klosterwesens. So wurde schon im 15. Jh. der kühne Plan vorgetragen, alle Ordensgemeinschaften auf die drei Grundtypen einer benediktinischen, augustinischen und franziskanischen Familie zurückzuführen. Nach einem anderen Plan sollte das Vermögen der Klöster und Orden zentral erfaßt und verwaltet werden, um den wirtschaftlichen Bestand weniger Gemeinschaften zu sichern und die Abhängigkeit von Almosen zufälliger Unterstützung auszuschalten. Andere Reformvorschläge zielten auf größeres Aufsichtsrecht der Bischöfe über die Ordensleute bis zur Ausschaltung der Exemtion. Man verlangte die Reduzierung der Klöster, vorsichtigere Auswahl und strengere Prüfung der Kandidaten; dafür sollte die gesetzliche Festlegung des Eintrittsalters und die sorgfältige Durchführung des Noviziates sorgen. Das Endergebnis all dieser Überlegungen liegt im Dekret über die Religiosen des Konzils von Trient vor: Es wurde in der 25. Sitzung verabschiedet und stellt einen beachtlichen Kompromiß zwischen den radikalen Neuerungsplänen und der vorhandenen Wirklichkeit vor. Die Orden blieben in ihrer Vielfalt und Eigenart erhalten. Mißstände wurden durch Gesetz abgeschafft — freilich schafft ein Gesetz noch kein neues Leben! Den Diözesanbischöfen wurde größerer Einfluß zugestanden, ohne die Exemtion, die schließlich römischen Interessen entsprach, ganz aufzuheben. Das damit verbindlich geschaffene Ordensrecht konnte die weltlichen Machteinflüsse zurückweisen, ließ allerdings die Unterstützung des 'brachium saeculare' bei Reformarbeiten als durchaus wünschenswert erscheinen. Klöster und Orden blieben weiterhin eine religiös-geistliche Wirklichkeit, mit einem Eigendasein zwischen kirchlicher und weltlicher Herrschaft. Das Mindestprogramm des Konzils bot sich als hilfreiches Rahmengesetz an. Die Erfüllung mit Leben war Sache der Ordensleute selbst.

DAS KLOSTER ZWISCHEN REVOLUTION UND RESTAURATION

Fast zwei Jahrhunderte lang konnten die Klöster das tridentinische Rahmengesetz mit Leben erfüllen und die aufgebrochenen Reformansätze fortführen. Freilich hing die Lebensfähigkeit der Reformprogramme von der jeweiligen politischen Situation des Landes und nicht weniger von der gesamtkirchlich-religiösen Lage ab.

In Frankreich brachte die Wende vom 16. zum 17. Jh. eine außerordentliche religiöse Lebendigkeit und Fruchtbarkeit. Das „milieu dévot" — getragen von vornehmen Laien der Aristokratie und reformwilligen Bischöfen — beherrschte das kirchliche Leben [1]. Es wurde von alten Klöstern und Ordensgemeinschaften aufgenommen: Reformunwillige Klöster wurden zum Teil mit Gewalt von Anhängern der neuen Frömmigkeit übernommen. Die Reformkräfte öffneten für die neuentstandenen Ordensgemeinschaften die Tore Frankreichs. So erwies sich Frankreich als besonders geeignet für die Erneuerung der alten Orden und einen beachtlichen Zuwachs an neuen Ordensgemeinschaften. Das Trienter Reformgesetz drängte vor allem die alten Mönchsorden zum territorialen Zusammenschluß — seit dem Mittelalter ja immer wieder die Forderung im Interesse wirksamer Reformen. Unter den französischen Benediktinern entstanden zwei Kongregationen, die die alten Orden in Frankreich zu neuer Blüte bringen konnten. Von ferne wirkte dabei das Vorbild der italienischen Reformkongregation von S. Giustina in Padua nach, das nun freilich in den französischen Klöstern neue Formen annahm. Durch Dom Didier de la Cour (1550—1623) aus der Ab-

[1] Zum „milieu dévot" vgl. H. Jedin, Handbuch der Kirchengeschichte 5 (Freiburg 1970) 3—119.

tei St. Vanne in Verdun wurde zunächst diese Abtei reformiert. Von dort aus zog die Reform in etwa fünfzig französische Abteien ein, die einen streng zentralistischen Verband bildeten. Die Spiritualität dieser Klöster ließ sich vom Angebot des „milieu dévot" anregen und fand so zu neuem geistlichen Leben. Die Priester der Abteien übernahmen Schuldienst und Seelsorgetätigkeit und leisteten damit einen Beitrag zur religiösen Erneuerung Frankreichs. Innerhalb der Konvente sollten sich Frömmigkeit, Askese und Wissenschaft harmonisch verbinden. Der Gründer der Kongregation von St. Vanne drängte auf gediegene wissenschaftliche Ausbildung und Tätigkeit der Mönche: „Ein unwissender Benediktiner ist ein Widerspruch in sich selbst." Dieses Wort gab Dom Didier seiner Reform mit auf den Weg. Dadurch wurde die neuzeitliche Entwicklung des Benediktiners zum gelehrten Mönch eingeleitet.

Gerade dieser Aspekt der Reformkongregation wurde von dem zweiten französischen Benediktinerverband aufgegriffen. Die Vannistenklöster in Mittelfrankreich schlossen sich 1618 zu der eigenen Kongregation vom hl. Maurus zusammen; die Abtei St. Germain-des-Près in Paris wurde bald zum Zentrum der Mauriner. Mit einigen Änderungen wurde die Zentralverfassung von St. Vanne übernommen. Dom Gregor Tarisse (1575—1648) gab als erster Generaloberer die wegweisenden Initiativen. Wie in St. Vanne sollten die außerklösterlichen Aufgaben in Unterricht und Pastoration beibehalten werden und als klösterliche „Heimarbeit" Studium und Wissenschaft gelten. Ein historisches Spezialstudium sollte allen Mönchen zur Pflicht gemacht werden. Diese Festlegung der Konstitutionen ließ die Maurinerkongregation zu einer Gelehrtenvereinigung ersten Ranges ihrer Zeit werden: D'Achery, Ruinart, Montfaucon und vor allem Mabillon begründeten mit ihren historischen Forschungen und Publikationen den wissenschaftlichen Ruhm der Kongregation. Mit ihren mittelalterlichen Vorläufern waren sie es vor allem, die durch ihre wissenschaftliche Tätigkeit das Bild des „idealtypischen Benediktiners" prägten. Die Leistungen auf dem Gebiet der Hagiographie, der Textedition (erste Augustinusausgabe), Diplomatik und Paläographie werden bis heute anerkannt. Aber ihr Ursprung darf nicht als Selbstzweck angesehen werden. In der wissenschaftlichen Arbeit sah die Maurinerkongregation eine zeitgemäße Erfüllung ihrer alten Regelverpflichtung auf die tägliche „lectio". Über die Verbindung von Regeltreue und Wissenschaft schrieb Mabillon in seinem ›Traité des études monastiques‹: „Wir dürfen bei unseren Studien kein anderes Ziel als Jesus Christus haben; sie haben ihre Begrenzung darin, daß sie in uns und in den anderen den neuen Menschen bilden, von dem unser Heiland uns in seiner Person ein Vorbild gegeben hat." Die Kongregation fand mit ihrem Programm rasch Verbreitung — auch wenn damit keineswegs alle Mauriner zu wirklichen Gelehrten wurden. Die Annahme der Mauriner-Konstitution geschah allerdings nicht überall mit Begeisterung. Sanfter Druck der weltlichen und kirchlichen Macht mußte häufig nachhelfen. Kardinal La Rochefoucauld (gest. 1645), eine Zentralgestalt der französischen Kirchenreform, stand mit seinem weitreichenden Einfluß hinter den Maurinern. Für die Übernahme einer nicht oder nur halb reformwilligen Partei entwickelten die Mauriner ein praktikables System: Die nichtreformierten Mönche erhalten weiterhin im Kloster Kost und Logis. Sie bilden eine mehr oder weniger eigene Gemeinschaft unter einem eigenen Oberen. Alle verantwortungsvollen Posten in der Abtei bekleiden aber reformierte Mönche. Das führte zu zwei Gemeinschaften in dem einen Kloster, woraus aber keine ernstlichen Schwierigkeiten erwuchsen. Die Nichtreformierten bildeten die Minderheit, die von selbst nach und nach verschwand. Nach Ph. Schmitz sind sie „Rentnern zu vergleichen, die gegenüber dem Kloster, das sie beherbergte und ihnen Unterhalt bot, vollständig unabhängig waren" [2].

Die nötige Reform des Zisterzienserordens in Frankreich ließ sich schwieriger an. Aber gerade innerhalb dieser Ordensgemeinschaft entstand die eigenwilligste und interessanteste Klosterreform jener Zeit. Armand Jean Bouthillier de Rancé (1626 bis 1700), ein Neffe des Kardinals Richelieu, war ihr Begründer.

[2] Geschichte des Benediktinerordens 4, 37.

Dieser typische Vertreter des Grande siècle — Aristokrat, hochintelligent und mit bester Ausbildung versehen, Inhaber verschiedener kirchlicher Pfründen, darunter mehrerer Abteien — bekehrte sich mit gut dreißig Jahren zu einem radikalen Büßerleben. Er trat in die monastisch ganz unbedeutende Abtei La Trappe (Dep. Orne) ein, eine seiner Pfründen, um hier selbst als Mönch zu leben. 1664 übernahm er als Abt die Führung einer reformwilligen Mönchsgruppe. In seiner Abtei wollte er das ursprüngliche Zisterzienserideal wieder zum Leben erwecken. Unabhängig von anderen Reformbemühungen im Zisterzienserorden sah er dieses Ideal mit eigenen Augen. Seine Religiosität, geprägt von Pessimismus und Strenge, entdeckte das Mönchsleben vor allem als Leben der Buße und Sühne [3]. Das war zweifellos eine sehr subjektive Deutung der Regel Benedikts und des ursprünglichen Zisterzienserprogrammes. Aber seine radikalen Forderungen — Verbot von Fleisch, Fisch, Eiern, Butter, ständiges Stillschweigen, Ausschluß der Wissenschaft, Handarbeit — kamen an und führten trotz aller Widersprüche und Proteste — J. Mabillon verteidigte gegen de Rancé die Studien der Mönche — zahlreiche Bewerber nach La Trappe, das damit zum Zentrum der zisterziensischen Reform wurde, die übrigen Reformen im Orden überschattete und schließlich zum Ursprung eines neuen, selbständigen Zweiges innerhalb des Zisterzienserordens wurde.

Die Hegemonie Frankreichs im religiösen Leben des 17. Jh. zeigte sich auch an verschiedenen Neugründungen. Im gleichen religiösen Milieu entstand eine Reihe neuer Priestergemeinschaften, bei denen sich die traditionelle Form des klösterlichen Lebens mit apostolischer Tätigkeit verband. Vinzenz von Paul, der mit seinen „Barmherzigen Schwestern" die organisierte Caritas begründet hatte, rief auch eine Priestergemeinschaft ins Leben, die die französische Landbevölkerung wieder zur Kirche und zu

3 Über de Rancé: H. Bremond, L'Abbé tempête (Paris 1929) und die kurze Deutung von W. Nigg, Buch der Büßer (Olten—Freiburg [2]1972) 127—150.

religiösem Leben führen sollte. Er selbst war lange als Missionar in Landpfarreien tätig. Erfolg konnte dieses Unternehmen nur verzeichnen, wenn es zur ständigen Institution wurde. So entstand eine Priestergruppe für Missionen in Frankreich, die 1633 von Papst Urban VIII. bestätigt wurde. Nach ihrer Niederlassung in St. Lazare/Paris wurden sie allgemein Lazaristen genannt. Vinzenz verfaßte selbst die Regel für seine Gemeinschaft. In der Organisation — zentrale Leitung unter dem auf Lebenszeit gewählten Generaloberen — glich er sie bestehenden Orden an, verzichtete allerdings auf den strengen Ordenscharakter und verstand seine Missionare als in Gemeinschaft lebende Weltpriester. Eine gleiche Form modernen Ordenslebens schuf Johann Jakob Olier (gest. 1657) mit seiner Priestergesellschaft St. Sulpice (Sulpizianer). Das ehrliche Geständnis des Vinzenz von Paul über die zeitgenössische Priestergeneration: „Die Verwahrlosung des geistlichen Standes ist die Hauptursache des Ruins der Kirche" drängte zu besonderer Aktivität in der Priesterausbildung. Der Einsatz eines Einzelnen reichte dafür nicht aus. Auch die einschlägigen Reformdekrete des Konzils von Trient ließen sich nicht ohne weiteres in die Tat umsetzen. Vinzenz selbst hatte sich deshalb mit anderen auch dieser Aufgabe in verschiedenen französischen Dözesen gewidmet. Unter seinem Einfluß stand auch Olier, der 1641 ein Seminar gründete. Als Pfarrer von St. Sulpice in Paris verband er mit der Pfarrarbeit die Sorge um die Priestererziehung. Seine Helfer schloß er zu einer Weltpriestergemeinschaft zusammen, deren eigentliches Arbeitsfeld das Priesterseminar wurde. Bis 1700 wurden bereits zehn Seminare von Sulpizianern gegründet und geführt. Zu Lebzeiten des Gründers entstand auch ein Seminar in Montreal zur Ausbildung des kanadischen Klerus.

Die dritte Gemeinschaft dieser Art rief Johannes Eudes (gest. 1680) ins Leben. Er war Mitglied des französischen Oratoriums, setzte sich für die Volksmission ein und kam dann zur Arbeit für die Priesterseminare. 1643 gründete er die „Missionspriester von Jesus und Maria" (Eudisten) für die Aufgaben der Volksmission und der Seminarerziehung. Neben diesen männlichen

Ordensgemeinschaften entstanden neue Frauenorden für die Aufgaben der Armen- und Krankenpflege und der Mädchenerziehung. So wurden 1626 in Nancy die „Schwestern der Liebe vom hl. Karl Borromäus“ (Borromäerinnen) für die vielfältigen Aufgaben der Caritas unter der französischen Bevölkerung gegründet. Der lothringische Pfarrer Petrus Fourier gründete an Weihnachten 1597 eine Gemeinschaft für Mädchenerziehung, aus der die „Chorfrauen des hl. Augustin von der Kongregation unserer Lieben Frau“ entstanden. Dabei wurde das alte Kanonissenideal mit neuem Leben und neuen Aufgaben erfüllt. Herkömmliches klösterliches Frauenleben mit Klausur und Chorgebet sollte sich mit pädagogischer Tätigkeit verbinden. Neben den Ursulinen, die um die gleiche Zeit nach Frankreich berufen und sich von hier aus weit verbreiten konnten, und den Englischen Fräulein, war damit ein weiterer Typ eines weiblichen Schulordens entstanden, der auch über Frankreich hinaus tätig werden konnte.

Langsamer entdeckte die Kirche Frankreichs die Volksschule als besondere Aufgabe. Die Schultätigkeit der weiblichen Orden zielte auf allgemeine Mädchenerziehung und höhere Bildung. Die erneuerten alten Mönchsorden entfalteten ihren pädagogischen Auftrag ebenfalls in höheren Schulen. Im Laufe des 18. Jh. rückte die Volksschule in das Blickfeld. Auch hier erfolgte kirchlicher Einsatz in der Form zweckbestimmter Ordensgemeinschaften. Die bekanntesten davon sind die „christlichen Schulbrüder“, die der Reimser Domherr Johannes Baptista de la Salle im Jahre 1681 in Rouen gründete. Der Orden ist eine Gemeinschaft von Laien; der Lebensstil und die Verfassung entsprechen den anderen Orden. Aufgaben sind der Volksschulunterricht und die Ausbildung von Volksschullehrern. Auch das erste Lehrerseminar (1699 in Reims eingerichtet) ist eine Schöpfung de la Salles. Erst das Generalkapitel von 1923 brachte der weitverbreiteten Kongregation eine Arbeitsausweitung mit der Erlaubnis, auch höhere Schulen führen zu dürfen.

Der Aufbruch des Mönchtums und Ordenslebens in Frankreich zeigt auch in den übrigen Ländern Europas Parallelen. Die nordischen Länder blieben freilich davon ausgeschlossen. Immerhin konnten englische Mönche in vier Abteien (eine davon in Lamspringe im Bistum Hildesheim) auf dem Kontinent die alte benediktinische Tradition ihrer Heimat fortsetzen und im 19. Jh. den Grund für eine neue englische Benediktinerkongregation legen.

Unter den neuen Gemeinschaften, die Italien in jener Zeit hervorbrachte, verdienen wenigstens ein paar vorgestellt zu werden. Im Jahre 1597 gründete Joseph von Calasanza eine Priestervereinigung. Sie sollte der schon bewährten Form der Regularkleriker folgen und sich dem Unterricht an armen Kindern widmen. „Arme Regularkleriker von der Gottesmutter der frommen Schulen“ (von daher „Piaristen“) nannte er seine Gemeinschaft, die 1621 durch Gregor XV. endgültig bestätigt wurde. Der Priesterorden, der sich zunächst in den Volksschulen in Italien außerordentliche Verdienste erwarb — ein eigenes Gelübde verpflichtete die Mitglieder zu unentgeltlichem Unterricht — entwickelte sich schnell und breitete sich über Italien hinaus aus. Zum Volksschulunterricht fügte sich bald der an höheren Schulen und Universitäten. Bei der Aufhebung der Gesellschaft Jesu im Jahre 1773 waren es häufig Piaristen, die die Lehrtätigkeit der Jesuiten fortführten.

Für das Predigtapostolat gründete Paul vom Kreuz (1694 bis 1775) im Jahre 1725 die „Kongregation vom Kreuz und Leiden unseres Herrn Jesus Christus“ (Passionisten). Eremitorische Erfahrung, Verehrung des Leidens Christi und Bußeifer führten den Gründer zu seinem Werk, einer Predigergemeinschaft, die wie die mittelalterlichen Mendikanten, pastorale Tätigkeit mit strengem klösterlichen Leben verbanden. Die Passionisten können beispielhaft für andere neue Ordensgemeinschaften stehen: Gründungszweck ist eine genau umschriebene pastorale Aufgabe, die besondere Spiritualität der Gemeinschaft lebt von einer partikulären Andachtsform, wie hier der Verehrung des Kreuzes und Leidens Christi. Verfassung und Lebensgestaltung schließen sich bei derartigen Verbänden mehr oder weniger an bestehende Ordensgemeinschaften an. In den Kreis dieser neuen Kongregationen gehört schließlich auch jene vom „Allerheiligsten Erlöser“ (Redemptoristen). Die Ursprünge dieser bedeutenden Priesterkongregation sind nicht ganz aufgehellt. Die ersten Anstöße gingen dazu wohl von Thomas Falcoja aus, seit 1730 Bischof von Castellamare. Als eigentlicher Gründer gilt Alphons von Ligouri (1696—1787), der 1732 mit Priestern und Brüdern ein Gemeinschaftsleben begann. Pastorale Aufgabe war wiederum die Volksmission, vor allem die Predigt in den verlassenen Bergdörfern Italiens. Das strenge Gemeinschaftsleben sollte von der Frömmigkeit des Gründers getragen sein, die in der Verehrung des Erlösers und der Eucharistie ihre Mitte besaß. Alphons von Ligouri gab seiner Kongregation darüberhinaus umfangreiche theologische Literatur, die sich besonders der Sakramentenpastoral zugewandt hatte. Dadurch wurden die Redemptoristen in Italien zu scharfen Gegnern des Jansenismus und zu den maßgeblichen Autoritäten katholischer Beichtpraxis. Politische Schwierigkeiten verhinderten eine rasche Ausbreitung. Erst der Eintritt der beiden Deutschen Thaddäus Hubl und Klemens Maria Hofbauer brachten die neue klösterliche Lebensform und ihre pastorale Praxis über Italien hinaus und eröffneten vor allem in Österreich, Deutschland und den östlichen Nachbarländern neue Arbeitsgebiete.

In Deutschland, dem Ursprungsland der protestantischen Reformation, kam die Erneuerung des klösterlichen Lebens nur zögernd in Gang. Die reformierten Territorien verschwanden von der monastischen Landkarte. Das Restitudionsedikt von 1629 verfügte zwar die Rückgabe zahlreicher reichsunmittelbarer und mittelbarer Stifte und Klöster. Doch der Gang der kriegerischen Ereignisse im Laufe des Dreißigjährigen Krieges entzog der Durchführung des Ediktes die machtpolitischen Voraussetzungen. Im Jahre 1635 verzichtete der Kaiser auch formell auf das Edikt. Der Westfälische Friede am Ende des langen Krieges (1648) versuchte noch einmal den alten kirchlichen und klösterlichen Besitzstand wiederherzustellen. Für die Form der Religionsübung und den Besitz kirchlicher Güter sollte der Stand vom 1. Januar 1624 (Normaljahr) entscheidend sein. Doch dieser Stichtag änderte an den gewordenen Verhältnissen wenig. Praktisch blieben die Klöster auf die katholischen Lande beschränkt.

Neue Positionen konnten nur dort eingenommen werden, wo im Zuge eines Religionswechsels der Herrschaft die Rekatholisierung von oben her gefördert wurde.

Immerhin hat von den vorreformatorischen Klosterverbänden die Bursfelder Kongregation die Reformation überdauern können, — freilich mit großem Verlust. Aber ihre Grundideen — Autonomie der Klöster, selbständige Abtswahl und lebenslängliche Regierung des Abtes wie auch die lebenslange Bindung des Mönchs an sein Profeßkloster — setzten sich in den übrigen deutschen Kongregationen durch, damit allerdings auch ein Mangel: Den Präsides der Kongregationen, den Generalkapiteln und den Visitatoren wurden zu wenig Rechte eingeräumt. Neben Bursfeld entstanden im Zuge der Trienter Reformbestimmungen nach langem Hin und Her verschiedene Benediktinerkongregationen in den deutschsprachigen Ländern. Die zeitweilig angestrebte Vereinigung aller deutschen Benediktinerklöster in einer „Congregatio monasteriorum O. S. B. in Germania" kam jedoch nicht zustande. Sie scheiterte vor allem am Widerstand der Bischöfe, die dadurch ihren Einfluß gefährdet sahen. Auch sonst sahen sich kleinere Benediktinerklöster in großer Gefahr. Die kirchliche Reformarbeit bedurfte der finanziellen Grundlage. So wurde der Plan entwickelt, durch Enteignung der Benediktinerklöster die nötigen Subsistenzmittel für neue Schulen der Jesuiten zu besorgen. In seiner radikalen Forderung blieb der Entwurf Schreibtischangelegenheit, aber in einzelnen Fällen ging die kirchliche Obrigkeit diesen Weg und organisierte da und dort eine „Umverteilung" von Klostergut. Die Benediktiner konnten ihren Bestand am ehesten dort sichern, wo sie zu lebendiger Erneuerung fanden und mit Seelsorge und Schultätigkeit selbst in die Aktivitäten der kirchlichen Erneuerung miteingriffen. An der Universität Salzburg schufen sie sich ein bedeutendes Zentrum gemeinsamer wissenschaftlicher Arbeit. Die einzelnen Abteien zeigten durch rege Bautätigkeit nach dem Dreißgjährigen Krieg ihre wiedergewonnene Lebenskraft und ihr erneuertes Selbstbewußtsein. Besonders im süddeutschen Raum, wo eine stattliche Reihe von Klöstern zur Reichsunmittelbarkeit gelangte, bot der Bauwille der Äbte und Konvente dem barocken Kunstschaffen reiche Entfaltungsmöglichkeiten; die Namen von Weingarten, Zwiefalten, Ottobeuren, Wiblingen seien stellvertretend für die übrigen Abteien genannt. In den neuen Abteien wurde monastisch gelebt wie in den vorausgegangenen Jahrzehnten. Aber die Frömmigkeit, die das geistliche Leben zu tragen und zu führen hatte, war die der Barockzeit. Dabei stimmten die Benediktiner sowohl innerhalb wie außerhalb der Klostermauern mit den übrigen Ordensleuten überein. Die wissenschaftliche Arbeit der deutschen Barockabteien erreichte nicht den Rang und das Ansehen der französischen Mauriner. Aber deren Vorbild wirkte anziehend — nicht ganz zu Unrecht wird Martin Gerbert (1764—1793) durch seine kirchengeschichtlichen Forschungen den berühmten Maurinern an die Seite gestellt. Die großartigen Bibliotheksräume der Klöster — wenn auch vorab Repräsentationsbauten — zeugen gleicherweise vom Sinn für Wissenschaftspflege. In den Klosterschulen wurden im späteren 18. Jh. vor allem die Naturwissenschaften gepflegt — das „naturwissenschaftliche Kabinett" war fast selbstverständliche Einrichtung jeder Abtei und verlieh diesen Ausbildungsstätten durchaus einen modernen Zug.

An der Seite der Benediktiner lebten die anderen alten Orden weiter. Die Zisterzienser blieben in den deutschen Landen zwar ohne die radikale Reform der französischen Klöster. Doch auch hier kam es zur Kongregationsbildung, wobei das süddeutsche Salem eine führende Rolle spielte. Die Kanoniker gingen in ihren großen Familien, den Augustinerchorherren, und Prämonstratensern gleiche Wege. Das barocke Kloster oder Stift bot allen alten Orden den gleichen Lebensrahmen. Die gleiche Betätigung im Kloster wie außerhalb glich die einzelnen Konvente trotz der verschiedenen Namen, Trachten und Observanzen einander an. Von den Prämonstratensern hieß es z. B.: „Ordo Praemonstratensium nihil habet speciale". In posthumer Apologetik entdeckte der Orden seinen Gründer als Verteidiger der katholischen Eucharistielehre — ein Zentralpunkt gegenreformatorischer und barocker Katholizität — und nahm sich selber der Verehrung der Eucharistie in betonter Weise an. Durch die Pflege besonderer Andachtsformen konnten sich so die verschiedenen Orden voneinander abheben. Sekundäre Merkmale der Tradition wurden in den Vordergrund gerückt, um ein „proprium“ und „specificum“ der jeweiligen Ordensgemeinschaft auszuweisen.

Die Bettelorden, die die Reformation mit außerordentlich hohen Verlusten überlebten, formierten sich im 17. Jh. ebenfalls neu und gelangten für gute hundert Jahre zu weiter Ausbreitung und beachtlicher Tätigkeit. Für eine schulische und pastorale Wirksamkeit hatten allenthalben die Jesuiten die Wege gewiesen. An ihre Seite traten nun die Mendikanten in den Städten und Territorien. Mit ihrer Bereitschaft für die neuen Aufgaben bewiesen sie wiederum ihre Anpassungsfähigkeit. Die Klöster der Bettelorden, in den Städten oder auf dem Land gelegen, kopierten in bescheidenem Maß die Baukomplexe der großen Abteien. Auch dabei waren die Jesuiten mit ihren Kirchen und Versammlungsräumen (Kongregationssaal) vorangegangen. Arbeitseinsatz und Erfolg der Jesuiten waren zweifellos im 17. und 18. Jh. für die übrigen Ordensgemeinschaften wegweisendes und zur Nachahmung anreizendes Vorbild. Ihre Fömmigkeit, verdichtet in der Exerzitienpraxis, fand in allen anderen Orden Eingang und schuf wiederum eine gemeinsame Basis für das weithin gleiche Aktionsprogramm außerhalb der Klöster.

Die herausragende Stellung der Jesuiten im 17. und 18. Jh. unter den übrigen Orden mußte sich auf das gesamte Ordensleben auswirken, als in der zweiten Hälfte des 18. Jh. in verschiedenen Ländern gerade dieser führende Orden angegriffen wurde. In Frankreich war es der Jansenistenstreit, der alten Animositäten gegen die Gesellschaft Jesu neuen Auftrieb gab. In den überseeischen Missionen, wo die Jesuiten und die Mitglieder der Bettelorden im Dienste der 1622 gegründeten Propagandakongregation der römischen Kirche und der die Missionsarbeit mittragenden europäischen Staaten standen, zogen sich die Jesuiten durch den Ritenstreit (bes. in China) und andere Missionspraktiken neue Kritik zu. Die antipäpstliche Politik europäischer Staaten und der nationalen Kirchen sah in den Jesuiten die entscheidenden Verteidiger des Papsttums. Schon 1759 wurden die Jesuiten aus

Portugal und seinen Kolonien ausgewiesen. Frankreich, Neapel, Spanien und Parma folgten im nächsten Jahrzehnt mit dem Jesuitenverbot. Unter politischem und innerkirchlichem Druck hob Papst Clemens XIV. im Jahre 1773 den Orden auf: „Eine sehr komplexe Kräfteverbindung zwischen politischen, antikirchlichen und theologischen Schulinteressen führte schließlich zur Forderung nach grundsätzlicher Reform und dann zur Aufhebung der Gesellschaft Jesu“ (B. Schneider). Im Aufhebungsbreve ›Dominus ac Redemptor noster‹ hatte der Papst auf das ihm zustehende Recht der Ordensbestätigung und Aufhebung hingewiesen. Dagegen war nichts einzuwenden. Die Umstände freilich, unter denen er im Fall der Gesellschaft Jesu dieses Recht beanspruchte, zeigten, wie wenig der Papst wirklich Herr der Lage war. Das trat auch in der Ausführung der Breves zutage: Friedrich II. von Preußen und Katharina II. von Rußland nahmen es nicht zur Kenntnis; ihnen lag an der Fortführung der jesuitischen Schultätigkeit in ihren Ländern. Die Aufhebung des Jesuitenordens ist für die Geschichte des abendländischen Mönchtums als Anfang eines allgemeinen Auflösungsprozesses anzusehen. Die beiden letzten Jahrzehnte des 18. und die frühen Jahre des 19. Jh. sind die Zeit einer allgemeinen Säkularisation der Klöster und Orden, wie sie der bisherigen Kirchengeschichte nicht bekannt war. Antikirchliche Haltung, genährt vom Pathos der Aufklärung, die schon bei der Aufhebung der Gesellschaft Jesu maßgeblich beteiligt war, steuerte das Unternehmen. Die Möglichkeit, klösterlichen Besitz für staatliche Zwecke zu verwenden — eine Maßnahme, die ebenfalls bei der Jesuitenaufhebung praktiziert wurde — war ein weiterer Antrieb für die staatlich verfügte Aufhebung von Klöstern. Ein reiches Maß an geistlicher Auszehrung innerhalb der Ordensgemeinschaften muß ebenfalls ins Spiel gebracht werden. Die barocke Frömmigkeit, die das geistliche Leben der Klöster bestimmte, war gegen Ende des 18. Jh. um ihre Kraft gebracht; sie vermochte kaum mehr neues Leben zu zeugen und zu tragen.

Die Aufhebung von Klöstern und die Auflösung ganzer Ordensgemeinschaften ist zunächst unabhängig von jenen großen politischen Ereignissen zu sehen, die um die Jahrhundertwende das alte Europa zerschlugen. Der aufgeklärte Rationalismus der Zeit griff das Mönchsideal grundsätzlich an. Die religiöse und anthropologische Basis wurde dem Mönchsleben entzogen — es widerspreche der Vernunft, den Menschenrechten und der Natur. Eine klosterfeindliche Literatur sorgte für die nötige Breitenwirkung der antimonastischen Propaganda. Die aufgeklärte Geschichtsforschung sprach vom vor- und außerchristlichen Ursprung des Mönchtums und gab das Mönchsleben als eine „tristis disciplina" aus, der fast nur Fanatiker, Wahnsinnige und Blödsinnige folgen konnten (L. Mosheim). Die Auflösung arbeitete mit dem Maßstab der Nützlichkeit und entdeckte in den Klöstern wenig Nützliches für die Gesellschaft. In den Augen der Welt lebten dort meist nur Müßiggänger, die über ausgedehnten Grundbesitz verfügten und in kostspieligen, herrschaftlichen Bauten wohnten. Von diesem Standpunkt aus werden die innerkirchlichen Maßnahmen durchaus verständlich. Die Synode von Pistoja 1786 verlangte die Vereinheitlichung aller Orden, verbot den Mönchen die Seelsorge und gebot ihnen Handarbeit und stellte alle Ordensleute, die jeweils nur jährliche Gelübde ablegen sollten, unter die Aufsicht des Diözesanbischofs usw.

In Frankreich arbeitete die „Commission des réguliers" ähnlich einschneidende Reformprogramme aus, die nach 1780 zur Aufhebung von 426 Klöstern und zum völligen Untergang etlicher kleinerer Ordensgemeinschaften führte. Schon vorher hatte die Republik Venedig mit der Aufhebung von Klöstern begonnen, Toskana, Parma, die Lombardei folgten nach. Auch in Spanien setzten sich gleiche Maßnahmen durch, bei denen sich kirchliche und weltliche Herrschaft verbanden. Josef II. (1780—1790) führte die schon unter seiner Mutter Maria Theresia in Österreich eingeleitete Säkularisation weiter. Zahlreiche Abteien, Stifte und kleinere Klöster, die sich eben noch in barocken Glanz eingekleidet hatten, wurden aufgehoben, weil sie für die menschliche Gesellschaft „unnütz" waren. Die von der Aufhebung verschonten Konvente wurden in ihrer Lebensfähigkeit eingeschränkt — ein strenger numerus clausus für die Novizenaufnahme und die Zahl der Konventsmitglieder (das berühmte St. Blasien im Schwarzwald zählte mehr als hundert Mönche und sollte nun auf zwanzig reduziert werden), staatliches Reglement für den klösterlichen Tagesplan, Studium der jungen Mönche an den staatlichen Schulen, Seelsorgeverpflichtungen in den neugegründeten Pfarreien usw. Andere Landesherren folgten diesen Beispielen und machten die Klöster und ihren Besitz für andere Zwecke nutzbar. Als der Mainzer Erzbischof und Kurfürst Karl Josef von Erthal im Jahre 1784 seine Landesuniversität neu organisierte und modern ausgestaltete, hob er drei reiche Mainzer Klöster auf, um die materielle Basis für die Universitätsreform zu schaffen. Die Reihe der Säkularisation dieser Art ließe sich durch alle europäischen Staaten fortführen. Klöster und Orden galten als antiquiert, die Hinführung ihrer Mitglieder zu sinnvollen Aufgaben und die Verwendung ihrer Güter für nützliche Zwecke galten als Gebot der Stunde.

Die folgenden Revolutionsjahre ließen die Säkularisation schließlich zum allgemeinen Vorgang in ganz Europa werden, der in den Jahren 1803—1806 seinen Höhepunkt erreichte. Frankreich ging unter der Parole von „Freiheit, Gleichheit, Brüderlichkeit“ mit außerordentlicher Härte und barbarischer Zerstörung gegen die Klöster vor und löschte sie von der alten Landkarte. Häufig blieben nur Ruinen zurück; Cluny wurde nach 1790 zerstört; anderen Orten großer monastischer Vergangenheit wurde das gleiche Schicksal zuteil. Unter politischem Druck pflanzte sich die Säkularisierungswelle fort. In Italien wurden bis 1811 alle großen Klöster aufgehoben; die berühmten Abteien von Monte Cassino, Monte Vergine und Cava wurden in „staatliche Archive“ umgewandelt, laisierte Mönchsgemeinschaften wirkten als Hüter dieser Stätten im Staatsdienst. Spanien hob im Jahre 1809 seine Klöster auf. In Deutschland regelte der Reichsdeputationshauptschluß vom Jahre 1803 die Säkularisation. Dabei diente Kirchen- und Klosterbesitz als Entschädigungsgut für verlorene linksrheinische Territorien; alle übrigen Klöster wurden den Landesherren zur „freien und vollen Disposition“ gestellt, was zur Aufhebung fast aller Ordensniederlassungen in

Deutschland führte. Keine Abtei der alten Orden überstand diesen Klostersturm; von den mittelalterlichen und neuzeitlichen Ordensverbänden wurden ganze Provinzen unterdrückt; einzelne Häuser konnten unter erheblichen Beschränkungen weiterbestehen. Die selbstverständliche Zugehörigkeit von Klöstern zum kirchlichen Leben war verschwunden. Die Öffentlichkeit nahm den Prozeß weithin gelassen auf. Martyrer kamen nur aus den französischen Klöstern während der blutigen Revolutionsjahre. Andere Mönche und Ordensleute begrüßten die Klosteraufhebung, antworteten mit Dank- und Ergebenheitsadressen auf die gewaltsame Unterdrückung oder kamen ihr mit Selbstauflösung zuvor. In manchen Klöstern verzögerte der Protest und Widerstand von Kommunitäten die staatlich verfügte Auflösung. Nur wenige Gemeinschaften versuchten ihr monastisches Leben an anderen Orten fortzusetzen, so das schwäbische Wiblingen in Tyniec bei Krakau (bis 1807) und St. Blasien mit Erfolg in St. Paul im Lavanttal.

Ein ergreifendes Beispiel von Treue zum monastischen Beruf zeigte die Kommunität von La Trappe in Frankreich. Die von de Rancé im 17. Jh. reformierte Zisterzienserabtei wurde im Zuge der französischen Revolution aufgehoben. Der damalige Novizenmeister, Dom Augustin de Lestrange (gest. 1827), zog mit einem Teil des Konvents in die Schweiz und siedelte sich dort in der ehemaligen Kartause Val-Sainte an. 1794 wurde die Niederlassung zur Abtei erhoben und de Lestrange zum Abt gewählt. Die strengen Satzungen de Rancés verschärfte er und unternahm mitten im sonstigen allgemeinen Auflösungsprozeß kühne Neugründungen in Westmalle/Belgien und im westfälischen Darfeld. Als 1798 die französischen Revolutionsarmeen in der Schweiz einfielen, war es um die Gründung in Val-Sainte geschehen. Der Gründerabt durchzog dann mit seinen Mönchen, denen sich eine Trappistinnenkommunität angeschlossen hatte, Bayern, Österreich, Polen und Rußland. Die monastische Flüchtlingsgemeinde hielt sich unterwegs an ihre strenge Klosterobservanz; in Rußland planten sie den Aufbau einer neuen bleibenden Stätte. Im Jahre 1800 vertrieb sie der Zar; über Darfeld kehrte ein Teil der Flüchtlinge wieder nach Val-Sainte zurück, das 1811 erneut aufgehoben wurde. Nach Napoleons Abdankung 1814 konnte de Lestrange wieder nach La Trappe zurückkehren und von hier aus französische Neugründungen vornehmen. Auf abenteuerreicher Wanderung hat diese Kommunität die Säkularisation überdauert; die damals strengste Form monastischen Lebens erwies sich als stärker als alle kirchen- und klosterfeindliche Politik.

Die umstürzenden Ereignisse des späten 18. und frühen 19. Jh. hatten mit dem mittelalterlichen und neuzeitlichen Ordenswesen gründlich aufgeräumt. Klöster und Orden gehörten zur alten Ordnung, der endgültiger Kampf angesagt worden war. Aufgeklärter Liberalismus beherrschte weiterhin die Lage. Das Staatsregiment quer durch die Länder vertrat ein einseitiges Staatskirchentum, das auch die kirchliche Neuordnung fest in den Händen hielt — der Altar galt nach wie vor als sicherster Schutz des Thrones. Wiedererrichtung alter Klöster, Neugründungen von Ordensniederlassungen und Ordensgemeinschaften blieben von der staatlichen Obrigkeit abhängig. Die notwendig gewordene kirchliche Selbstbesinnung stand weithin unter dem Zeichen der Restauration. Zum Restaurationsprogramm gehörte auch die kirchliche Förderung des Ordenslebens. Gerade auf diesem Gebiet entstand innerhalb weniger Jahrzehnte eine außerordentlich fruchtbare Restauration, die die Kirchengeschichte bisher nicht gekannt hat. Das kirchliche Anliegen „zurück zu den guten alten Zeiten“, ein bescheidenes Maß an Aggiornamento und nicht wenig schwärmerische Begeisterung der Romantik verbanden sich zu neuer Religiosität, in deren Milieu die Orden wiedererstehen konnten. Napoleon, der im Konkordat von 1801 die Ordensfrage nicht berührt hatte (1789 hatte ein Beschluß der assemblée nationale alle Orden in Frankreich als aufgehoben erklärt), ließ bereits 1807 die Barmherzigen Schwestern des Vinzenz von Paul wieder zu. Der soziale Einsatz der Schwestern wurde vom Kaiser gefördert; die Schwesterngemeinschaft konnte sich nun von Frankreich aus über die ganze Welt ausbreiten, zumal die soziale Situation aller Länder nach Hilfskräften rief.

Traditionelle Form des Ordenslebens und öffentlich caritativ-soziale Tätigkeit blieben verbunden und wurden geradezu programmatisch für zahlreiche neue Frauengemeinschaften.

Ein deutliches Zeichen kirchlicher Restauration war die offizielle Wiedererrichtung der Gesellschaft Jesu durch Pius VII. im Jahre 1814. Trotz der päpstlichen Unterdrückung von 1773 war der Jesuitenorden ja nie ganz verschwunden. Die russische Ordensprovinz hatte weiterbestanden; verschiedene Exjesuiten hatten sich in der Zwischenzeit zu privaten Priestervereinigungen zusammengeschlossen und so Ziel und Ideal der Gesellschaft Jesu weitergetragen. Die Wiedereinrichtung konnte somit auf einen vorhandenen Personalbestand zurückgreifen, der rasch anwuchs; um 1820 gab es bereits wieder 2000 Jesuiten. Allerdings stießen die Vorstellungen über die Gestalt der Gesellschaft Jesu hart aufeinander. Restauration der Ordensverhältnisse vor 1773 und mutige Anpassung an die neue Zeit waren nicht leicht zu harmonisieren. Die im Jahre 1820 nach Rom einberufene Generalkongregation legte die Gesellschaft Jesu wieder auf ihre ursprüngliche Form fest und bestimmte sie von neuem als wirksames Instrument der päpstlichen Theologie und Kirchenpolitik. In ihrer Tätigkeit nahmen die Jesuiten wieder ihre bewährten Wirkungsbereiche auf: Schule, Volksmission, Auslandsmission und Exerzitien.

Im Jahr der Wiederherstellung des Jesuitenordens errichtete Pius VII. eine Reformkongregation zur Wiederherstellung der Orden. Sie sollte für eine geistige Erneuerung sorgen und dann die Wiedereröffnung alter Häuser und Wiederherstellung alter Verbände überwachen. Für die alten Mönchsorden dachte der Papst an eine Vereinheitlichung der früheren Observanzen: Im Bereich des Kirchenstaates sollten je eine Kongregation schwarzer und weißer Benediktiner wiedererstehen. Der künstlich ausgedachte Plan kam nicht zur Ausführung; aber eine Reihe alter Abteien konnte wiederbesiedelt und in der wiedererrichteten Kongregation von Monte Cassino zusammengefaßt werden. Auch bei den Zisterziensern erstrebte der Papst einen neuen Zusammenschluß. Ein paar wiederbesiedelte und die wenig bestehengebliebenen Abteien sollten eine einheitliche Kongregation bilden, zu deren Präses der Papst den Abt von Santa Croce in Rom ernannte. Doch das Unternehmen blieb Programm. Die nichtitalienischen Abteien fürchteten bei solcher organisatorischen Einheit um ihren Fortbestand. Ein ausländischer Generaloberer konnte bei den jeweiligen Landesregierungen leicht zum Stein des Anstoßes und zum Anlaß einer Klosteraufhebung werden. In Frankreich konnte der Zisterzienserorden dank der Tatkraft Dom Augustins de Lestrange zwar rasch neue Kräfte sammeln; aber in diesen Klöstern herrschte die strenge Observanz, die aus historisch-spirituellen und nationalen Gründen nach Eigenständigkeit strebte.

Die gleichen Schwierigkeiten standen der Restauration der Bettelorden im Wege. An ernsten Versuchen einer Wiederbelebung hatte Papst Pius VII. selbst unmittelbaren Anteil. Die tatsächliche Erneuerung der einst so großen, übernationalen Personalverbände gelang zunächst nicht, obwohl sich in den einzelnen Ländern neues Leben regen konnte. Der Dominikanerorden war als Einheit praktisch auf italienische Klöster beschränkt; die spanischen Klöster bildeten einen eigenen unabhängigen Verband und die in den übrigen Ländern vorhandenen Konvente der Predigerbrüder führten ebenfalls ein Eigendasein ohne unmittelbaren Zusammenhang mit der Ordensleitung. Erst um die Jahrhundertmitte konnte die Erneuerung des Ordens auf sichere Wege geführt werden. Auch unter den Franziskanern kam die Restauration nur schwer in Gang. Am raschesten fanden die Kapuziner Anschluß an die neue Zeit. Die Konventualen dagegen konnten die Verluste der Säkularisation nie mehr aufholen. Bei den Franziskanerobservanten stellten sich Schwierigkeiten in doppelter Weise ein. Einmal die strenge nationale Trennung zwischen Spaniern und Italienern, zum anderen die Spannungen zwischen den Observanten und den drei Reformgruppen der Discalzeaten (Alkantariner), Reformaten und Rekollekten. Im Grunde waren es belanglose Fragen des klösterlichen Brauchtums und Lebensstiles, die die einzelnen Gruppen voneinander trennten, aber sie waren als Ausweis der Selbständigkeit stark genug, jeden Unionsplan zu vereiteln. Die übrigen mittelalterlichen Orden standen unter ähnlich ungünstigen Bedingungen; erst im Laufe des weiteren 19. Jh. konnten sie sich in einzelnen Ordensprovinzen konsolidieren, freilich ohne jemals ihre einstige Bedeutung wiederzuerlangen [4].

Für die erst im 17. Jh. entstandenen Ordensgemeinschaften begann in der Zeit der Restauration der eigentliche Aufschwung. An ihre Seite traten nun eine Reihe neuer Kongregationen, die neben den sich langsam erholenden alten Orden auf dem kirchlichen Arbeitsfeld in Aktion traten. Die Kirche Frankreichs und Italiens stand dabei im Vordergrund. In Frankreich hatte noch mitten in der Revolution der Priester Peter Coudrin (gest. 1827) die „Genossenschaft von den Heiligsten Herzen Jesu und Mariae" gegründet. Mit der Gräfin Henriette Aymer de la Chevalerie gründete er neben dieser männlichen Genossenschaft eine weibliche. Die beiden Gründer hatten sich als zum Tode Verurteilte im Gefängnis zu Poitiers kennengelernt. Das Revolutionserlebnis wurde prägend für die Ordensgemeinschaft. Priesterliche Tätigkeit, missionarische Verkündigung und pädagogischer Einsatz sollten die geistigen Zerstörungen der Revolution wieder gut machen. Kern der Geistigkeit dieser Gemeinschaften sollte die sühnende Liebe sein, die den Haß der Revolutionäre überwinden wollte. Äußere Tätigkeit mußte sich deshalb mit der Forderung eines innerlichen, büßenden und betenden Lebens verbinden. Der männliche Zweig — nach seinem Hauptsitz in der Pariser Rue de Picpus auch Picpus-Missionare genannt — übernahm später Missionsarbeit in Ozeanien und breitete sich dann weit über Frankreich hinaus aus. Im Jahre 1816 gründete der

[4] In Frankreich verdankt der Dominikanerorden seine Erneuerung dem bekannten Konvertiten und Prediger D. Lacordaire (1802—1861), der die Erfahrung der Restauration des Ordenslebens in die Worte kleidete: „. . . Wir (Mönche) sind wiedergekommen, und wir sind selber so wenig an unserer Unsterblichkeit schuld, wie die Eichel am Fuße einer alten Eiche an dem treibenden Saft schuld ist, der sie dem Himmel entgegenwachsen läßt . . . Die Mönche sind unsterblich wie die Eichen."

spätere Bischof von Marseille, Karl Joseph Eugen von Mazenod (gest. 1861) in Aix en Provence die „Missionare der Provence", die sich bei der offiziellen kirchlichen Bestätigung 1826 „Oblaten der Unbefleckten Jungfrau Maria" nannten. Damit war wiederum eine Priestergemeinschaft ins Leben gerufen, die pastorale Aktivität — Volksmission, Exerzitien, Seminarerziehung, Jugend- und Gefangenenapostolat und Heidenmission (seit 1841 in Kanada) — mit der traditionellen Weise der klösterlichen vita communis verband. Um die gleiche Zeit entstand in Lyon die „Gesellschaft Mariens" (Maristen), die Jean Claude Marie Colin (gest. 1875) sammelte und organisierte. Die 1836 erfolgte päpstliche Bestätigung anerkannte die Priesterkongregation, die Selbstheiligung und besondere Verehrung Mariens mit Erziehungs- und Missionsarbeit verbinden wollte. Eine andere „Gesellschaft Mariens" (Marianisten) gründete Wilhelm Joseph Chaminade 1817 in Bordeaux. Am Anfang stand weniger die geschlossene Ordensgemeinschaft, sondern die Erfassung religiös engagierter Gruppen, die sich gemeinsam apostolisch betätigen sollten. Es formten sich dann doch die Gemeinschaften der Marianistenpriester, -Brüder und -Schwestern heraus, die auf dem Gebiet der Schule und Seelsorge tätig sind.

Neben diesen Kongregationen, bei denen die verschiedenen priesterlichen Tätigkeiten im Vordergrund stehen, bildete sich in Frankreich eine Reihe von Laienbrüdergemeinschaften, die sich hauptsächlich in den Dienst der katholischen Schule stellten. Das Vorbild sind die Schulbrüder des Johannes Baptista de la Salle. Tätigkeit und Organisation lagen durch dieses ältere Modell fest. Als Neuerung und Begründung der Eigenständigkeit konnte nur eine besondere Andachtsform als Kern der je eigenen Spiritualität aufgegriffen werden: Bei den 1817 gegründeten Maristenschulbrüdern war es die Marienverehrung; die Verehrung des Herzens Jesu bei den „Schulbrüdern vom Hl. Herzen Jesu von Le Puy" (1831) usw.

Auch andere Gründe konnten zu einer neuen Kongregation führen: Weil Johannes Baptista de la Salle immer das Gemeinschaftsleben für seine Schulbrüder forderte, gründete Jean Marie

Robert de Lammenais 1824 eine Schulbrüdergenossenschaft, die ihre Mitglieder auch allein in kleinen Dorfschulen wirken lassen sollte (sog. Schulbrüder von Ploërmel).

Die Reihe der Gründungen könnte fortgeführt und auf andere Länder ausgedehnt werden. Die Vielfalt der Neuschöpfungen, die Namen neuer Gemeinschaften wird vollends verwirrend, wenn man die Frauenkongregationen des frühen 19. Jh. hinzuzählt. Von den zahlreichen Frauengemeinschaften, die sich in den Dienst der christlichen Nächstenliebe und sozialer Aktion stellten, wurde im aufkommenden Industriezeitalter sicher Großartiges geleistet. Quer durch die einzelnen Länder entstanden sie in rascher Folge und in kaum überschaubarer Fülle. Ihre Entstehungsgeschichte kann man summarisch vereinheitlichen: „Die Geschichte dieser Gründungen ist in fast allen Fällen die gleiche. Um deren verwirrende Vielfalt angesichts identischer Aufgaben begreifen zu können, muß man sich immer wieder die Isolierung vor Augen halten, in der die verschiedenen Provinzen lebten. Ein frommes Mädchen weiht sich spontan oder auf Anraten eines Priesters der Kindererziehung oder der Armen- und Krankenfürsorge; bald nimmt sie einige durch ihr Beispiel angezogenen Gefährtinnen zu sich; die Schloßherrin des Ortes gewährt ihr moralische und finanzielle Unterstützung, der Pfarrer ermutigt sie oder legt ihr Hindernisse in den Weg; ein Seelenführer aus dem Jesuitenorden oder einem anderen Orden taucht im Hintergrund auf; bald festigt sich die Gründung; man kauft ein Haus; der Bischof mischt sich ein; um seine Billigung zu erhalten, braucht man Regeln, eine Tracht, eine verantwortliche Oberin, einen Namen, einen Schutzpatron, ein Noviziat. All dies kristallisiert sich nach und nach heraus, und eines Tages ist man schließlich bereit, um die Autorisation des Heiligen Stuhles und der Regierung einzugeben. Eine neue Kongregation ist geboren.“ [5] Gründungsanlaß war jeweils eine bestimmte soziale Not: Die schulisch vernachlässigte Dorf- und Stadtjugend, die unversorgten Kranken und

[5] P. de Bertier, La Restauration, zitiert nach H. Jedin, Handbuch der Kirchengeschichte 6, 257.

Alten einer Gemeinde. Das Antwortangebot organisiert eine religiöse Gemeinschaft, die ihr Vorbild in der Vergangenheit hat. Die großen Ordensregeln und Gemeinschaften des Mittelalters (Augustin, Dominikus, Franziskus, Karmeliten usw.) erfahren eine Neubelebung und Variation, die in der ursprünglichen Konzeption nicht vorgesehen war, da sie von den neuen Gemeinschaften übernommen werden. Das lokal begrenzte Beispiel wirkt ansteckend. In der nächsten Nachbarschaft entsteht eine ähnliche Gemeinschaft, die sich von der verwandten Gemeinschaft durch Details in Namengebung, Kleidung, geistlicher Orientierung abheben muß. Die Diözesangrenze ist häufig auch Grenze einer solchen Gemeinschaft; die in einer fremden Diözese zunächst gegründeten Niederlassungen verselbständigen sich und werden zu einer eigenen Kongregation zusammengefaßt. Häufig waren es auch die nationalen Grenzen, die zur Trennung und Verselbständigung führten; denn für die staatlichen Regierungen, die Ordensniederlassungen genehmigten oder ablehnten, war die auswärtige Oberin „persona non grata". Das reiche Auftreten sozial tätiger Frauenkongregationen im 19. Jh. ist sicher ein beachtliches Zeugnis für die soziale Einsatzbereitschaft der katholischen Kirche. Ihr rasches Wachstum muß jedoch auch auf dem gesellschaftlichen Hintergrund der Zeit gesehen werden, wobei sich übrigens eine Parallele zu den mittelalterlichen und spätmittelalterlichen Frauenklöstern zeigt. Auch jene waren ein wichtiges Element der religiös geprägten gesellschaftlichen Ordnung. Die Frauenklöster boten der religiös ansprechbaren Frauenwelt Sicherheit und geschützten Lebensraum. Die neuen Gemeinschaften boten den Frauen Zugang zu geachteter, öffentlicher Tätigkeit in Fürsorge und Unterricht; sie boten außerdem zahlreichen Mädchen aus bescheidenen Verhältnissen die Möglichkeit, zu Achtung in Kirche und Gesellschaft zu finden. Nicht von ungefähr folgten auch die evangelischen Kirchen auf diesem Weg. Ihre Diakonissen-Vereinigungen nahmen ebenfalls den gewandelten Ordensgedanken auf. Die protestantischen Gemeinschaften konnten in ihrem Aufstieg auf die gleichen Verhältnisse setzen.

Die organisierte Diakonie der evangelischen Kirche muß auf dem gleichen sozialen Hintergrund gesehen werden. Charismatische und organisatorisch begabte Persönlichkeiten wie Johann Daniel Falk (1768—1826), Johann Hinrich Wichern (1808 bis 1864), Friedrich von Bodelschwingh (1831—1910) u. a. entwikkelten Programme, die an die altkirchliche Diakonie anknüpfen wollten, freilich dann doch Werke schufen, die aus dem Geist des 19. Jh. lebten und auf Nöte des Industriezeitalters antworteten. Sie wollten auch kein evangelisches Ordenswesen ins Leben rufen. Aber ihre Diakoniegemeinschaften — am bekanntesten und vielfach mit Modellcharakter wirksam die 1836 von Th. Fliedner gegründete Diakonissenanstalt von Kaiserswerth — nahmen ordensähnliche Züge an. Die Schwesterngemeinschaft wird als „Glaubens-, Dienst- und Lebensgemeinschaft" verstanden. Traditionelle Bestandteile des Ordenslebens werden eingebracht: Gemeinschaftsbesitz, Ehelosigkeit für die Dauer der Zugehörigkeit zur Gemeinschaft, einheitliche Tracht, das Mutterhaus als Stätte der Sammlung und Erziehung. Allerdings werden diese Elemente nicht als religiöse Werte an sich gesehen. Sie werden funktional begründet und als Hilfe für die übernommenen Aufgaben: „Dienerin des Herrn Jesus Christus zu sein und um seinetwillen Dienerinnen an den Hilfsbedürftigen aller Art und Dienerinnen untereinander." [6]

Die Einbettung dieser umfassenden Dienstbereitschaft in grundsätzlich religiöse Haltung wird jedoch betont: Tägliche Schriftlesung, stilles Gebet und geistliche Betrachtung, denn die Diakonissin soll als „Magd des Herrn" (Lk 1, 38) leben [7]. Die Absetzung vom katholischen Ordenswesen wurde allenthalben betont. Aber die weithin gleiche Aufgabenstellung, die gleiche religiöse Motivierung des Dienstes und der gemeinsamen Lebensform führten doch zu Angleichungen — der französische Pfarrer Vermeil (1799—1864), der die Diakonissen von Reuilly/Paris

[6] Grundordnung der Kaiserswerther Diakonissen, zitiert nach F., Biot, Evangelische Ordensgemeinschaften (Mainz 1962) 94—98.

[7] Ebda. 95.

mitbegründete, wollte ausdrücklich im evangelischen Raum „Orden“ für Frauen schaffen — und lassen diese Gemeinschaft durchaus als Neubelebung des Ordensgedankens in den evangelischen Kirchen festhalten [8].

Die Ordensgemeinschaft mit sozialem Aufgabenkreis stand sicher nicht am Anfang des christlichen Mönchtums. Aber er war ihr als Teilaufgabe nie fremd gewesen. Die harte Forderung der Aufklärung an das Mönchtum, seine Nützlichkeit für die Menschen zu beweisen, wirkte bei den Neugründungen im 19. Jh. nach. Wohl galt als erstes Ziel entsprechend der überlieferten Tradition die „Selbstheiligung“ und die Gottesverehrung bei allen neuen Gemeinschaften. Doch damit war jetzt unmittelbar der Dienst an den Menschen verbunden. Zu den überkommenen Mitteln der Askese, gemeinsamen Gebetes und persönlicher Frömmigkeit trat nun der Dienst auf pastoralem und sozialem Gebiet. Die nach außen tätige Ordensgemeinschaft war eine kirchlich und gesellschaftlich nützliche und weithin auch respektierte Einsatzgruppe.

Während in der ersten Hälfte des 19. Jh. neue Orden und Kongregationen entstanden, zu Ansehen und Einsatzmöglichkeiten fanden, konnten langsam auch die ältesten Mönchsfamilien wieder zu neuem Leben kommen.

Die wichtigste Neugründung geschah in Frankreich. Der junge französische Priester Prosper Louis Pascal Guéranger (1805 bis 1875) erwarb im Jahre 1832 das ehemalige Maurinerkloster Solesmes und ließ sich dort ein Jahr später mit fünf Gefährten nieder, um eine neue monastische Gemeinschaft zu gründen. Ohne

[8] Die bescheidene Erneuerung in der anglikanischen Kirche während des 19. Jh. stand nicht so sehr unter dem sozialen Appell; hier wirkte das kath. Vorbild: Fünf klösterliche Gemeinschaften von vierunddreißig zwischen 1842 und 1961 existierenden schlossen sich der kath. Kirche an; neunzehn wurden wieder aufgelöst. Von unter den gegenwärtig bestehenden Ordensgemeinschaften haben folgende weitere Bedeutung: Das streng benediktinische Kloster von Nashdom, die pastoral tätigen Gemeinschaften von Mirfield, Kelham, die Cowley-Fathers und die anglikanischen Franziskaner.

eigene monastische Erfahrung, nur auf Grund von Studien und einer hellen Begeisterung für die benediktinische Vergangenheit, entwarf Guéranger sein monastisches Programm, das 1837 auch den Segen Roms erhielt: Solesmes wurde Abtei und gleich zum Mutterkloster einer französischen Benediktinerkongregation bestimmt. Guéranger wurde Abt. In den Konstitutionen hielt sich der neue Abt weithin an die der Maurinerkongregation, kehrte jedoch zur ursprünglichen Autonomie jedes Klosters mit dem auf Lebenszeit gewählten Abt zurück. Trotz der angestrebten Kongregation, die tatsächlich schnell in Frankreich zustande kam, lehnte er den strengen Zentralismus früherer Kongregationsverbände ab. Die Mönche seiner Kongregation sollten auf jede Außentätigkeit verzichten. Damit rückte wieder ein ausgesprochen beschaulicher Klosterverband in den Vordergrund. Abt Guéranger gab in der Pflege der Liturgie seinen Mönchen ihre erste Aufgabe. Die Forderung der Regel Benedikts, „daß dem Gottesdienst nichts vorgezogen werden dürfe" (43, 3) erfuhr eine Neuentdeckung und eine Neuinterpretation. Der Chordienst rückte in der Zeit- und Wertordnung an die erste Stelle des Klosteralltags. Sein feierlicher Vollzug erinnerte an die Prachtliturgie des mittelalterlichen Cluny. Ein Teil der wissenschaftlichen Arbeit der Mönche stand ebenfalls in diesem Dienst. In Solesmes begann man mit der Erneuerung des Choralgesangs, der von hier aus in der römischen Kirche wieder zu Achtung, Wertschätzung und Verbreitung fand. Der Gründerabt trat selbst mit liturgiegeschichtlichen und liturgiedeutenden Werken an die Öffentlichkeit und legte in seiner Abtei den Grund für eine weltweite liturgische Erneuerung in der Kirche. In seiner Abtei und der Kongregation formte Guéranger einen neuen Benediktinertyp; die dominierende liturgische Lebensordnung griff auf die gesamte monastische Lebensform aus, gab ihr einen Zug ins Aristokratische und führte zu einer streng stilisierten Lebenshaltung [9].

[9] E. Sevrin, Dom Guéranger et Lammenais (Paris 1933) neben anderen Biographien.

Neben dieser Kongregation, die nach anfänglichen Schwierigkeiten eine außerordentlich günstige Entwicklung nahm, entstand in Frankreich im Jahre 1850 eine zweite Benediktinerkongregation. Auch dabei fand wieder ein Weltpriester von sich aus zur überlieferten monastischen Lebensform. Jean-Baptiste Muard (1809—1854) wollte eine Priestergemeinschaft gründen, die Trappistenstrenge mit apostolischer Tätigkeit verbinden sollte. Der „predigende Trappist" kam zwar nicht zum Leben, aber es entstand die Benediktinerabtei Pierre-qui-vire (Département Yonne), die sich der italienischen Kongregation von Subiaco anschloß und bald mit Tochtergründungen in Frankreich eine eigene französische Provinz innerhalb dieser Kongregation bildete.

Die Erneuerung des Benediktinertums in Deutschland, wo keine einzige Abtei die Säkularisation überstanden hatte, nahm in Bayern ihren Anfang. König Ludwig I. von Bayern (1825 bis 1848) ermöglichte 1830 die Wiederbelebung der alten Abtei Metten/Niederbayern, von der aus nach und nach die Restauration der bayerischen Benediktinerkongregation erfolgte. In ihren Klöstern verband sich das monastische Leben mit reger Schultätigkeit und Pfarrseelsorge. Die Aktivität dieser Abteien führte 1847 P. Bonifaz Wimmer aus Metten in die USA, wo bayrische Benediktiner den Grund zu einer außerordentlich aktiven amerikanischen Benediktinerkongregation legten.

Das kontemplative Benediktinertum nach dem Vorbild von Solesmes fand in der Neugründung von Beuron/Hohenzollern im Jahre 1863 Eingang. Die Anfänge dieser Gründung liegen in einem Bonner Theologenkreis, dem eine romantische Verherrlichung des christlich-germanischen Mittelalters eigen war. Die vagen Gründungsvorstellungen — ein deutsches Port Royal, ein „Heilig-Geist-Kloster", in dem theologisch Gleichgesinnte frei zusammenleben sollten — nahmen feste Formen an, als die beiden Brüder Wolter (Pater Maurus und Pater Plazidus) in die römische Benediktinerabtei St. Paul eintraten. Die Begegnung mit der Fürstin Catherine von Hohenzollern ermöglichte schließlich die benediktinische Neugründung von Beuron; bei der Festlegung der monastischen Form wirkte Guérangers Regeldeutung vorbildlich. Ein geistiger Anschluß an die alte deutsche Kongregation von Bursfeld und die schwäbischen Klöster lag nahe. Das schuf auch in Beuron einen eigenständigen Benediktinertyp, dessen Kloster die Tradition der mittelalterlichen Feudalabtei mit ihrer liturgischen Pracht, ihrer kulturellen Leistung und ihrem bis ins Detail zeremoniell geordneten Lebensstil fortsetzen wollte. In kühner Zukunftshoffnung verstand sich die neue Abtei als Keimzelle einer Kongregation, die sich nach und nach bildete und bald zu einer internationalen Gemeinschaft von Benediktinerklöstern heranwuchs, die Jahrzehnte lang ungemein erfolgreich und wirkungsvoll das benediktinische Mönchtum vertreten konnte [10].

Trotz anhaltender klosterfeindlicher Strömungen in den europäischen Staaten, die immer wieder zu Aufhebungen von Klöstern und Vertreibungen von Mönchen führte und bei Neugründungen außerordentlich Schwierigkeiten bereitete, kann im 19. Jh. von einem generellen Aufschwung des kath. Ordenswesens gesprochen werden. Für die deutschen Klöster bedeutete der Kulturkampf mit seinen Klostergesetzen vielfach das Ende hoffnungsvoller Neuansätze und weitreichender Pläne. Die aus ihren Klöstern vertriebenen Ordensleute suchten damals nicht selten in den USA neue Wirkungsmöglichkeit und konnten so in der nordamerikanischen Kirche Klöster und Ordensverbände gründen. Nach Abflauen der Kulturkampfgesetze stand einer Fortsetzung des Ordenslebens in Deutschland nichts mehr im Wege. Für die Regierung des deutschen Reiches mit ihren Kolonialinteressen waren in den letzten Jahrzehnten des 19. Jh. die zahlreichen Missionskongregationen schließlich nicht einmal uninteressant. Die Regierung stand deutschen Missionaren in den Kolonien wohlwollend gegenüber. Das öffnete den ausländischen Missionsgemeinschaften die deutschen Grenzen und ermöglichte den Aufbau deutscher Ordensprovinzen der verschiedenen Kongregationen, die dann ihren pastoralen, caritativen und pädagogischen

[10] Festschrift Beuron zum hundertjährigen Bestehen der Erzabtei St. Martin, Beuron (Beuron 1963).

Einsatz auch in Deutschland leisten konnten. Auf der Welle der Missionsbegeisterung entstand in Deutschland damals noch die Kongregation der Missionsbenediktiner von St. Ottilien. Der Gründer, Andreas Amrhein (1844—1927) war aus der Erzabtei Beuron hervorgegangen und von der zeitgenössischen Missionsbegeisterung angesteckt. Im Missionswirken der frühmittelalterlichen Benediktiner sah er sein Leitbild, das er in der Verbindung von benediktinischem Klosterleben mit Missionsarbeit wieder zum Leben erwecken wollte. Im ehemaligen Deutsch-Ostafrika wurde der Plan nach langen Schwierigkeiten verwirklicht und endlich auch mit Erfolg auf andere Missionsländer ausgedehnt [11].

Das mächtige Wiedererstarken des Mönchtums und Ordenswesens im 19. Jh. ist sicher ein einmaliger Vorgang in der gesamten Kirchengeschichte gewesen. Die alten Orden hatten im Laufe des Jahrhunderts wieder zu respektabler Größe, beachtlicher Lebensfähigkeit und Tätigkeit gefunden. Die neuen Gemeinschaften verstärkten die Phalanx der Ordensleute und differenzierten das Ordensleben fast bis zur Unüberschaubarkeit. Rückblickend mag man das Wiederanfangen und Neubeginnen als großartig bezeichnen. Dabei werden aber die Entstehungsgeschichten leicht glorifiziert. In Wirklichkeit handelte es sich überall um ein armseliges Ringen, personelle und materielle Notlagen stellten die Gründer meist vor fast aussichtslose Schwierigkeiten. Ein fast unbegreifliches Gottvertrauen, gepaart mit oft raffinierter Geschäftstüchtigkeit und schonungslosem Einsatz der vorhandenen Kräfte zeigt sich in allen wiedererstandenen Klöstern und Verbänden. Das durchgängig nachweisbare Klammern an alte Formen des Ordenslebens unter dem Diktat der Restauration hielt an früheren institutionellen Grundzügen — etwa das monarchisch-absolutistische Führungsprinzip — fest. Die Einheit mit der Vergangenheit wurde demonstriert in Forderungen strenger, oft kleinlicher Askese, die den Ordensgemeinschaf-

11 F. Renner (Hrg.), Der fünfarmige Leuchter. Beiträge zum Werden und Wirken der Benediktinerkongregation von St. Ottilien (St. Ottilien 1971).

ten einen engen Charakter verlieh. Die Liebe zum Detail in der Reglementierung der klösterlichen Hausordnung, der Armut, des gemeinsamen Lebens, der Beziehung zur Umwelt und der Frömmigkeit wirkt häufig peinlich, zumal die meisten Ordensleute ihre Tätigkeit außerhalb der Ordensniederlassung ausübten [12]. Aber hier wirkte ein Stück Kompensation: Wenn man schon auf caritativ-sozialem oder pastoralem Gebiet in der „Welt" seinen Einsatz leistet, sollte das gemeinsame Leben im Kloster mit der überlieferten Ordenstradition Schritt halten können, ja sie noch überbieten. Diese Kleinlichkeit hatte freilich noch einen andern Grund. Es galt, sein Eigendasein, seine Selbständigkeit gegenüber den anderen Ordensgemeinschaften zu demonstrieren. Die außerklösterliche Tätigkeit war weithin für viele Ordensverbände gleich. Sicher gab es eine Reihe, die auch hier deutliche Zeichen der Unterscheidung setzte: Der französische Kardinal Lavigerie gründete z. B. 1867 eine Priestergemeinschaft, die Weißen Väter, mit dem einzigen Aufgabengebiet der Afrikamission, der auch eine Schwesterngemeinschaft mit gleichem Ziel angeschlossen wurde. Der scharf abgegrenzte Wirkungsbereich ist allerdings das seltenere Unterscheidungsmerkmal gewesen. Häufig war es der Rückzug auf kleinere Unterschiede in den asketischen Grundforderungen, so den Kleidungsvorschriften (besonders bei zahlreichen Frauenkongregationen) und in der die Gemeinschaft tragenden Frömmigkeit. Während die Regel Benedikts einfach das „Gottsuchen" in der Gemeinschaft als elementare Bedingung und umfassenden Inhalt des Mönchslebens forderte, Franz von Assisi schlicht und einfach seine Minderen Brüder auf „ein Leben nach dem Evangelium" verpflichtete, legten sich die neueren Gemeinschaften enger fest. Die Frömmigkeit des 19. Jh. spiegelt sich darin wider. Sie sammelte sich vielfach um sekundäre Elemente des Christusgeheimnisses, der Heiligenverehrung oder des christlichen Lebensvollzuges. Die neuen Ordensgemeinschaften

[12] Ein anschauliches Beispiel solch schwierigen Neubeginnens bietet z. B. M. Lohrum, Die Wiederanfänge des Dominikanerordens in Deutschland nach der Säkularisation 1856—1875 (Mainz 1971).

machten sich solche Teilaspekte der christlichen Frömmigkeit zu eigen und legitimierten damit ihre Selbständigkeit. Der weitverbreiteten Herz-Jesu-Verehrung verschrieben sich — um nur ein Beispiel aufzugreifen — gleich mehrere Gemeinschaften: „Missionare vom Heiligsten Herzen Jesu" (1854 zu Issoudun [Indre] von J. Chevalier gegründet), „Die Söhne des Heiligsten Herzens Jesu" (1866 von dem Italiener D. Comboni gegründet, von denen sich zu Anfang des 20. Jh. die Kongregation der „Missionare, Söhne des Heiligsten Herzens Jesu" trennte), die Kongregation der „Priester des Heiligsten Herzens Jesu" (1888 von Léon Dehon zur Pflege und Verbreitung der Herz-Jesu-Andacht im Geiste der Liebe und Sühne gegründet). Dazu fügten sich parallele Schwesterngemeinschaften, die auf der gleichen Frömmigkeitsbasis ihre Werke erfüllen sollten. Andere weibliche Herz-Jesukongregationen kamen hinzu. Dabei konnte es auch im neuen Programm zur Verbindung von älteren Ordensformen mit neuer Frömmigkeit kommen, z. B. „Augustinerinnen vom Herzen Jesu", „Karmeliterinnen vom Herzen Jesu" usw. Im Aufschwung der Marienverehrung (1854 Dogma von der Unbefleckten Empfängnis) beriefen sich viele männliche und weibliche Ordensgemeinschaften auf eine marianische Spiritualität.

Die die Frömmigkeit des Jahrhunderts kennzeichnenden „dévotions particulières" fanden so auf dem Feld des Ordenswesens reichen Niederschlag. Dabei waren es nicht die einzelnen neuen Ordensgemeinschaften, die solche engbegrenzten Verehrungen und Andachtsformen aufgebracht haben. Diese waren zuerst da, schufen ein Klima und sammelten einen Anhang, aus dem dann die eigene Ordensgemeinschaft erwuchs, die nun zum Träger und Verkünder der besonderen Frömmigkeitsform wurde. Die zahlreichen Kongregationen und Genossenschaften haben damit etwas „Eigenes" gefunden, das Selbständigkeit legitimierte, wenn es auch den Eindruck einer „kirchlichen Anarchie" erwecken mochte. Im übrigen gab es weithin Übereinstimmung, was Leitung und Organisation der Gemeinschaften betraf und auf den verschiedenen pastoralen und sozialen Gebieten arbeiteten ihre Mitglieder in gleicher Weise.

Einige ältere Orden wurden am Ende des Jh. von der päpstlichen Kurie mit starker Hand zu einer Einheit geführt. Das geschah unter Papst Leo XIII. (1878—1903), der einmal den inzwischen wieder erstarkten und in der weiten Welt wirkenden Franziskanerorden zu einer einheitlichen Ordensgemeinschaft zusammenfaßte. Unter den Franziskanerobservanten hatten sich in der Neuzeit drei Reformfamilien herausgebildet, die fast zu selbständigen Orden geworden waren. Der Reformeifer, der einmal zu diesen Neugruppierungen geführt hatte, war längst erloschen. Nationale Gründe, die Liebe zur eigenen Vergangenheit und äußere Unterscheidungsmerkmale einer minuziösen Reglementierung der klösterlichen Observanz hielten die Trennung weiterhin aufrecht, für die es keine objektiven Gründe gab. Der Papst, der auch Protektor des Ordens war, drängte deshalb auf eine Vereinigung der vier Ordenszweige; sein Wollen traf mit dem vieler Franziskaner in den geteilten Familien zusammen. Das Generalkapitel von 1895 begann unter päpstlichem Druck die gebotene Einheit zu verwirklichen, die 1897 schließlich erreicht wurde. Der „ordo fratrum minorum“ fand damit wieder zur vollen Einheitlichkeit unter einem Ordensgeneral. Zum ersten Mal in der Geschichte des Ordens übernahm ein Deutscher seine Leitung, der von Papst Leo ernannte P. Aloysius Lauer aus der Fuldaer Franziskanerprovinz. Der im Mittelalter als einheitlicher Personalverband entstandene Orden war damit wieder zu seiner ursprünglichen Organisation und Verfassung zurückgeführt.

Auf größere Schwierigkeiten stießen die päpstlichen Unionsbestrebungen bei den alten Mönchsorden, die in der selbständigen Abtei und im Kongregationsverband ihren eigentlichen Lebensraum besaßen. Eine zentrale, römische Leitungsinstanz war ihnen vom Ursprung her fremd. Für die Benediktiner war mit der 1867 erreichten Wiedereröffnung ihres Studienkollegs San Anselmo in Rom ein erster Schritt auf eine Union hin getan. In dieses Kolleg sollten Benediktiner aus allen Klöstern und Kongregationen aufgenommen werden. Verschiedene Äbte griffen die Unionspläne auf und entwickelten sie; sie erhofften davon eine neue Lebenskraft für den Orden, der ja in seinen alten Stammlanden mit ernsten Überlebensfragen rang. Die Bemühungen um die Union waren in den nächsten Jahren eng mit dem weiteren Ausbau des Studienkollegs verbunden. Papst Leo XIII. sah in einer internationalen Benediktinerabtei die beste Vorbedingung für den Einsatz des Ordens in der Wiedervereinigung der orientalischen Kirche mit der römischen. Die Orientalen konnten nach seiner Meinung nur durch die schwarzen Benediktiner zur Einheit zurückgeführt werden. Allerdings ließen sich diese päpstlichen Pläne nicht verwirklichen. Aber das päpstliche Interesse am gemeinsamen römischen Studienhaus und an einer rechtlichen Zusammenfassung aller Benediktiner blieb erhalten. 1897 wurde schließlich das neue Kolleg auf dem Aventin eröffnet und fünf Jahre später wurde die Einheit des Gesamtordens durch die „Konföderation der Benediktiner" geschaffen. Ein Abtprimas trat an die Spitze des Ordens, in dem freilich Kongregation und Abtei ihre weitgehende Selbständigkeit bewahrten.

Unter den Zisterziensern gelangen solche Zentralisierungsbestrebungen nur halb. Der Orden war in verschiedene Gruppen zerfallen, die mit unterschiedlicher Lebendigkeit die alte Tradition weiterzuführen versuchten. Am besten stand es um ihn in Frankreich, wo sich die Klöster in zwei Kongregationen zusammengeschlossen hatten. Die von Rom und von Kräften innerhalb des Ordens angestrebte Union kam 1891 zustande. Allerdings blieben ihr die reformierten Zisterzienser fern. Unter Leo XIII. gelang es dann, die Klöster dieses Ordenszweiges zu einer selbständigen Ordensfamilie zu vereinigen. Seither wird das große Erbe des Ordens von Citeaux in zwei Orden mit eigenen Generaläbten gepflegt und gelebt: Die Zisterzienser der „gewöhnlichen Observanz" (sacer ordo cisterciensium) und die der „strengen Observanz" (ordo cisterciensium strictioris observantiae, auch Trappisten genannt).

Die Chorherrenorden, die sich nur mit größter Anstrengung nach der Säkularisation wieder zu bescheidener Größe und Lebensfähigkeit entwickeln konnten, wurden gleicherweise von solchen Unionsbestrebungen erfaßt. Die Prämonstratenser führten 1883 wieder das Institut des Generalabtes ein, der die im

Orden wiedergewonnene Einheit repräsentiert. Ein gleiches Bemühen der Augustinerchorherren führte zunächst nicht zum Ziel. Die einzelnen Kongregationen blieben mit ihren Existenznöten allein und vereinzelt. Erst im Jahre 1959 schlossen sich vier Augustinerchorherrenkongregationen zu einem Verband zusammen. Das Breve Johannes XXIII. „Caritatis Unitas" legte die Prinzipien dieses „Liebesbundes" fest, an dessen Spitze ein auf sechs Jahre gewählter Abt-Primas steht, der aber den Eigencharakter der einzelnen Kongregationen unangetastet läßt.

JÜNGSTE VERGANGENHEIT UND GEGENWART

Die jüngste Vergangenheit der Ordensgeschichte war zunächst vom Prozeß deutlicher Konsolidierung und Stabilisierung getragen. Die neuen und erneuerten Gemeinschaften hatten um 1900 die Phase der Entstehung hinter sich. Die Anfänge waren bereits Geschichte geworden; Gründer und Gründergeneration waren tot oder starben um diese Zeit. Für die einzelnen Ordensgemeinschaften rückte die Bewahrung des Erbes, die Treue zu den in der Tat oft heroischen Anfängen in den Vordergrund. Das bestärkte das Selbstbewußtsein und den Sinn für die eigene Gemeinschaft, was angesichts der Vielzahl unerläßlich war. Die Verantwortung für die eigenen Werke und Unternehmungen war vorhanden. Diese galt es zu bewahren und weiterzuführen. Die organisierte Nachwuchswerbung setzte ein. Natürlich will man gläubigen Menschen den Weg in das Kloster und den Orden eröffnen; aber man braucht einfach auch Kräfte, um die übernommenen Aufgaben zu erfüllen. Tatsächlich stieg die Zahl der Ordensleute seit 1900 ständig an. 1965 erreichte sie die Höchstzahl von 336 000; seither allerdings ist sie im Rückgang begriffen. Klosterstürme gab es von geringen Ausnahmen abgesehen — etwa die Verfolgung von Ordensleuten und Klosteraufhebungen im spanischen Bürgerkrieg oder unter der nationalsozialistischen Herrschaft in Deutschland — nicht mehr. Klöster und Orden waren eingebettet in das bis weit über die Mitte des gegenwärtigen Jahrhunderts hinaus ruhige und ungebrochene Selbstverständnis der katholischen Kirche. Die großen Leistungen auf dem sozial-caritativen Sektor der krankenpflegenden Ordensgemeinschaften und auf schulisch-erzieherischem Gebiet ließen sich gut und geschickt als Ausweis des kirchlichen Dienstes an der Welt ausbreiten. Die pflegerische Arbeit von Brüdern und Schwestern während der beiden letzten Weltkriege stellte auch die nationale Dienstbereitschaft unter Beweis. Die weltweite Missionsarbeit hatte mitunter auch eine nationale Kehrseite, für Deutschland bis 1918, für andere Länder bis in die jüngsten Jahrzehnte. Gegenwärtig wissen die missionierenden Orden — praktisch wird die katholische Missionsarbeit nach wie vor von den Ordensleuten getragen — sich an der Seite der Entwicklungshilfe im Dienste der Völker der dritten Welt.

Die Phase des festen Bewahrens und zielstrebigen Weitertragens des im 19. Jh. Begonnenen beherrscht etwa die Zeit bis zum zweiten Vatikanischen Konzil. An bedeutenden Veränderungen und Einschnitten in den einzelnen Ordensgemeinschaften geschah nicht viel: Die erwähnten weltpolitischen Ereignisse und Katastrophen brachten zwar auch in die Klöster und Orden Unruhe und Unsicherheit, Gefährdung und auch Untergang. Die aus politisch und nationalen Gründen ausgewiesenen Missionare fanden in anderen Missionsländern Aufgabengebiete. Der Einbezug Osteuropas in den Moskauer Machtbereich löste dort die Klöster und Ordensverbände auf. Die Ordensmitglieder gingen in den Untergrund oder sammelten sich in der westlichen Welt neu. Einige Ordensgemeinschaften — etwa in Polen, Ungarn und Jugoslawien — konnten und können bis heute in ihren Heimatländern weiterexistieren und tätig sein. Derlei Ereignisse waren Prüfungen, harte Schläge, für das eine oder andere Kloster auch Katastrophe. Aber Mönchsleben und Ordenswesen standen innerhalb der Kirche unangefochten und allseits geachtet da.

Ein gewichtiger Einschnitt für die Ordensgeschichte jener Jahre bedeutete die Veröffentlichung des neuen kirchlichen Gesetzbuches im Jahre 1917 (Codex Juris Canonici). Natürlich war das Ordensleben auch früher schon Objekt der kirchlichen Gesetzgebung, und die offizielle, rechtliche Anerkennung einer Gemeinschaft durch den zuständigen Bischof und durch den Papst gehörte wesentlich zu den Eigenschaften einer Ordensgemeinschaft. Nun hatte gerade die Vielzahl der in neuerer Zeit entstandenen Gemeinschaften das bestehende Recht überlaufen. So hatte die häufige Bitte um die Anerkennung durch Rom bereits 1825 unter Papst Leo XII. zur Einführung des sog. „decretum laudis" geführt, das in der Folgezeit zu einer ersten Stufe der päpstlichen Approbation wurde. Das neue Gesetzbuch legte den Gründungsgang genau fest. Die Zustimmung des Ortsbischofs, für die jedoch das Einvernehmen mit dem Apostolischen Stuhl erforderlich ist, schafft eine Ordensgemeinschaft bischöflichen Rechts (Can. 492). Erstrebt sie die päpstliche Anerkennung, so wird ihr zunächst das erwähnte „decretum laudis" zuteil und nach einer zweistufigen Probezeit schließlich das „decretum approbationis constitutum", das sie zu einer Gemeinschaft päpstlichen Rechts bestellt. Der Codex regelte auch die gebräuchliche Terminologie für die einzelnen Ordensgemeinschaften (Can. 488); verfügte über Aufnahme, Prüfung, Ausbildung junger Ordensleute (Can. 539—591) und Austritt oder Entlassung aus dem Orden (Can. 646—672). Er erließ Vorschriften über die Oberen, ihre Wahl, Amtsdauer und -führung (Can. 499—517). Er schuf in den Can. 487—681 ein Rahmengesetz für die Eigengesetzgebung der einzelnen Ordensgemeinschaften. In den Jahren nach 1917 hatten diese deshalb ihre Sondergesetze dem allgemeinen kirchlichen Ordensrecht anzupassen, was eine reiche Produktion an neuen Ordenskonstitutionen zur Folge hatte. Als oberste päpstliche Instanz für alle Fragen des Ordenswesens dient die Religiosenkongregation, die bereits seit 1586 besteht und im Jahre 1908 durch Papst Pius X. neu geordnet wurde [1].

Das kirchliche Rechtsbuch hatte auch eine klare Bestimmung dafür geliefert, was zum Ordensstand wesentlich gehört: Der Ordensstand ist jene dauernde Form des gemeinsamen Lebens, in der Gläubige außer den allgemeinen Geboten auch die Beobachtung der evangelischen Räte durch die Gelübde des Gehorsams, der Keuschheit und der Armut auf sich nehmen (Can. 487). Die Definition war am geschichtlich Gewordenen und am gegenwärtig Vorhandenen abgelesen. Sie blieb allerdings bald hinter

[1] Zum Ordensrecht der kath. Kirche vgl. F. Eichmann—K. Mörsdorf, Lehrbuch des Kirchenrechts 1 (Paderborn ^{9}1959) 487—553; H. Hanstein, Ordensrecht (Paderborn ^{2}1958); die römische Zeitschrift Commentarium pro Religiosis (1920 ff.).

der weiteren Entwicklung des Ordenslebens zurück. Denn die jüngste Vergangenheit brachte eine beachtliche Bewegung in die Ordensgeschichte. Sie ist zunächst von den im 20. Jh. entstandenen Säkularinstituten getragen. Auf den ersten Blick handelt es sich dabei um eine wirklich neue Erscheinung auf dem Gebiet des Ordenswesens. Im Selbstverständnis der Säkularinstitute ist denn auch gerne die Rede von einer „radikal neuartigen Berufung" ihrer Mitglieder gegenüber den Brüdern und Schwestern traditioneller Ordensformen. Doch die kirchliche Bestimmung, unter der sich die verschiedenen Gründungen zusammenfassen lassen, lautet: „Säkularinstitute sind Genossenschaften von Klerikern und Laien, deren Mitglieder zur Erreichung der christlichen Vollkommenheit und zur vollen Ausübung ihres Apostolates die evangelischen Räte in der Welt bekennen." [2] Diese Definition rückt die neuen Gemeinschaften, die sich auch als „Weltgemeinschaften" bezeichnen, wieder in die Ordensgeschichte ein. Ziel der Mitglieder bleibt die christliche Vollkommenheit — „Selbstheiligung" nannte man es in den alten und neueren Orden. Aufgabe der Mitglieder ist das Apostolat. Das war bisher eine pastorale, sozial-caritative oder pädagogische Tätigkeit, die in einem ordenseigenen oder kirchlichen Werk ausgeübt wurde. Hier gehen die Säkularinstitute einen Schritt weiter. Wohl folgen sie auch den älteren Orden, indem sie eigene Werke aufbauen, in denen ihre Mitglieder auf dem erwähnten Bereiche tätig sind. Aber sie verzichten ebenso gut auf das eigene Institut, etwa das von der Gemeinschaft getragene Krankenhaus oder die in eigener Regie geführte Schule. Sie schicken ihre Mitglieder in die Anstalten anderer Träger. Sie erweitern den Apostolatseinsatz und beziehen jeden Beruf ein. Die Mitglieder bleiben also in ihren weltlichen Berufsverhältnissen und üben ihren erlernten Beruf weiter aus, an einem Ort oder in einem Milieu, die mit dem Säkularinstitut oder der Kirche nichts zu tun haben. Der Geist, aus dem

[2] Pius XII. in der Apostolischen Konstitution Provida Mater Ecclesiae vom 2. 2. 1947; Text bei J. Beyer, Die kirchlichen Urkunden für die Weltgemeinschaften (Einsiedeln 1963).

diese verschiedenen Aufgaben erfüllt werden, ist aber jener der evangelischen Räte, auf den die Mitglieder der Weltgemeinschaften verpflichtet werden. Darin treffen sie wiederum mit allen Ordensleuten zusammen. Zwar verzichten sie auf das andere wesentliche Element des Ordenslebens: Die dauernde Gemeinschaft in der Form wirklichen Zusammenlebens. Das Mitglied eines Säkularinstitutes kann ganz allein, auf sich gestellt, irgendwo leben. Die Bindung an die Gemeinschaft tritt in der Öffentlichkeit gar nicht in Erscheinung. Freilich ist die äußere Form recht unterschiedlich. Sie kann, wie schon gesagt, die weitgehende Isolierung vom Verband bedeuten; es gibt aber auch die kleine Gemeinschaft, das gemeinsame Wohnen einiger Mitglieder in neuer Form, die nach außen hin keinerlei klösterlichen Charakter trägt, und schließlich auch das Zusammenleben einer größeren Gruppe. Die Frage des Ordenskleides ist dabei völlig nebensächlich. Oft gibt es ein solches nicht, einige Gemeinschaften kennen es nur als „Hauskleid". Äußere Lebensform und deutlich gezeigte Zugehörigkeit zu einem besonderen Stand sind bei diesen Gemeinschaften zur Nebensächlichkeit geworden. Aber trotzdem sind sie mit der bisherigen Ordensgeschichte zu verbinden. Im Grunde handelt es sich bei ihnen um letzte Weiterbildungen des in den mittelalterlichen Bettelorden einstmals entwickelten Typs des ungebundenen Personalverbandes, der dann bei den Jesuiten den weitgehendsten Verzicht auf jeden „monastischen Zubehör" erfahren hat und von den neueren Kongregationen vielfältig kopiert und variiert wurde. Nicht von ungefähr weisen die modernen Säkularinstitute auf geschichtliche Vorgänger hin: Es sind Gemeinschaften, die nach der Auflösung der Gesellschaft Jesu von ehemaligen Jesuiten gegründet wurden. Jesuitisches Leben, also Ordensleben, sollte weitergeführt werden, allerdings unter Verzicht auf jedes äußere Erkennungszeichen und öffentliches Aufsehen als geschlossene Ordensgemeinschaft. Wie schon bei der Gesellschaft Jesu die Öffnung der Kommunität zur Welt, die mobile Einsatzfähigkeit der Mitglieder mit strenger Gewissensverpflichtung und strengem Reglement der individuellen Lebensführung Hand in Hand ging, so ist das auch bei den Säkularinstituten der Fall. Die geistige Bindung an die Gemeinschaft, sorgfältige Prüfung und Auswahl der Kandidaten, genaue Überwachung der selbständig lebenden Mitglieder und sorgfältige Rechenschaftsablage vor den Oberen schaffen so strenggeordnete Gesellschaften, die durchaus als Fortsetzung des traditionellen Ordenslebens erfaßt werden dürfen.

Die Zusammengehörigkeit der „Weltgemeinschaften“ mit den älteren Orden kann auch noch von einer anderen Seite beleuchtet werden. Ihr unmittelbarer Hintergrund sind die im 19. Jh. neuentstandenen und reorganisierten Gemeinschaften, nicht wenige Gründer von Säkularinstituten sind aus ihnen hervorgegangen. Deren enge Abkapselung und einseitige Orientierung am Alten bei gleichzeitigem Wirken mitten in der Welt brachte erhebliche Schwierigkeiten in diese Orden. Die moderne Zivilisation mit ihrem vielfältigen Güterangebot zur Erleichterung des Lebensvollzugs, hygienische Forderungen, das Angebot an Kommunikationsmitteln usw. waren Geschenke der Welt, die auch über die Klostermauern drangen. Aber sie wurden nur unter mühsam abgerungener Duldung als Zugeständnisse unter Gewissensnot hereingenommen. Die einfachste Rechtfertigung war, daß sich immerhin das Apostolat, die Tätigkeit in der Welt, sicherer und erfolgreicher durchführen ließe. Hier gingen die Säkularinstitute den mutigeren Weg. Sie deuteten von vorneherein ihr Leben als ein Dasein mitten in der Welt, also auch in der täglichen Lebensform eine Übereinstimmung mit der Lebensweise der übrigen Menschen; ihr apostolischer Einsatz sollte nicht von der „künstlichen Wüste“ des Klosters ausgehen, sondern vom Milieu jener Menschen, an denen der eigene Dienst geleistet wird. Hier will man das „Zeugnis für Christus“ im christlichen Lebensvollzug und in beruflicher Tüchtigkeit und Einsatzbereitschaft geben, ohne sich auf eine weithin anerkannte und öffentlich bejahte repräsentative Standeszugehörigkeit berufen zu können. Freilich ist dieses geforderte „Zeugnis für Christus“ im normalen Lebensvollzug ein Programm, mit dem die Wirklichkeit nicht immer Schritt hält. Das Mitglied des Säkularinstituts ist eben nicht einfach ein beliebiger Christ in dieser Welt. Die grundsätzliche Forderung der Ehelosigkeit trennt ihn von den meisten anderen Christen, seine Abhängigkeit im finanziellen Bereich bedeutet eine Einschränkung, aber auch eine Sicherung durch die Bindung an die Gemeinschaft, seine Verfügbarkeit für den Oberen und die Aufgaben der Gemeinschaft hindern ihn notwendigerweise an der Identifikation mit seiner Umwelt und seiner völligen Zuordnung an sie. Deshalb stehen die Säkularinstitute eben auf der Seite der Ordensleute. Die vielfach wahrnehmbare „Verklösterlichung" von Säkularinstituten nach dem ersten Enthusiasmus des Gründungsaufbruches verrät diese Zugehörigkeit. Auch die kirchliche Rechtssprechung steht dafür ein. Nach anfänglicher Hilflosigkeit den neuen Instituten gegenüber geschah es vor allem unter Papst Pius XII. (1939—1958), daß sie durch kirchliches Sonderrecht auch unter dem bisherigen Ordensrecht erfaßt werden können. So gibt es jetzt Säkularinstitute bischöflichen Rechts — dieser Charakter kommt den meisten Instituten zu — und päpstlichen Rechts — auch hier ganz deutlich in Parallele zu älteren Orden und Kongregationen.

Unter dem Gesichtspunkt der Verfassung und Organisation kann man die Säkularinstitute als konsequente Weiterentwicklung der ortsungebundenen Personalverbände ansehen. Sieht man auf ihren apostolischen Einsatz, so rücken sie von diesen Vorgängern ab, wenigstens was die seit dem 17. Jh. entstandenen Kongregationen angeht. Es steht nicht mehr ein bestimmt umgrenztes Arbeitsfeld im Blickpunkt der Gründung, für das Kräfte berufen werden. Es geht in der aktiven Zielrichtung um weiter formulierte Aufgaben: „Zeugnisgeben durch das Leben im Werktag", „Heimholung der Welt in die Liebe Gottes" oder „consécration du monde", „vie monastique sans le cadre extérieur". Mit diesem weitgespannten Dienst an der Welt rücken sie wieder an die Seite der älteren Orden, die kein klar umschriebenes Aufgabengebiet kannten, sondern sich einfach vom Evangelium her gesandt wußten und so für alle Aufgabenbereiche offen standen. Was die geistlich-asketische Grundlage angeht, so sind die einzelnen Weltgemeinschaften nicht leicht auf einen Nenner zu bringen. Sicher ist es nicht mehr jene enge Bindung an einen ausgewählten Teilaspekt christlicher Frömmigkeit. Für eine Reihe der Gemeinschaften ist es das verborgene Leben Jesu in Nazareth mit seiner Einfachheit und Armut. Dabei wirkt das Leben des französischen Afrikamissionars und Büßers Charles de Foucauld (1856—1916) als Vorbild nach [3]. Zwar gibt es zwei Kongregationen, die „Kleinen Brüder" und die „Kleinen Schwestern Jesu", die das Erbe dieser eigenwilligen und anziehenden Persönlichkeit forttragen. Aber sein Einfluß reicht weit über die beiden Gemeinschaften hinaus und dient manchem Säkularinstitut als Modell der eigenen Geistigkeit und der Lebensgestaltung. Ein großer Teil der Säkularinstitute lebt von marianischer Spiritualität. Das mag einmal daran liegen, daß die meisten Institute Frauengemeinschaften sind. Zum andern sehen sie im verborgenen Leben Mariens in Nazareth und ihrer ganz im Hintergrund der Heilsgeschichte bleibenden Rolle einen Vorentwurf für den eigenen Dienst an der Heiligung der Welt. Ein weiterer Kreis von Weltgemeinschaften schloß sich der Spiritualität der alten Orden an, etwa die monastisch-benediktinische Grundhaltung, die franziskanische, karmelitanische Frömmigkeit. Bei allen gilt aber der Verzicht auf die äußere Demonstration und Repräsentation: Der Gründer des spanischen Säkularinstituts Opus Dei verlangt von den Mitgliedern: Du willst Märtyrer werden? Ich bringe dir ein Martyrium, das in deiner Reichweite liegt: Apostel sein, ohne sich Apostel zu nennen; ein Missionar sein, ohne sich Missionar zu nennen; ein Mensch Gottes zu sein und als Mensch der Welt erscheinen: Im Verborgenen bleiben. [4]

Die genaue Zahl der in den vergangenen Jahrzehnten entstandenen Weltgemeinschaften ist nicht auszumachen. Für 1974 werden etwa 27 Säkularinstitute päpstlichen Rechts angegeben. Als Institute bischöflichen Rechts zählte man vor 10 Jahren gut sechzig Gemeinschaften. Ohne offizielle Anerkennung mögen

[3] Eine Hinführung zu Person und Werk bei D. Barrat—E. Klein, Die Schriften von Charles de Foucauld (Zürich—Köln 1961).

[4] Zitiert nach H. A. Timmermann, Die Weltgemeinschaften im deutschen Sprachraum (Einsiedeln 1963) 16.

es damals etwa 200 gewesen sein. Eine genaue Übersicht ist nicht zu gewinnen. Die Gründungen geschehen im Verborgenen und bleiben lange darin. Verschiedene wachsen nie über das Gründungsstadium hinaus. Nach ihren Mitgliedern lassen sich die Säkularinstitute in Priestergemeinschaften, Männergemeinschaften und Frauengemeinschaften einteilen. Aus der ersten Gruppe ist in Deutschland besonders die der „Schönstattpriester" bekannt, eine marianisch-apostolische Gemeinschaft von Diözesanpriestern (Zentrale in Vallendar am Rhein). Die „Schönstätter Marienbrüder vom Katholischen Apostolat" und der von dem belgischen Prämonstratenser Werenfried van Straaten gegründete „Bauorden" vertreten in Deutschland die zweite Gruppe. Die dritte Gruppe ist auch unter den deutschen Weltgemeinschaften die stärkste; dazu gehören: Die Schönstatter Marienschwestern (mit weltweiter Verbreitung und etwa 2000 Mitgliedern), die Christkönigsschwestern (Meitingen bei Augsburg), das christliche Bildungswerk „die Hegge" (bei Warburg/Westfalen), die Ancillae Sanctae Ecclesiae (München), Säkularinstitut vom hl. Bonifatius (Heidenoldendorf/Lippe), die Frauen vom Haus „Venio" (München, auf monastisch-benediktinischer Basis), um nur einige zu nennen. Hinzu kommt eine Reihe von Weltgemeinschaften, dic im Ausland entstanden sind, aber in Deutschland bereits Niederlassungen gegründet haben [5].

Während so in der jüngst vergangenen Geschichte des katholischen Ordenswesens der Gedanke der Repräsentation, das sichtbare Zeichen, von den neuentstandenen Gemeinschaften aufgegeben wurde, erlebte die evangelische Kirche den umgekehrten Weg. Hier entstanden verschiedene Gemeinschaften, die bewußt die Repräsentation in ihr Programm aufnahmen. In der katholischen Kirche entstanden jene „weltlichen" Institute, die auf jede Absonderung von der Welt verzichteten, und daneben fanden sich evangelische Gemeinschaften zusammen — freilich in viel

[5] Zur Statistik vgl. das angegebene Werk von H. A. Timmermann; ein soziologischer Deutungsversuch bei N. Martin, Der Ordenspartisan. Zur Soziologie der Säkularinstitute (Meisenheim am Glan 1969).

geringerer Zahl — die bewußt an die abgesonderte und sichtbare Gemeinschaft alter monastischer Tradition anknüpften. Die Wege, die zu solchen Gründungen führten, waren recht unterschiedlich [6]. Die Kommunität Imshausen bei Bebra entstand z. B. aus der landeskirchlichen Kinder- und Jugendfreizeitarbeit mitten im Dritten Reich. Die unmittelbare Nähe der Zonengrenze in der Nachkriegszeit brachte die Sorge um Flüchtlinge und Heimatlose ins Haus. Eine kleine Gruppe von Männern und Frauen wuchs in diesen Jahren des sorgenden Dienstes zusammen und fand zu einem klosterähnlichen Gemeinschaftsleben: „Sie wissen sich gerufen, durch ihr gemeinsames Leben — Gotteslob, Fürbitte, Dienst im Kinderhaus und auf dem Acker — eine Stätte der Einübung in das Leben der Kirche zu bereiten und den Menschen unserer Zeit zur Verfügung zu stellen.“ [7]

Die „Ökumenischen Marienschwestern in Darmstadt“ reichen mit ihren Anfängen gleicherweise in die Zeit des Dritten Reiches zurück. Bibelkreise für Mädchen ließen damals den Gedanken an ein gemeinsames Leben aufkommen. Das Erlebnis des Zusammenbruchs Deutschlands führte die ersten Schwestern unter den „Müttern“ Basilea Schlink und Martyria Madauß zusammen. Auf die Greuel der Naziherrschaft wollte die Schwesterngemeinschaft mit Buße, Sühne und Fürbittgebet antworten. Caritativer und katechetischer Einsatz trat ergänzend und zweitrangig hinzu. 1951 konnten die Schwestern in Darmstadt-Eberstadt ein eigenes Kloster beziehen, das in der baulichen Anlage und im Tagesrhythmus durchaus an die Seite traditioneller Klöster gestellt werden kann. Die Schwesterngemeinschaft darf als kontemplative Gemeinschaft angesprochen werden, auch wenn Außentätigkeiten mit in den Aufgabenbereich einbezogen sind. Die Schwestern nennen sich ökumenische Schwesterngemeinschaft. Das ist

[6] Über evangelische Ordensgemeinschaften informieren: L. Präger (Hrg.), Frei für Gott und die Menschen. Das Buch der Bruder- und Schwesternschaften (Stuttgart 1959); F. Biot, Evangelische Ordensgemeinschaften (Mainz 1962).

[7] L. Präger, a. a. O. 126.

ein Programm auf die Zukunft hin. Die Einheit aller Christusgläubigen ist die bewegende Sorge der Gemeinschaft. Die Ökumenizität läßt sich freilich auch an anderer Tatsache ablesen. Die Schwestern leben geistig aus ökumenischer Weite. Vieles ist von ihnen gesammelt worden — das biblische Wort, marianische Frömmigkeit, franziskanische Unbesorgtheit — und zu einer teils eigenwilligen Synthese zusammengebracht worden.

Die bedeutendste protestantische Mönchssiedlung ist zweifellos das französische Taizé, das Werk des Prior Roger Schutz. Der Gründer hatte 1940 in Taizé, das nur einige Kilometer vom einstigen monastischen Strahlungsherd Cluny liegt, ein größeres Gebäude erworben. Dort wollte er eine Bruderschaft aufbauen, die sich „dem gemeinsamen Dienst für Jesus Christus in Kirche und Welt" weihen sollte. Ihr Plan konnte nach Kriegsende ausgeführt werden. 1945 begann eine kleine Kommunität in Taizé das gemeinsame Leben. Vier Jahre später legten die ersten Brüder das Versprechen ab, das sie zum Dienst für Gott und am Nächsten in Ehelosigkeit, in Gemeinsamkeit des Besitzes und in Unterordnung unter eine gemeinsame Autorität für ihr ganzes Leben verpflichtete. R. Schutz, der schon als Student in Genf die besondere Fähigkeit gezeigt hat, Gemeinschaft um sich zu sammeln, macht die vita communis auch zum Hauptanliegen in Taizé. „Communauté" nennt sich das Kloster von Taizé, und der Begriff wirkt seither faszinierend und elektrisierend in katholischen Orden. Christliche Gemeinschaft will in Taizé gelebt werden. Der Gründer stellte eine Ordnung für sie zusammen: Die 1952/53 geschriebene Regel von Taizé. [8] Für einen evangelischen Christen, der sich auf die „Freiheit des Evangeliums" beruft, ist eine streng verbindliche Regel nichts Selbstverständliches: „Bruder, seufze also nicht unter der Last einer Regel; vielmehr freue dich! Denn du gibst es auf, zurückzublicken, gemeinsam mit allen wirst du getragen vom gleichen Wort des Herrn und kannst dich so jeden Tag von neuem Christus entgegenwerfen", heißt es in der

[8] Französisch-deutsche Ausgabe: Gütersloh ^{2}1963: Die Regel von Taizé.

Präambel zur Regel. Die Prinzipien für seine Gemeinschaft und ihre Ordnungen nahm Schutz aus der Bibel, aus der monastischen Tradition — Benedikt ist greifbar nahe bis hin zur Kennzeichnung des Klosters als „Schule Christi", und auch Franz von Assisi darf zur Ahnenreihe von Taizé gezählt werden so gut wie Charles de Foucauld — und aus seinem ökumenischen Engagement. Die Kommunität von Taizé ist als kontemplative Mönchsgemeinschaft anzusprechen. Gebet, Gottesdienst, Meditation nehmen im Tageslauf der Brüder den wichtigsten Platz ein. Die Brüder schufen sich eine eigene, am gemeinsamen Gebet katholischer Mönche orientierte Gebetsordnung, die ihrerseits wieder katholische Gemeinschaften beeinflußt. Privates und gemeinsames Beten ist auch für Schutz die erste Aufgabe des Mönchs, der Gott loben will und fürbittend für die ganze Welt vor Gott stehen will. Der Gründer ist Realist genug und weiß, daß auch für den Mönch das Gebet zur Last werden kann: „Es gibt Tage, wo für dich der Gottesdienst schwer wird. Wisse dann deinen Leib darzubieten, da ja schon deine Anwesenheit ein Zeichen ist für dein im Augenblick nicht zu verwirklichendes Verlangen, deinen Herrn zu loben. Glaube an die Gegenwart Christi in dir, auch wenn du keine spürbare Resonanz davon feststellst." [9] Gebet und Kontemplation sollen die Gemeinschaft allerdings nicht nach außen abschließen. Anwesende Besucher werden sofort in die Gebetsgemeinschaft der zum Gottesdienst versammelten Brüder miteinbezogen. Die Offenheit für alles Außerklösterliche ist bezeichnend für diese betende und arbeitende Klostergemeinde: „Öffne dich dem Menschlichen, und du wirst sehen, wie alles eitle Verlangen nach Weltflucht vergeht. Steh zu deiner Zeit, paß dich den Bedingungen des Augenblicks an." [10] Sich allem Menschlichen öffnen, versteht Schutz als notwendigen Vollzug christlicher Nächstenliebe. Zwei bevorzugte Richtungen sieht er dabei: „Liebe die Enterbten — alle, die unter der Ungerechtigkeit der Menschen leiden und nach Gerechtigkeit dürsten." [11] Die

[9] Regel, S. 21.
[10] Regel, S. 15.
[11] Ebda.

Forderung schließt den sozialen Dienst der Brüder ein, wieder ein Punkt, der besonders unter katholischen Ordensleuten in den Entwicklungsländern ansteckend wirkte — „Solidarität und Identifizierung mit den Ärmsten" — und auch die Brüder von Taizé in kleinen Filialen an die Brennpunkte sozialer Not führte. Die andere Richtung: „Finde dich niemals ab mit dem Skandal unter Christen, die alle so leicht die Nächstenliebe bekennen und doch getrennt bleiben. Habe die Leidenschaft für die Einheit des Leibes Christi." [12] Dieser Appell gab Taizé seine ökumenische Dynamik und bestellte es bis heute zu einem wahren Vorort ökumenischen Bemühens. An der Regel fällt das geringe Maß an Institutionalisierung und Organisation auf, obwohl die Gemeinschaft alles andere als bindungs- und ordnungslos ist. Der derzeitige Prior ist einfach als Gründer der Gemeinschaft und ihr geistiges Zentrum in seine Führungsrolle hineingewachsen. Die Sicherung der Nachfolge bleibt vage und unbestimmt — ein Zeichen für den provisorischen Charakter des Werkes? Die Regel setzt nur fest, „daß der Prior einen Subprior bestellen soll, der ihn unterstützen und nach ihm die Kontinuität sichern soll" [13]. Es ist die Nachfolgeregelung durch Designation, die auch das frühe Mönchtum kannte, die aber durch die Autorität der Regel Benedikts verschwunden ist und einer Nachfolge durch Wahl Platz gemacht hat.

Taizé ist für die protestantische Kirche der Ort der Wiederentdeckung des monastischen Lebens geworden. Für die katholischen Ordensgemeinschaften, gleich welcher Form, ist Taizé Anruf zur Neubesinnung — für die einen zum Leitstern, der auf hoffnungsvolle, neue Wege lockt, für die anderen zum herausfordernden Ärgernis, an dem man aber nicht vorübergehen kann.

Das katholische Ordenswesen der Gegenwart hat in den Jahren unmittelbar nach dem zweiten Weltkrieg eine letzte Phase des Aufschwungs und der Ausbreitung erfahren — wenigstens, wenn man von den im 19. Jh. eingenommenen Positionen aus-

[12] Ebda.

[13] Regel, S. 53.

geht. Damals gelangen Benediktinern und Zisterziensern in den Missionsländern bescheidene Versuche, einem einheimischen Mönchtum zum Leben zu verhelfen. In jenen Jahren konnten die streng kontemplativen Trappisten in den USA eine gewaltige, fast unheimliche Ausbreitung verbuchen. Der bekannte Schriftsteller Thomas Merton in der Abtei Gethsemani/Kentucky wurde zu einem vielgelesenen Verkünder der Botschaft dieser schweigenden Mönche [14]. Aber Thomas Merton, der bei seinem Klostereintritt die Abtei Gethsemani „das Zentrum von Amerika . . ., die Axe, um die das ganze Land sich blindlings dreht, ohne etwas davon zu wissen“ [15] nannte, starb 1968 außerhalb seiner Abtei auf einer Studienreise zu buddhistischen Mönchen in Bangkok. Der Tod des Mönchs außerhalb seines Klosters, begleitet von einem gerüttelt Maß an Distanz von der langjährigen Lebensgemeinschaft und reicher Kritik am traditionellen Klosterleben kann als Symbol gelten für all das, was im vergangenen Jahrzehnt innerhalb des katholischen Ordenslebens geschehen ist.

Als Wendemarke in der jüngsten Geschichte kann das zweite Vatikanische Konzil angesehen werden. Papst Johannes XXIII. hat es 1959 angekündigt und 1962 eröffnet; am 8. 12. 1965 wurde es von Papst Paul VI. beendet. Das Konzil war mit großer Hoffnung erwartet worden. Das begeisterte und begeisternde Schlagwort war das allumfassende kirchliche Aggiornamento. Auch die Ordensleute waren davon erfaßt und hegten besondere Erwartungen. Am 28. Oktober 1965 verabschiedete das Konzil das Dekret über die zeitgemäße Erneuerung des Ordenslebens (perfectae caritatis). Es betonte Wert und Sinn dieser Lebensform, stellte seine unerläßliche Zuordnung zur Kirche heraus und mühte sich vor allem um die allenthalben laut geforderte Anpassung des Ordenslebens an die veränderte moderne Welt — „accommodata renovatio vitae religiosae“. Es war das große An-

[14] Vgl. die autobiograpischen Werke: Der Berg der sieben Stufen (Einsiedeln [5]1961); Das Zeichen des Jonas (Einsiedeln 1954).

[15] E. Rice, The Man in the Sycamore Tree. The Good Times and Hard Life of Thomas Merton (New York 1970) 65.

liegen, das über aller theologischer und pastoraler Besinnung des Konzils stand. Für das Ordensleben wurden die beiden Koordinaten gefunden: ständige Rückkehr zu den Quellen jeden christlichen Lebens und zum Geist des Ursprungs der einzelnen Institute, zugleich aber auch deren Anpassung an die veränderten Zeitverhältnisse (Art. 2). Es sind zwei formale Bestimmungen, in ihrem formalen Anspruch auch nicht unbedingt neu und unerhört. Doch ihre Füllung und konkrete Anwendung sind mit einer Reihe von Schwierigkeiten belastet, die gerade in den Jahren des Konzils bedrückend erfahren wurde. Die auch von der katholischen Theologie aufgenommene und bejahte historisch-kritische Bibelwissenschaft hatte vieles vom traditionellen Schriftverständnis, das in der Deutung so gradlinig auf das Ordensleben hingelaufen war, ernsthaft angefochten, in Zweifel gestellt und schließlich als nicht so einfach dahinführend erwiesen. Die ebenso bejahte historisch-kritische Methode der Geschichtswissenschaft hatte die Ursprünge der Orden und Kongregationen in ihren zeitbedingten Horizont gerückt und damit die verbreitete Kanonisierung der Ordensanfänge und ihrer Gründer in ihrer unbedingten Gültigkeit relativiert. Die Schwierigkeiten häufen sich beim genauen Erfassen der zweiten Forderung: Die veränderten Zeitverhältnisse. Die objektive, allgemeingültige Zeitdiagnose ist kaum möglich. Die Beschreibung kreist um Schlagworte wie „nachchristliche Welt", „städtische und technisierte Welt", „pluralistische Welt", „mündige Welt", usw. Die Unterschiede der einzelnen Länder und gar der Kontinente sind unübersehbar. Die Situation der Entwicklungsländer trat in der Milieuschilderung immer wieder in den Vordergrund; aber die deutschen Verhältnisse sind nicht die südamerikanischen. Die geforderte „accommodata renovatio" ließ sich programmatisch nicht über einen Leisten schlagen. Das mit großen Einsatz und ernster Sorge erarbeitete Konzilsdekret konnte den in Unsicherheit und Auflösung geratenen Klöstern und Ordensgemeinschaften unmittelbar nicht viel helfen. Die Anpassung an die Zeit, durch die das Christuszeugnis der Ordensleute in der Welt glaubhafter und wirksamer gelebt werden konnte, wurde meist von der „Basis“ in die Hände genommen. Der erste Schritt war allenthalben ein Aufbäumen gegen die überlieferte Struktur und festgefügte Lebensform. Sie endete oft im Verlassen der Ordensgemeinschaft auf der einen Seite und führte auf der anderen Seite zum Ausbleiben von Kandidaten. Die personale Veränderung der Ordensgemeinschaften läßt sich leicht skizzieren: „In den spanischen Priesterorden sank die Zahl der Priesteramtskandidaten von 6114 (1962/63) auf 4458 (1966/67); die Zahl der Neupriester verringerte sich von 669 (1962/63) auf 296 (1966/67). In den USA verzeichnete man bei den Seminaristen (Welt- und Ordenskleriker) einen Rückgang von 48 046 (1965) auf 33 990 (1968). In Deutschland sank die Zahl der neugeweihten Ordenspriester von 166 (1964) auf 114 (1968). In den Niederlanden waren im Jahre 1935 noch 1218 Zugänge in tätige Schwesterngemeinschaften zu verzeichnen; 1966 waren es nur noch 200. In den Jahren von 1961—1966 traten 325 Brüder und 430 Schwestern mit ewigen Gelübden aus. In Belgien ist die Überalterung bei den weiblichen Ordensgenossenschaften so groß geworden, daß sich ihre Mitgliederzahl jährlich um ungefähr 850 Ordensschwestern verringert. Auf einen Eintritt fallen zwei Austritte. In Spanien ging die Zahl der Eintritte bei den beschaulichen Orden von 1156 im Jahre 1963 auf 685 im Jahre 1968 zurück; übrigens ist diese rückläufige Bewegung bei den beschaulichen Orden in der ganzen westlichen Welt gleich. Kanada verzeichnet seit 1940 einen ständigen Rückgang der Berufe in allen Formen des Ordenslebens. In den USA sank die Gesamtzahl der Ordensfrauen von 181 421 (1966) auf 167 167 (1968).“ [16]

Für die Frauenkongregationen der USA (1972 etwa 445 Verbände mit rd. 145 000 Mitgliedern) legt ein Untersuchungsbericht folgende Zahlen vor: „Zwischen 1965 und 1972 betrug der durchschnittliche jährliche Abgang von Mitgliedern aus Ordensgemeinschaften 3841. Von dieser Zahl entfielen annähernd 1346 auf Todesfälle; 1551 auf Entbindung von den ewigen Gelübden;

[16] J. Kerkhofs—H. Stenger—J. Ernst, Das Schicksal der Orden — Ende oder Neubeginn (Freiburg 1971) 3—4.

944 auf die Beendigung zeitlicher Gelübde. Das Jahr 1970 war durch die größte Zahl von Dispensierungen (2546) gekennzeichnet. Von den jungen Frauen (13 476), die zwischen 1965 und 1971 in einen Orden eintraten, sind 1973 noch 5907 übriggeblieben." [17]

Bis auf wenige Ausnahmen stellten in Deutschland in den letzten Jahren die theologischen Ordenshochschulen, d. h. die eigenen Ausbildungsstätten für die zukünftigen Ordenspriester ihre Tätigkeit ein, einfach weil dort nur noch wenige Ordensmitglieder zu unterrichten wären. Bei den deutschen Schwesternkongregationen, die auf sozialem und pädagogischem Gebiet tätig sind, kann von einem Mitgliederrückgang um ein Drittel während der letzten Jahre gesprochen werden. Diese Fakten umschreiben nichts anderes als den seit der Reformationszeit größten Prozeß einer Selbstauflösung der Klöster und Ordensgemeinschaften. Die Ordensleitungen sehen sich zum Retten und Bewahren aufgerufen. Im Anschluß an die Weisungen des Konzils haben alle Orden eine unruhige, hektische offizielle Reformtätigkeit begonnen. Generalkapitel, außerordenliche Versammlungen, eine Vielzahl von Kommissionen wurden einberufen und eingesetzt. Es mutet an wie ein Jagen mit der Zeit. Für viele Gemeinschaften geht es in der Tat um die Frage des Überlebens.

Das gegenwärtige Schicksal der Orden wird sicher weiterhin eine starke Reduzierung der Ordensleute bringen. Ordensgemeinschaften werden auch ganz verschwinden. Andere werden in bescheidenem Rahmen weiterleben, indem sie sich mit verwandten Gemeinschaften verbinden. Natürlich wäre es falsch, gegenwärtig in allen Ordenshäusern heillose Resignation und unentrinnbares Chaos annehmen zu wollen. Sicher sind etliche Orden und Klöster davon betroffen. Die allgemein festzustellende Polarisierung der Parteien und Meinungen wirkt sich in den engen klösterlichen Gemeinschaften besonders nachteilig aus. Die Polarisierung, in der der lautstark geforderte Dialog nur das

[17] A. Cunningham, Zeitgemäße Erneuerung und kirchliche Identität = Concilium 10 (1974) 531.

Vortragen der eigenen Thesen bedeutet, ohne daß auf den andern noch behutsam gehört wird, machen so viele klärende und beruhigende Untersuchungen von vorneherein aussichtslos [18]. Viele Ordensleute leben jedoch auch heute noch in weithin traditionellen Formen. Ihre pastorale und soziale Aktivität ist nach wie vor wichtiger Bestandteil des kirchlichen Dienstes an der Welt. Eine Reihe von Anregungen zog von außen in die Kommunitäten ein und sammelt hier neue Kräfte. Das Vorbild der „Kleinen Brüder und Schwestern" Charles de Foucaulds mit ihrem einfachen und doch strengen Lebensstil, ihrem Ernstmachen mit der Armut und der Verbindung zu den Menschen, oder die sich für alle Menschen offenhaltende Communauté von Taizé wirkten vielfach anspornend. Außerdem hat sich außerhalb der Orden eine neue Bewegung gebildet, die auf die alten Gemeinschaften rückwirkt. Sie wird nicht zum geringen Teil von Frauen und Männern getragen, die aus alten Klöstern und Orden kommen. Sie berufen sich auf Erkenntnisse der modernen Soziologie, Psychologie und anderer Humanwissenschaften. „Anpassung an die veränderte Zeit" ist hier vor allem Bejahung des Menschen in der Gemeinschaft und Sorge um den Menschen außerhalb dieser Gemeinschaft. Sie verzichten auf Institutionen, auf feste, verbindliche Stukturen und wollen Gemeinschaften auf neuer Grundlage aufbauen. Ihr gestaltendes Prinzip ist die „Humanisierung". Deshalb wollen diese Gemeinschaften in „menschlich vollziehbaren Ausmaßen" verbleiben, also die kleine Gruppe, die sich kennt, in der Sympathie und Freundschaft bindende Elemente sind. Sie können sicher als Reaktion auf die Anonymität und Entpersönlichung anderer Ordensgemeinschaften gedeutet werden. Diese Gruppen kennen keine festen Schranken, weder des Geschlechts, des Standes, der Rasse oder der Religion. In ihnen verbinden sich Männer und Frauen, Priester, Ordensleute und Laien, Schwarze und Weiße, Gläubige und Ungläubige. Ihr

[18] Vgl. etwa die — freilich subjektive — Situationsanalyse einer deutschen Benediktinerabtei bei A. Stöcklein, Zerbrochene Synthese. Klösterliches Leben heute. (Salzburg 1972).

geistlich-spiritueller Austausch geschieht nicht aufgrund einer besonderen christlichen Frömmigkeit oder einer geschichtlich gewordenen Spiritualität, sondern aufgrund des menschlichen Lebensvollzugs. Es ist der spontane Austausch der eigenen Lebenserfahrung mit ihrem persönlichen Glück und Unglück, Erfolg und Mißerfolg. Der Austausch der geistigen und materiellen Güter fügt sich hinzu. Die Zeichenhaftigkeit, die das Ordensleben immer für sich beanspruchte, wird hier vor allem in die lebendige menschliche Gemeinschaft gelegt. Das religiöse Leben beruht auf breiter Basis. Sicher will es entzündet sein am Evangelium, am Menschen Jesus von Nazareth, aber es nimmt in seine Konkretform vielerlei hinein. Besonders stark ist die Anleihe bei östlichen Meditationspraktiken. Die Organisationsform ist locker und offen. Alle sollen gleichbeteiligt an der Führung und Verantwortung sein. Die natürliche Führungsbegabung eines Mitglieds spielt durchaus eine Rolle. Eine übergeordnete Organisationsform, die die einzelnen Gruppen wieder zu festen Verbänden zusammenschließen könnte, ist nicht gefragt. Freundschaftlicher Erfahrungsaustausch bleibt auch auf dieser Ebene das als genügend erachtete Band. Die Aktivität der Gruppen kann auf ganz verschiedenen Ebenen liegen. Ihr Ort ist die Berufstätigkeit der Mitglieder. Soziale Berufe sind dabei bevorzugt. Getragen wird der Einsatz wohl auch von religiöser Vorstellung. Moderne Interpretationsversuche heutiger Theologie werden dabei in die Praxis umgemünzt, wobei ihr politischer Aspekt in den Vordergrund rückt: Befreiung des Menschen, Schaffung einer wahren menschlichen Umwelt, Einschmelzung der christlichen Utopie auf die gesellschaftspolitische Ebene [19].

Diese neuen Gemeinschaftsformen sind bestimmt nicht einfachhin auf den einen Nenner des traditionellen Ordenswesens zu bringen. Sie haben formale Elemente mit ihnen gemeinsam: Die Berufung auf das Evangelium, der Bruch mit konventionellen, bürgerlichen Lebensformen, die Gemeinschaft und die

[19] Information über die neuen Gemeinschaften im Concilium 10 (1974) Heft 8/9.

Verantwortung für die Welt und die Menschheit. Ihre Existenz und Konkurrenz zum Ordensleben — bewiesen durch ihre unleugbare Anziehungskraft — dürfen nicht übersehen werden. Ihre Zukunftschancen sind noch nicht zu beurteilen. Sicher aber wirken sie mit nachhaltigem Einfluß auf die älteren Orden, ihre Klöster und Verbände. Auch hier regt sich das Verlangen nach der kleineren, überschaubaren, zu wirklicher Gemeinschaft fähigen Gruppe. Es wird von nicht wenigen Ordensleuten, die durchaus im Verband und unter ihrem Oberen bleiben, bereits verwirklicht. Die Gruppen von Ordensleuten verzichten auf den klösterlichen Rahmen. Ihre Niederlassungen und Wohnungen sind Aufenthaltsorte, die heute bezogen und morgen verlassen werden können. Selbst die kontemplativen Orden wagen solche Versuche: Das bescheidene, „vereinfachte Kloster“, das durchaus als Provisorium geschaffen wird mit dem Risiko des Ungesichertseins und des möglichen Scheiterns [20]. Die traditionellen Orden nehmen auch die Öffnung ihrer Häuser in ihr Erneuerungsprogramm auf. Das „Kloster auf Zeit“ ist bereits eine bekannte Institutionalisierung dieses Wollens, in dem Nichtordensleute zeitweilig in eine Klostergemeinschaft aufgenommen werden. Andere Versuche wagen mehr; sie wollen die Glaubens-, Lebens- und Arbeitsgemeinschaft einer Kommunität erweitern und Menschen in ihren Kreis aufnehmen, ohne daß für sie die Bindung durch Gelübde verlangt würde. Das französische Zisterzienserkloster Boquen ging auf diesem Wege am weitesten. So entstehen Mischformen, die dem traditionellen Ordensleben neue Kräfte zuführen können, die aber ebensogut zur Auslöschung der überlieferten Institutionen führen und die Auflösung einer Klostergemeinschaft beschleunigen können. Eine gelungene Synthese zwischen neuen Gemeinschaftsformen und überliefertem klösterlichen Leben ist bislang wohl kaum gefunden worden — auch wenn sie da und dort verwirklicht wurde. Größere Unterfangen — wie das Bemühen des ehemaligen Abtes der Benediktinerabtei

[20] Ein Bericht über solche Trappistengründungen von Bernhardin Schellenberger = Erbe und Auftrag 50 (1974) 144—148, 240—246.

Maredsous, der eine streng geformte Benediktinerkommunität auf die Programme der neuen Gemeinschaften einschwören wollte — scheiterten offensichtlich [21]. Fragen und Suchen nach neuen Ausdrucksformen gehören ohne Zweifel zum jetzt Dringlichen im Ordensleben. Sie dürfen aber am bleibend Wichtigen, der grundsätzlich religiösen Daseinsform, nicht achtlos vorübergehen.

Pierre Teilhard de Chardin schrieb in einem Brief vom 21. Juni 1921: „Ich träume von einem neuen hl. Franziskus oder einem neuen hl. Ignatius, die uns eine neue Art christlichen Lebens, das zugleich stärker in der Welt engagiert ist und sich doch zugleich mehr von ihr losmacht." [22] Dem Wunsch des großen Denkers ist auch heute zuzustimmen. Allein, ein Franziskus, Ignatius, ein Benedikt oder Dominikus kamen aus einer gläubigen Welt und gründeten ihre Gemeinschaften für gläubige Menschen. Kloster und Orden wachsen aus einer gläubigen Welt; sie leben für sie — aber sie können auch nur von ihr leben.

21 Vgl. Olivier du Roy, Moines aujourd'hui. Une expérience de réforme institutionelle (Paris 1972).

22 Zitiert nach J. Kerkhofs—H. Stenger—J. Ernst, a. a. O. 2.

DAS MÖNCHTUM IN DEN ORTHODOXEN KIRCHEN

Das Mönchtum war im christlichen Ostteil des alten Imperium Romanum entstanden. Es hatte dort seine erste reiche Entfaltung gefunden, die auf die asketische Bewegung im westlichen Römerreich nachhaltig einwirkte. Beide Reichshälften und die auf ihrem Boden herangewachsenen Kirchen hatten immer ihre eigenen Elemente und fanden auch zu je eigenen Ausprägungen des Christlichen. Die sichtbare Sprachgrenze ist nur ein Ausdruck dieser Verselbständigung, die schließlich zur Trennung der griechisch-slawischen von der lateinisch-germanischen Kirche führte. Der Trennungsprozeß wird vom 4. Jh. an greifbar. Das Mönchtum beider Kirchengebiete wurde in diesen Prozeß einbezogen und ging mit den beiden Kirchen seine eigenen Wege, freilich gab es immer lebendigen Austausch zwischen ihnen.

Das östliche Mönchtum hat durch die Großtat des Pachomius zum geordneten Klosterleben gefunden. Durch das Reformwerk des Abtes Schenute von Atripe (gest. 451 [?]) wurde diese Lebensform in Ägypten zur vorherrschenden, bis der Islam vielen Klöstern das Ende brachte; nur wenige konnten in bescheidenem Rahmen weiterexistieren. Außerhalb Ägyptens blieben frühe Formen des Mönchtums erhalten. In Palästina erreichten die verschiedenen Klöster Achtung und Erfolg. Rund um Jerusalem waren es vor allem die sog. Laurenklöster wie die berühmte Laura des Mar Saba, im Süden das Katharinenkloster auf dem Sinai und das Kloster von Raithu. Kleinasien hatte durch Basilius von Caesarea seinen großen Mönchsförderer, Organisator und Gesetzgeber gefunden. Seine „Mönchsregel“ wurde schließlich zum Leitfaden des monastischen Lebens schlechthin, ohne daß es freilich zu einem einheitlichen Orden oder einer streng organisierten Kongregation nach westlicher Art gekommen wäre. Zwar sind seit Basilius Klöster und Mönche der orthodoxen Kirchen in jedem Fall seinen Ausführungen über das Mönchsleben verpflichtet, trotzdem ist es falsch, von einem Basilianerorden zu reden [1].

Die organisierte Differenzierung, die das abendländische Mönchtum charakterisiert, kennt das orientalische nicht, wie ihnen im großen ganzen auch die apostolisch tätigen Ordensverbände nach Art der mittelalterlichen Mendikanten und der neuzeitlichen Kongregationen fremd geblieben sind. Trotzdem darf das orientalische Mönchtum nicht einfach als homogene Gruppe angesehen werden. Differenzierung und Heterogenität gibt es auch dort; die spirituelle Orientierung am basilianischen Programm schafft ja keine einhellige monastische Observanz, sondern läßt sich mit mancherlei Form verbinden. Außerdem wuchs dem orientalischen Mönchtum neben Basilius noch manch anderer Lehrmeister und geistiger Vater zu [2].

Für die konkrete klösterliche Lebensgestaltung war neben der asketisch-monastischen Grundlegung vor allem die kirchliche und kaiserliche Gesetzgebung maßgebend. Die Konzilien beschäftigten sich mit monastischen Fragen. Die wichtigste Entscheidung brachte das Konzil von Chalcedon, das die Klöster der bischöflichen Aufsicht unterstellte und wichtige Lebensfragen verbindlich entschied: Gründung und Aufhebung von Klöstern, Geldgeschäfte und Wirtschaftsverwaltung, Aufnahme von Sklaven, Verbot des Austritts aus dem Kloster u. a.

Unter der kaiserlichen Gesetzgebung war es vor allem Kaiser

[1] Der „Basilianerorden" ist eine lateinische Schöpfung; es sind einige monastische Kongregationen für mit Rom unierte orthodoxe Mönche.

[2] Erstinformationen bieten z. B.: N. H. Baynes—H. St. L. B. Moss, Byzanz. Geschichte und Kultur des oströmischen Reiches (München 1964); H. Hunger, Reich der neuen Mitte. Der christliche Geist der byzantinischen Kultur (Graz—Wien—Köln 1965); G. Ostrogorsky, Geschichte des byzantinischen Staates (München 1952); H. G. Beck, Kirche und theologische Literatur im byzantinischen Reich (München 1959); E. von Ivanka—J. Tyciak—P. Wiertz, Handbuch der Ostkirchenkunde (Düsseldorf 1971); D. Savramis, Zur Soziologie des byzantinischen Mönchtums (Leiden—Köln 1963).

Justinian I. (527—565). In seinen „Novellen" legte er einen ausdrücklichen monastischen Kodex fest. Das Mönchsleben war dem Kaiser solchen Einsatz wert: „Das Mönchsleben und die Praxis der mönchischen Kontemplation ist eine heilige Sache. Es führt die Seelen der Menschen zu Gott, und es dient nicht nur denen, die ein solches Leben angenommen haben, sondern seine Reinheit und seine Gebete machen es für alle nützlich." [3] Die kaiserlichen Verfügungen beruhen auf den kirchlichen Gesetzen, verfeinern und verschärfen deren Vorschriften. Eindeutig gehört des Kaisers Gunst dem Koinobitenleben. Das Eremitenleben wird als Vollendungsstufe anerkannt, aber die Zellen der Eremiten sollen innerhalb der Klostermauern liegen und der Aufsicht des Abtes unterstellt sein. Den Eintritt ins Kloster förderte der Kaiser: Ehen sollten beim Klostereintritt getrennt werden, auch Kinder sollten gegen den Willen der Eltern aufgenommen werden können. Der in die Welt zurückgekehrte Mönch sollte dort seinen ihm zustehenden Rang verlieren. Doppelklöster sollten aufgelöst werden. Die paar Beispiele zeigen die Sorge des Kaisers um das Mönchtum, das eine außerordentlich starke Menschengruppe bildete und gerade auch in der Reichshauptstadt — man zählte dort z. Z. des Kaisers 68 und im benachbarten Chalcedon weitere 40 Klöster. Wenn er zwangsweisen Aufenthalt im Kloster einer Verbannungs- oder Gefängnisstrafe gleichsetzt, zeigt er, daß das Kloster auch ganz konkreten gesellschaftlichen und politischen Zwecken dienen konnte [4].

Ein weiteres Reglement für das Klosterleben bieten die sog. Typica, die allerdings erst in späterer Zeit zu den bisherigen monastischen Gesetzen kamen; das früheste Zeugnis stammt aus dem 9. Jh. Das Typikon ist eine Art Stiftungsurkunde, das die Gründung festlegt, die wirtschaftlichen Belange regelt, die Liturgie ordnet und dem klösterlichen Leben seine feste Form geben will. Diese Urkunden zeigen die byzantinischen Klöster als kontemplative Gemeinschaften. Ihre wichtigste Aufgabe ist das Ge-

[3] Zitiert nach Baynes—Moss, a. a. O. 194.

[4] Besonders Novellae 123 (594—625 Schöll—Kroll).

bet. Enthaltsamkeit, Fasten und Handarbeit gehören selbstverständlich zum Lebensvollzug des Mönches [5].

Das Wirken der Mönche in den verschiedenen Klöstern war wesentlich auf den innerklösterlichen Bereich beschränkt — auch hier ein deutlicher Unterschied zum lateinischen Mönchtum. Malerei und Buchillustration und natürlich das Abschreiben von Büchern waren bevorzugte Beschäftigungen, die den Klöstern in der Überlieferungsgeschichte von Handschriften und in der byzantinischen Kunst einen wichtigen Platz sicherten. Tätige Nächstenliebe gehörte ebenso zum Aufgabenbereich einer Klostergemeinschaft. Die Klöster unterhielten meist Herbergen, Armenhäuser und Spitäler. Diese bildeten mit dem Kloster eine wirtschaftliche und ideelle Einheit, allerdings waren es nicht die Mönche oder Nonnen, die dort Dienst taten. Dafür wurden Laien von der Klostergemeinschaft angestellt. Dem mittelalterlichen Pantokratorkloster in Konstantinopel war ein Krankenhaus mit fünfzig Betten angeschlossen. Ein medizinisches Personal von sechzig Leuten war dafür angestellt; dazu Aufseher, Inspektoren und Verwaltungsbeamte. Die Klinik war in fünf Abteilungen aufgeteilt, jede für eine andere Krankheit bestimmt. In jeder Abteilung arbeiteten zwei Ärzte, zwei Assistenten und eigenes Hilfspersonal. Für Epileptiker bestand eine besondere Station. Dazu war ein Hospiz für kranke alte Leute mit etwa 26 Plätzen eingerichtet [6].

Das seelsorgerliche Wirken entfiel bei den Klöstern weithin. Jedoch ist ihr Einfluß auf diesem Gebiet nicht zu unterschätzen. Einmal kamen aus den Klöstern die Bischöfe der Gemeinden. Da die orientalischen Kirchen nur vom Bischof die Ehelosigkeit verlangen, nicht aber vom Priester, wurden die Klöster zum natürlichen Reservoir für Bischofskandidaten. Trotz der bewußten Einschränkung äußerer Tätigkeiten spielte das Mönchtum in allen kirchlichen und politischen Angelegenheiten eine außerordentlich wichtige Rolle. In den Städten wohnend und mit dem

[5] Beispiele solcher Typika bei Baynes—Moss, a. a. O. 198—203.

[6] Ebda. 202.

Volk als Menschen im Ruf der Heiligkeit, geistliche Führer und Schriftsteller verbunden, waren sie an allen Ereignissen des öffentlichen Lebens mitbeteiligt. Die Konzilien vom 5. Jh. an und die Geschichte des Bilderstreites liefern anschauliche Beispiele dafür. D. Knowles nennt die häufig gewalttätig und provozierend agierenden Mönchsgruppen „pressure groups"; die byzantinische Geschichte kennt sie als „Politiker" und „Zeloten". Man muß die kirchliche und kaiserliche Gesetzgebung für die Mönche auch auf diesem Hintergrund sehen.

Der kaum vorstellbare Einfluß einzelner Mönche wird besonders am öffentlichen Wirken der Säulensteher im byzantinischen Reich deutlich. Das Beispiel des ersten Styliten Symeon (gest. 459) hatte Schule gemacht, und an mehreren Orten im Reich errichteten Mönche ihre Säulen. In Anaplus am Bosporus, also in nächster Nähe der Reichshauptstadt, stand Daniel über dreißig Jahre auf einer Säule (gest. 493). Er griff unmittelbar in die theologischen und politischen Streitigkeiten des Reiches ein. Um zwischen Kaiser Basiliskos und dem Patriarchen Akakios zu vermitteln, verließ er seine Säule und zog in die Hauptstadt [7]. Der Heilige auf der Säule galt als Unterpfand des göttlichen Segens — seiner Gunst mußten die verschiedenen Parteien sicher sein! Styliten gab es in Byzanz bis zum Mittelalter, in Rußland sogar bis ins 19. Jh. hinein.

Eine andere Sonderform byzantinischen Mönchtums bildeten die „Akoimeten", d. h. die schlaflosen Mönche. Ihr Gründer Alexander ließ sich um 405 mit seiner Mönchsschar bei der Menas-Kirche in der Reichshauptstadt nieder. Die alte monastische Forderung des „ununterbrochenen Betens "hatte bei ihm zu eigenwilliger Deutung gefunden. In seinem Kloster sollte wirklich ohne Unterbrechung gebetet werden. Die „laus perennis" als wesentliche Aufgabe der Mönchsgemeinschaft wurde nun so erfüllt, daß Alexander seine Mönche in verschiedene Chöre teilte, die abwechselnd sich ständig dem Gebete widmeten. Das alte Ideal der vita angelica, nach dem der Mönch engelgleich lebt und

[7] Lebensbeschreibung bei H. Hunger, a. a. O. 255—261.

auch das Gotteslob der Engel mitvollziehen muß, und eine eigenwillige Schriftinterpretation hatten zu dieser Form monastischen Lebens geführt.

Von nachhaltigerem Einfluß und weniger exklusivem Charakter war der Eingriff in das byzantinische Mönchtum, den der Abt Theodor (gest. 826) aus dem Studiu-Kloster in Konstantinopel unternahm. Dieses Kloster war im Jahr 463 von dem Konsul Studios gegründet worden. Theodor, ein Mann von Bildung, Begabung und religiöser Konsequenz, wurde 798 Abt des Stadtklosters, das unter seiner Leitung an die tausend Mönche gezählt haben soll. Theodors Leitung nahm reformerischen Charakter an. Ein genau durchdachtes System von Führungs- und Ordnungsinstanzen machte die große Mönchsgruppe überschaubar und lenkbar. Schriften zum Mönchsleben boten eine geistliche Grundlage. Regelmäßige Ansprachen erweiterten und vertieften das Lebensprogramm. Ein eigener Strafkodex sorgte für die Einheitlichkeit der Observanz. Genaue Bestimmungen über die Wirtschaftsführung sollten die Mönche vor allzu eifriger Geschäftstüchtigkeit und zu großem Reichtum bewahren. Theodors Anweisungen zum Mönchsleben wurden auch in anderen Klöstern eingeführt. Die monastische Praxis anderer Klöster glich sich der des Studiu-Klosters an; man kann durchaus deshalb von Studitenmönchen reden, allerdings darf man auch hier nicht an einen einheitlich organisierten Orden oder Klosterverband nach westlichem Muster denken [8].

Neben Theodors reformerischer Arbeit gelangte die im 10. Jh. gegründete Mönchskolonie auf dem Berg Athos zu weitreichendem Einfluß im byzantinischen Mönchtum und darüber hinaus in Kirche und Reich. Die Halbinsel eignete sich durch ihre abgeschlossene Lage für eine Mönchssiedlung. Athanasios konnte mit Unterstützung des Kaisers Nikephoros Phokas (963—969) ein erstes Kloster gründen. Er folgte der Studiten-Observanz und legte seine Mönche auf ein gemeinsames Leben fest. In der Folge-

[8] I. Hausherr, Theodore Studite, l'homme et l'ascète (Rom 1926); H. G. Beck, a. a. O. 491—495.

zeit entstanden weitere Klöster, die die Halbinsel zum „heiligen Berg“ werden und einen eigenen Mönchsstaat entstehen ließen. Im 11. Jh. erlebten die Klöster ihre erste Blüte; der Athos wurde zum anerkannten Zentrum des gesamten byzantinischen Mönchtums, ja zu einer einmaligen Erscheinung in der Geschichte des christlichen Mönchtums überhaupt. Vom 13. Jh. siedelten sich auf dem Berg neben griechischen Mönchen ausländische an, die ihre eigenen Klöster gründeten. Die Mönchsrepublik — ihre letzte Verfassung gab sie sich 1924 — beherrscht die ganze Insel. Der Nichtmönch kommt nur als Besucher an. Frauen dürfen die Halbinsel nie betreten; sogar weibliche Tiere sind ausgeschlossen, was wohl weniger aus moralischen Gründen verboten ist, als eher aus wirtschaftlichen Gründen: Das Fehlen weiblicher Tiere verwehrt den Mönchen einträgliche Viehzucht und dient damit der Wahrung der klösterlichen Armut, die bei wirtschaftlich gut fundierten Klöstern immer gefährdet ist.

Die Mönchsrepublik auf dem Athos konnte sich in ihrer eigenwilligen Form bis heute erhalten, nahm freilich teil am Auf und Ab des byzantinischen Reiches und steht in der Gegenwart vor besonders schwerwiegenden Problemen. Die Art der Mönchssiedlung hat im byzantinischen Reich einige Nachahmung erfahren: Die schwer zugänglichen Klosternester der Meteora in Nordgriechenland oder die Anhäufung von klösterlichen Siedlungen in Mistra in der Nähe des antiken Sparta [9].

Gefährliche Zeiten kannte das orientalische Mönchtum in seiner Geschichte so gut wie das abendländische. Die Unruhen des Bildersturmes mit ihren Verfolgungen machten auch vor den Klöstern nicht halt. Die Zeitfrage forderte die Mönche ebenso zur Stellungnahme heraus; Mönche, die die Bilderverehrung verteidigten, wurden bestraft und verbannt. Trotz aller Vorsichts-

[9] Aus der umfangreichen Literatur über den Athos: Ch. Dahm—L. Bernhard, Athos. Berg der Verklärung (Offenburg 1959); Millénaire du Mont Athos 963—1963. Études et mélanges (Chevetogne 1964 bis 65); F. Benz, Patriarchen und Einsiedler. Der tausendjährige Athos und die Zukunft der Ostkirche (Düsseldorf—Köln 1964).

maßnahmen kamen in die Mönchsgemeinschaften des Ostens auch ansehnlicher Besitz und Reichtum. Kaiserliche Privilegien und Schenkungen kamen häufig den Klöstern zugute. Manch geschickter Klosterverwalter wußte ebenso nachzuhelfen: „Die Mönche stehen unablässig auf der Lauer und suchen den rechten Augenblick abzupassen, um einen kleinen Weinberg, ein Äckerchen, ein Haus, eine Flur, die an die Hütte des Armen stößt, einzustecken, sei es, daß sie den Nachbarn ängstigen oder durch Ränke ihn auf ihre Seite bringen. Wie ein fressendes Feuer wissen sie also in die neben ihnen liegenden Güter einzudringen, nicht weil sie deren bedürfen, sondern in der Absicht, an der Verlassenheit der Nachbarn für ihre Verbrechen einen Schutz gegen Vorwürfe zu haben, neben ihrem großen Besitz sich auch den Ruf der Fruchtbarkeit zu beschaffen und jedermann, so viel wie möglich, gleichsam als Sklaven sich untertänig zu machen", so beklagte Erzbischof Eusthatios von Thessalonike Ende des 12. Jh. die Besitzgier und den Landhunger griechischer Mönche [10]. Doch reiche Klöster waren nicht nur in Gefahr, ihren Reichtum mit dem Verlust des monastischen Geistes zu bezahlen, sie wurden auch attraktiv für die Öffentlichkeit. Wie im Abendland vergaben die Kaiser Klöster als Pfründen an Laien, um politische und militärische Dienste zu belohnen. Das ordensfremde Kommendenwesen brachte auch vielen griechischen Klöstern den Untergang.

Eine innerklösterliche Kontroverse erschütterte schließlich im Mittelalter den Frieden der byzantinischen Klöster. Es war die Bewegung des Hesychasmus (von hesychia = Ruhe, Kontemplation), die sich auf die mystischen Schriften Symeons, des neuen Theologen (gest. 1022), stützte und eine bizarre, mystische Theorie und kontemplative Praxis entwickelte. Der Streit um die Rechtgläubigkeit dieser Frömmigkeit brach auf, entzweite Kommunitäten und Klöster; er drang über die Klostermauern hinaus und beschäftigte kirchliche Synoden. In Gregor Palamas vom Athos (gest. 1359) fand die Theorie ihren gewichtigsten

[10] Zitiert nach H. Hunger, a. a. O. 272.

Verteidiger, der mit kaiserlicher Gunst die Anerkennung des Hesychasmus erwirken konnte [11].

In die Zeit des späteren Mittelalters ist auch der schwerste Angriff auf das byzantinische Koinobitentum einzuordnen. Er kam aus dem Mönchtum selbst und führte vielfach, besonders auf dem Athos, zur Auflösung des gemeinsamen Lebens. Ansatzpunkt war — ganz ähnlich wie im zeitgenössischen abendländischen Ordenswesens — die Frage der persönlichen Besitzlosigkeit des Mönchs. Der Verzicht auf diese Forderung gestand dem Mönch Eigenbesitz und freie Verfügung darüber zu. Das ermöglichte auch innerhalb des Mönchstandes eine individuelle Lebensgestaltung. Es bildete sich das System der Idiorhythmie heraus: Ein Mönch lebt im Rahmen eines Klosters für sich oder er schließt sich mit ein paar Mönchen zu einer „Familie" zusammen. Auf dem Athos findet sich neben den paar Großklöstern auch heute noch diese Art monastisch-asketischen Lebens.

Mit der Ausweitung der byzantinischen Macht konnte sich auch das Mönchtum, das unter deren Schutz und Gunst stand, weiter ausdehnen. Es fand im 10. Jh. Eingang in Bulgarien und Serbien und drang schließlich nach Rußland vor. Bald nach 1015 wurde das erste russische Kloster von Fürst Jaroslav von Kiew gegründet. Byzantinische Vorbilder waren beim Gründungsvorgang und bei der Festlegung der monastischen Observanz am Werk. Die Verbindung zum byzantinischen Mönchtum wird beim berühmtesten Kloster des alten Rußland noch einsichtiger: Um 1050 gründete der Russe Antonios, der sich längere Zeit auf dem Athos aufgehalten hat, das Höhlenkloster von Kiew [12]. Der Athos galt bei der Gründung als geistige Heimat. Schon bald nach der Gründung wurde die koinobitische Lebensweise strenger betont und eine Angleichung an die Studitenart vorgenommen. Diese Art von Klöstern breitete sich in Rußland weiter aus. Mönche

[11] H. G. Beck, a. a. O. 322—332.

[12] Zum russischen Mönchtum: J. Smolitsch, Russisches Mönchtum. Entstehung, Entwicklung und Wesen 988—1917. (Würzburg 1953); vgl. Atlas zur Kirchengeschichte (Freiburg 1970) Karte 81.

wurden aus ihren Gemeinschaften zu Bischöfen gewählt. Die Klöster wurden zur Pflege der Kultur, besonders einer nationalen Literatur.

Im 13. Jh. zerstörten die Mongoleneinfälle die meisten russischen Klöster. Eine Erneuerung des russischen Mönchtums setzte im 14. Jh. ein. Unter den Restauratoren ist der Mönch Sergius (1314—1392) zu nennen, der 1344 in der Gegend von Moskau ein Kloster gründete. Rund um Moskau entstand eine eigene Mönchslandschaft, angefüllt mit großen Klöstern. Eine zweite Mönchslandschaft entstand in den undurchdringlichen Wäldern und Sümpfen Nordrußlands. Die Lebensform war getreu des byzantinischen Erbes verschieden: Eremiten, Sketenmönche (die kleine Mönchsgruppe) und das große Koinobion. Es waren zunächst nur Fragen der Askese und der monastischen Observanz, die zu den verschiedenen Formen drängten. Dann kamen deutlichere Unterscheidungen, schärfere Trennungslinien auf. Es ging um Armut, Einsamkeit und außerklösterliche Tätigkeit der Mönche. Josif Wolochij (gest. 1515) trat in seinem Kloster Volokolamsk bei Moskau für das strenge Koinobitentum ein; eng mit Moskaus Kirche und Reich verbunden, sollte sein Kloster als Stätte liturgischer Prachtentfaltung ein besonderer Anziehungspunkt sein. Die andere Richtung vertrat Nil Sorskij (gest. 1508); seine Klöster förderten das Sketentum. Sie verlangten strenge Armut und ein zurückgezogenes Büßerleben; die Tätigkeit seiner Mönche nach außen sollte die beispielhafte Predigt der Liebe und Sanftmut sein. Die „Josifiten" konnten mit ihrer Haltung Unterstützung beim Zaren finden und erreichten die Verfolgung der Sketenmönche jenseits der Wolga, wo sie vor allem ihre Niederlassungen hatten.

Das 18. Jh. konfrontierte auch das russische Mönchtum, das mit seinen Klöstern das ganze Land überzogen hatte, mit der Säkularisation. 1764, also fast gleichzeitig wie im Westen, setzte sie ein und verfügte die Aufhebung von etwa sechshundert Klöstern. Immerhin blieben noch zahlreiche Klöster übrig, die im russischen Mönchtum keinen solchen Neuansatz erforderten wie in den westlichen Staaten. Wenn im 19. Jh. auch von einer Erneuerung des russischen Mönchtums gesprochen werden kann, dann war sie vor allem das Werk einzelner, hervorragender Mönchspersönlichkeiten. In diesem Sinne wirkten die Mönche Plato (Paisij Welitschkowskij, gest. 1794), der an die Tradition des Nil Sorskij anknüpfte und Amwroisij Grenkow (gest. 1892), bekannt durch seine Beziehungen zu Solowjew, Dostojewskij und Tolstoj. Es war die große Zeit der russischen Starzen; in dieser Rolle übten Mönche als Ratgeber und Seelenführer von Männern und Frauen großen Einfluß aus: Der Starez Feofan (1751—1832), der vor allem innerhalb des Mönchtums wirkte; die Starzen Leonid und Makarij [13] aus dem Kloster Optino im Gouvernement Kaluga, zu dem auch A. Grenkow gehörte, wirkten dagegen vor allem außerhalb der klösterlichen Gemeinschaft [14].

Die Revolution von 1917 beendigte die reiche Geschichte des russischen Klosterlebens. Übriggeblieben sind nur wenige Klöster, die unter strenger staatlicher Aufsicht stehen. Das Ende des russischen Mönchtums bedeutete auch für die Mönchsrepublik auf dem Athos einen herben Verlust. Das größte Kloster dort war eine russische Mönchssiedlung. Ihr wird seither aus der Heimat weder personelle noch wirtschaftliche Hilfe zuteil. Für den Athos kam hinzu, daß nach 1923 — in Vollzug des Friedens von Lausanne — die Mönchsrepublik weiten Landbesitz in Griechenland verlor. Die Umsiedlung von Griechen aus der Türkei in ihre Heimat brachte einen Bevölkerungsanstieg von ungefähr 20 % ohne jede Möglichkeit neuen Landes. In der Konfiszierung von Athosbesitz — und ebenso des Landes anderer griechischer Klöster — suchte der Staat nach einem Ausweg. Für die alten Klöster Griechenlands war es ein folgenschwerer Eingriff in ihren Besitzstand, der vielen monastischen Gemeinschaften die Lebensgrundlage überhaupt nahm.

Über die gegenwärtige Lage des orthodoxen Mönchtums ist

[13] Bekannt als Starez Zosima in den „Brüdern Karamasow“ von Dostojewskij.

[14] Vgl. J. Smolitsch, Leben und Lehre der Starzen (Wien 1936).

kein geschlossener Überblick zu gewinnen. Dieser Mangel kann schon als Hinweis auf die geringere Ausstrahlungskraft und bescheidene Lebendigkeit der noch existierenden Klöster gedeutet werden. Für die orthodoxen Länder unter kommunistischer Herrschaft kommen die staatliche Kontrolle und Zwangsmaßnahmen hinzu. Einzelne Klöster können sich dort bis heute auch in den Balkanländern halten, z. B. das Kloster Rila in Bulgarien, das nicht nur eine berühmte Touristenattraktion ist, sondern auch eine lebendige Klostergemeinschaft monastischer Tradition. In Griechenland selber gibt es außer dem Athos mit seinen zwanzig Großklöstern, zwölf Sketen und 700 kleinen Mönchssiedlungen heute noch eine Reihe von Klöstern, in denen Mönche oder Nonnen leben, etwa im Raum Athen Penteli, Johannes Theologos, Osios Meletios, in Böotien das viel besuchte Osios Lukas, in Mistra, in den nordgriechischen Meteoraklöstern u. a. Eine alle griechischen Klöster erfassende Statistik gibt es nicht [15]. Auf gleiche Schwierigkeiten stößt eine Bestandsaufnahme der orthodoxen Klöster außerhalb Griechenlands. Immerhin ist von koptischen Mönchen des Makariosklosters im ägyptischen Wadi Natrun Erstaunliches zu hören. Dort sammelt sich seit einigen Jahren eine außerordentlich lebendige Mönchsgemeinschaft — die rege Bautätigkeit spricht für die Zukunftshoffnung des Klosters, theologisches Interesse für ihre innere Aufgeschlossenheit.

Auch das orientalische Mönchtum, das zwar nicht die deutlich weltzugewandte Aktivität des abendländischen zeigt, hängt in seinen Überlebenschancen von seiner kirchlichen und religiösen Umwelt ab. Wenn anläßlich der Tausendjahrfeier des Athos im Jahre 1963 Lobenswertes und Zuversichtliches über die Erneuerung des Mönchtums gesagt wurde — organisatorische Initiativen der Ökumene, staatliche Förderung des Nachwuchses, theologische Ausbildung der Mönche usw. — so bleiben das künstliche

15 E. Melas (Hrg.), Alte Kirchen und Klöster Griechenlands (Köln 1972) bietet solches nicht; das Buch hat ausschließlich kunsthistorisches Interesse.

Rezepte, solange nicht lebendige Religiosität und echtes Wohlwollen in den orthodoxen Kirchen die Klöster trägt und den dort lebenden Gemeinschaften auf Wege hilft, auf denen sie in glaubwürdiger Weise den eigentlichen Inhalt ihres Mönchslebens verwirklichen können: Das wahrhafte Suchen nach Gott. Das aber ist kein leichtes Unterfangen — die Geschichte des Mönchtums ist nicht nur der Beweis für dessen großartiges Gelingen, sondern ebenso für das klägliche Scheitern. Als der junge Pachomius sich in die strenge Asketenschule des Altvaters Palämon begeben wollte, mußte er das ernste Wort hören: „Mein Sohn, es ist nichts Leichtes um das Tun eines Mönchs, deshalb haben auch schon viele, die hierher kamen, nicht ausgehalten." [16]

[16] Vita prima 6 (Halkin 4).